U0564568

本书系浙江省哲学社会科学规划后期资助课题
（项目号：25HQZZ015YB）成果

想象之境

敦煌归义军
政治仪式研究

杨立凡 著

浙江大学出版社
ZHEJIANG UNIVERSITY PRESS

图书在版编目（CIP）数据

想象之境：敦煌归义军政治仪式研究 / 杨立凡著.
杭州：浙江大学出版社，2025. 3. -- ISBN 978-7-308-
25651-3

Ⅰ. D691.21

中国国家版本馆 CIP 数据核字第 202507ZH45 号

想象之境:敦煌归义军政治仪式研究

杨立凡 著

责任编辑	蔡　帆
责任校对	徐凯凯
封面设计	项梦怡
出版发行	浙江大学出版社
	（杭州市天目山路 148 号　邮政编码 310007）
	（网址：http://www.zjupress.com）
排　　版	杭州朝曦图文设计有限公司
印　　刷	杭州宏雅印刷有限公司
开　　本	880mm×1230mm　1/32
印　　张	9.75
字　　数	227 千
版 印 次	2025 年 3 月第 1 版　2025 年 3 月第 1 次印刷
书　　号	ISBN 978-7-308-25651-3
定　　价	99.00 元

目　录

绪　论

一、选题缘起与术语释义

在研究中国古代政治史时,礼的作用不可忽视。学界关于"三礼""五礼"的研究异常丰富,前者指的是《周礼》《仪礼》《礼记》三部礼学著作,后者指的是吉、嘉、军、宾、凶五种礼制,不少著作探讨了礼制与中国古代政治治理之间的关系。[①] 本书之所以使用"仪式"

---

① 参见杨庆堃著,范丽珠译:《中国社会中的宗教:宗教的现代社会功能及其历史因素之研究》,上海:上海人民出版社,2007 年;Howard J. Wechsler, *Offerings of Jade and Silk: Ritual and Symbol in the Legitimation of the T'ang Dynasty*, New Haven: Yale University Press, 1985;吴丽娱:《唐礼摭遗——中古书仪研究》,北京:商务印书馆,2002 年;[日]西嶋定生:《中国古代帝国之形成与结构》,北京:中华书局,2004 年;甘怀真:《皇权、礼仪与经典诠释:中国古代政治史研究》,台北:喜马拉雅研究发展基金会,2003 年;李向平:《信仰、革命与权力秩序——中国宗教社会学研究》,上海:上海人民出版社,2006 年;雷闻:《郊庙之外》,北京:生活·读书·新知三联书店,2009 年;张文昌:《制礼以教天下——唐宋礼书与国家社会》,台北:台湾大学出版中心,2012 年;朱溢:《事邦国之神祇——唐至北宋吉礼变迁研究》,上海:上海古籍出版社,2014 年;廖小东:《政治仪式与权力秩序——古代中国"国家祭祀"的政治分析》,北京:中国社会科学出版社,2014 年;高明士:《中国中古礼律综论——法文化的定型》,北京:商务印书馆,2017 年;等等。

一词,主要是出于两方面考虑:一方面仪式是多学科、多文化系统中关于象征行为的概括性词语,如人类学、社会学、宗教学或西方研究语境下均以"仪式"作为研究对象,仪式同时包含中国传统社会中的礼文化,相较仪礼,"仪式"的使用使我们能够以更多元的视角对中国传统礼文化进行研究。另一方面,传统史学偏重于对中央政权的礼制及民间社会的礼俗进行研究,而对地方政府的仪式情况并未过多注意。实际上,以《大唐开元礼》的记载为例,除了中央规定的地方政府必须进行的仪式(如诸州祈社稷、诸州释奠于孔宣父等)之外,还有一些皇帝遣使诸州宣赦书、宣制劳会等虽规定简略,但是地方政府定会随时损益的仪式类型。正史中还记载有中央政府有规定,但地方政府无记载,而实际上确有实行的仪式,如地方政府与其他政权的交往仪式等。这就表明,以仪式而非传统的五礼为研究切入点,有助于拓宽对礼文化及其使用的认识。

(一)中西方语境下仪式的基本概念及其应用范围

作为研究视角的仪式,起源于人类学范畴的应用。被称为"人类学之父"的爱德华·泰勒(Edward Teller)认为仪式是呈现或崇拜万物之灵的重要方式,与教义一同构成了宗教体系的主体。① 詹姆斯·乔治·弗雷泽(James George Frazer)承继此论并强调了仪式的功能性,认为仪式体现了人类想要主动地控制自然的欲望和信心。② 爱弥儿·涂尔干(Emile Durkheim)则将仪式置于宏大的

---

① [英]爱德华·泰勒著,连树声译:《人类学——人及其文化研究》,上海:上海文艺出版社,1993年,第350页。
② [英]詹·乔·弗雷泽著,徐育新等译:《金枝》,北京:中国民间文艺出版社,1987年。

社会结构背景下，认为仪式可以激发、维系和重塑社会性群体。[①]
维克多·特纳（Victor Turner）力图以象征本质和戏剧论来解释仪
式，认为仪式是一种社会戏剧。[②] 后期社会学家欧文·戈夫曼
（Erving Goffman）转而以人际交往行为分析仪式，提出"互动仪式"
的概念，强调仪式在微观层次的直接互动。[③] 兰德尔·柯林斯
（Randall Collins）在此基础上发展出"互动仪式链"理论，将仪式的
类型划分为"正式仪式"（那些依据礼典程序而进行的仪式）及"自
然仪式"（没有正式定型的相互关注及情感联结），认为人与人之间
的微观际遇是形成社会网络的关键，这些相互关注的情感和关注
机制形成了瞬间共有的实在，因而会成为群体团结和群体成员身
份的符号。[④] 这一理论扩大仪式的范围至个体间的互动并主张仪
式构造认知。美国传播学者詹姆斯·凯瑞（James W. Carey）提
出了传播的仪式观，即传播并非单指信息在空间中的扩散，而是在
时间上对一个社会的维系。社会由传播构成，仪式则通过传播共
享意义和信仰。他将仪式看作一种传播方式，传播也具有仪式的
共性。[⑤] 美国传播学学者艾瑞克·罗森布勒（Eric W. Rothenbuhler）
受凯瑞启发，在其《仪式传播：从日常沟通到媒介化庆典》中极大地

---

① ［法］爱弥尔·涂尔干著，渠敬东，汲喆译：《宗教生活的基本形式》，北京：
　　商务印书馆，2016 年，第 11 页。
② ［美］特纳著，刘珩、石毅译：《戏剧、场景及隐喻：人类社会的象征性行为》，
　　北京：民族出版社，2007 年。
③ ［美］兰德尔·柯林斯著，林聚任、王鹏、宋丽君译：《互动仪式链》，北京：商
　　务印书馆，2017 年，第 37—49 页。
④ ［美］兰德尔·柯林斯著，林聚任、王鹏、宋丽君译：《互动仪式链》，北京：商
　　务印书馆，2017 年。
⑤ ［美］詹姆斯·W.凯瑞著，丁未译：《作为文化的传播》，北京：华夏出版社，
　　2005 年，第 11 页。

扩展了仪式概念的内涵与外延，将仪式的定义细分为个人的某种模式行为造成符号化般的影响或参与真诚生活的过程。[①]

在中国传统语境下，"仪式"一词的应用范围也较为广泛。首先，仪式涵盖了中国传统的礼学及礼制。《毛诗正义》载仪式，曰："'靖，治'，《释诂》文。《特牲》《少牢》皆祝以神辞嘏主人，与之以福，是受福曰嘏。仪者威仪，式者法式，故以仪式为则，象谓则，象法行文王之常道也。以此能治四方，所以蒙佑。"[②]言仪式为"象法行文王之常道"，文王之常道指文王之德。[③]而礼则是德的外化形式，如《荀子·劝学》曰："礼者，法之大分，群类之纲纪也，故学至乎《礼》而止矣，夫是之谓道德之极。"[④]《唐六典》亦云："太常博士掌辨五礼之仪式，奉先王之法制。"[⑤]这说明，中国古代仪式的范畴包括了传统礼学、礼制等。

其次，仪式也是宗教的核心要素。佛教、道教等的宗教仪式往往被称为斋会、斋醮等，而在古代文献记载中，这些也被称为"仪式"。如《妙法莲花经》记载："如三世诸佛，说法之仪式。"[⑥]又如《三洞群仙录》记载了翊圣真君谓张守真曰："坛法有九，上三坛为国家设，中三坛为臣僚设，下三坛为百姓设，而九坛各有

---

① Eric W. Rothenbuhler, *Ritual Communication : From Everyday Conversation to Mediated Ceremony*, Sage Publications, 1998.

② （清）阮元校刻：《十三经注疏·毛诗正义》，北京：中华书局，1980 年，第 588 页。

③ 《汉书》："《诗》曰：仪式刑文王之德，日靖四方。"参见（汉）班固撰，（唐）颜师古注：《汉书》卷二十三《刑法志》，北京：中华书局，1964 年，第 1093 页。

④ （清）王先谦：《荀子集解》，北京：中华书局，1988 年，第 13 页。

⑤ （唐）李林甫等撰，陈仲夫点校：《唐六典》卷十四《太常寺》，北京：中华书局，2017 年，第 396 页。

⑥ 《大正藏》第 9 册，大正新修大藏经刊行会，1972 年，第 10 页。

仪式焉。"①

　　最后,仪式还有与时代作用下所产生的多种礼行、礼俗相等同的意义。如官仪,《直斋书录解题》载"汉卫尉蔡质撰《杂记官制》及《上书谒见礼式》。《隋志》有《汉官典职仪式》二卷,今存一卷"②,又《郡斋读书志》曰"《金坡遗事》三卷。右皇朝钱惟演撰。载国朝禁林杂仪式事迹并学士名氏"③;如书仪,《通典》记载"世子主国,其文书表疏仪式如臣,而不称臣"④;又如地方神祠祭祀仪式,韩愈《南海神庙碑》云"故明宫斋庐,上雨旁风,无所盖障;牲酒瘠酸,取具临时;水陆之品,狼藉笾豆;荐裸兴俯,不中仪式;吏滋不恭,神不顾享。盲风怪雨,发作无节,人蒙其害"⑤;等等。

　　综上可知,关于仪式的研究横跨了多个学科及文化系统,且就中西方仪式的概念对比而言,仪式一方面均涵括了宗教、政治等各个领域,另一方面其适用范围既涵盖了宏观的社会,也包括了微观的个人,中西方语境下的仪式概念大体相近。由于西方对仪式的研究开始较早,已经拓展到戏剧表演、传播功能等方面,较中国传统仪式的应用研究更为广泛,本书对二者择善而从。

①　(宋)陈葆光:《三洞群仙录》卷二《天师三境翊圣九坛》,《正统道藏》第 32
　　册,北京:文物出版社,1988 年,第 245 页中栏。
②　(宋)陈振孙:《直斋书录解题》卷六《职官类》,上海:上海古籍出版社,1987
　　年,第 171 页。
③　(宋)晁公武编,孙猛校:《郡斋读书志校证》上,上海:上海古籍出版社,
　　1990 年,第 313 页。
④　(唐)杜佑:《通典》卷三十一《职官》,北京:中华书局,2020 年,第 858 页。
⑤　(唐)韩愈:《韩昌黎全集》,北京:燕山出版社,2009 年,第 745 页。

(二)何为政治仪式?

传统仪式类型学研究者认为,政治仪式与仪式的关系是种属关系,即仪式是属概念,政治仪式是种概念,所以政治仪式拥有仪式所具有的一切共性。[①] 而政治仪式与其他种概念又有本质区别,即政治仪式具有独特的"政治"属性。因此学界在定义政治仪式时,往往对举办者的身份、传播的内容等有政治方面的界定。如保罗·康纳顿(Paul Connerton)解释政治仪式是"通过为官方版本的政治结构提供诸如'帝国、宪法、共和国或民族(国家)'之类的符号表象来进行认知调控的仪式"[②]。兰德尔·柯林斯(Randall Collins)则认为政治仪式是把全体聚集起来,集中群体注意力,增强群体感情,最终使它依附于代表该群体及其界限的象征物。[③] 国内学者王海洲将政治仪式定义为:"举办者是政党和政府等最具政治权力的行为体,在程序、时间和空间上遵循着与日常生活完全不同的规则,借助具有丰富象征意义的事物和行为,对参与者和观众的政治情感、态度和价值观念等产生巨大的影响力。"[④]曾楠、闫晓倩则指出政治仪式是以传播主流观念为重要旨意的"官方性"仪式活动,是形塑主流观念的重要方式。[⑤]

---

① 吴跃本、张光辉:《政治仪式:概念、载体与功能》,《改革与开放》,2017 年第 13 期,第 114 页。

② [美]保罗·唐纳顿著,纳日碧力戈译:《社会如何记忆》,上海:上海人民出版社,2000 年,第 57 页。

③ 马敏:《政治象征》,北京:中央编译出版社,2012 年,第 114 页。

④ 王海洲:《政治仪式——权力生产和再生产的政治文化分析》,南京:江苏人民出版社,2016 年,第 3 页。

⑤ 曾楠、闫晓倩:《国家认同构建的象征性资源探究:以政治仪式为视角》,《青海民族研究》,2020 年第 3 期,第 98—102 页。

　　综合以上界定,对政治仪式的概念至少有如下一致性的认识:第一,政治仪式的发起者是政治实体。需要特别说明的是,此处的政治实体指一切从事政治活动的主体,它包括一切政治集团、政党、阶级、民族及具有政治身份的个人。第二,政治仪式具有丰富的政治象征含义。第三,政治仪式对参与者的政治认知有所影响。

　　值得注意的是,以往对政治仪式的定义往往隐含将"参与者"当成是信息的弱势方,是与官方传递者相对立的被动民众的含义。如果将背景放置在中国古代,则可以发现政治仪式原初就有向上(天及先祖)沟通的功能。如果将视角转入属于中层的地方政府,也可以看到其中还有广袤而未被挖掘的政治仪式素材。如本书第二章讨论的进奉仪式,就既有地方向中央请求旌节的意涵,又是地方向民众传达政治合法性的途径,证明政治仪式具有多元的信息流动方向,其参与者的身份背景也是多样的。

(三)中国古代政治仪式的分析路径

　　政治仪式在中国古代主要体现在礼文化中。《礼记》中有言"是故礼者,君之大柄也"[①],且"凡治人之道,莫急于礼"[②],这表明中国古代的礼具有天然的政治亲缘性,其功能主要集中在国家治理和百姓教化两个方面,可称其为政治仪式。杨庆堃也称中国的信仰及祭祀仪式是建立在其积极的政治伦理功能之上的,[③]说明政治是支配仪式运行的核心成分。同时政治权力控制着其他宗教仪式

---

① (清)阮元校刻:《十三经注疏·礼记正义》,第 1231 页。
② (清)阮元校刻:《十三经注疏·礼记正义》,第 1602 页。
③ 杨庆堃著,范丽珠等译:《中国社会中的宗教:宗教的现代社会功能及其历史因素之研究》,第 171 页。

为其服务,构成了中国古代政治仪式的重要部分。

中国古代政治仪式的分析路径至关重要,决定了本书的内容和框架,主要可分为以下三个研究层面:

第一是存在于礼法及仪注等实践操作层面。礼与仪注虽有所分别,如吴丽娱指出礼是原则精神,仪注则是具体操作。[①] 刘安志也指出"礼"体现的是一般原则性的规定,与实际操作的礼仪活动是有所区别的。朝廷在举行礼仪活动的时候,通常会先由"有司"撰写仪注,以作指导。[②] 但有时又互相通义。吴丽娱称按照《隋书·经籍志》的观点,历代所作之五礼,仅是根据现实所制作的"一时之制",而不是"长久之道",故而它们的出现,只有"史"的意义,而无"经"的价值,因此被列入仪注。[③] 此观点解释了一些由朝廷正式制定的礼制,虽以"礼"为名,却被归入仪注的原因。就实践层面而言,礼与仪注都是仪式的具体行事指导。

论其功能,首先是对文化的传承和体认。如《史记》记载:"余至大行礼官,观三代损益,乃知缘人情而制礼,依人性而作仪,其所由来尚矣。"[④]仪式是一种对人情、人性认识的传递,是"人伦之大纲",执政者需要继承仪式来传承象征性的知识。保罗·康纳顿(Paul Connerton)也认为仪式是承载社会记忆的重要机制,它"公开声称要纪念这样的延续"[⑤]。其次是社会秩序的表达和百姓的行为准则。如《管子》云:"上下有义,贵贱有分,长幼有等,贫贵有度。

---

① 吴丽娱:《唐礼摭遗——中古书仪研究》,第 34 页。
② 刘安志:《新资料与中古文史论稿》,上海:上海古籍出版社,2014 年,第13 页。
③ 吴丽娱:《唐礼摭遗——中古书仪研究》,第 476 页。
④ (汉)司马迁:《史记》卷二十三《礼书》,北京:中华书局,1963 年,第 1157 页。
⑤ [美]保罗·唐纳顿著,纳日碧力戈译:《社会如何记忆》,第 54 页。

凡此八者,礼之经也。"①即礼是政治权力用以区分血缘等级秩序和
维护社会伦理秩序的方法。最后是国家的治理要则。如《礼记·
礼运》说:"别嫌明微,傧鬼神,考制度,别仁义,所以治政安君也。"②
礼是国家的治理纲要,所谓"礼兴则国兴,礼衰则国亡"。

　　第二是作为上传下达的媒介技术层面。夏商周时期,产生了
对仪式极为熟悉的"卜""史""巫""祝"等人员,③他们拥有通神的知
识和技术,因此很容易将神的名号作为象征,以仪式为中介,将神
鬼与人间的秩序联系起来,从中发展出一整套有关神圣宗法与神
灵祭祀的经典知识。④后期这种与上天相联系的关系渐渐集中到
了"王"一个人的身上,当这种知识和技术只集中在少数的精英阶
层手中之时,就产生了垄断权力的"卡里斯玛"⑤,即思想的权威,在
此意义上,仪式的操演等同于权力的塑造。

　　一方面,政治权力通过仪式与神圣发生关系,经由象征性的活
动表达超出自身能力的愿望,得到宇宙、天地、神祇的认可,这是中
国古代政治合法性的主要来源。如《周易》中所述:"夫大人者,与
天地合其德,与日月合其明,与四时合其序,与鬼神合其凶吉。先天
而天弗违,后天而奉天时。天且弗违,而况于人乎,况于鬼神乎!"⑥所

----

① (唐)房玄龄注,(明)刘绩补注,刘晓艺校点:《管子》,上海:上海古籍出版
　社,2015年,第60页。
② (汉)戴圣汇编,贾太宏译注:《礼记》,北京:西苑出版社,2016年,第270页。
③ 陈梦家:《殷墟卜辞综述》,北京:中华书局,2013年,第202页。
④ 葛兆光:《中国思想史》,上海:复旦大学出版社,2001年,第37页。
⑤ "卡里斯玛"指具有某种超自然的人格特质,据说它可以通过某种渠道遗
　传或继承,具有它的人即具有支配性的力量,而被支配者就会产生对它完
　全效忠和献身的情感。参见[德]马克斯·韦伯著,康乐、简惠美译:《中国
　的宗教:儒教与道教》,桂林:广西师范大学出版社,2010年,第64页。
⑥ (清)阮元校刻:《十三经注疏·周易正义》,第17页。

强调的正是在"天、人"关系的权力转移之中，仪式作为媒介中介所承担的重要作用。政治权力也通过仪式与世俗发生关系，借助象征性的行为把天意传达给世间，由仪式来强化人们对政治秩序的认同。

另一方面，仪式也是社会伦理交融性质的网络连接点。政治仪式规范着社会政治生活的方式，是不同社会身份人群之间进行思想与文化传递、经济与贸易沟通的桥梁。如《大唐开元礼》中所载群臣诣阙上表、受蕃国使表及币、皇帝元正受君臣朝贺等仪式，[①]均是从礼仪制度的层面规范沟通与交流的中介场域。

第三是发源及作用于想象的精神控制层面。仪式从一开始便是源于古人对宇宙天地的感觉与想象。《周易》云："圣人有以见天下之赜，而拟诸其形容，象其物宜，是故谓之象。圣人有以见天下之动，而观其会通，以行其典礼，系辞焉以断其吉凶，是故谓之爻。"[②]也就是说圣人通过观察、模仿宇宙的方式塑造了仪式。这源于人们对于自然中普遍存在的"神秘力量"的崇拜和渴望。仪式则是人们能动性地对该力量的获取或者规避，一般是通过想象发生效力的，也可以说是思维的产物。弗雷泽（James George Frazer）曾说："巫的首要原则，就是相信心灵感应。"[③]所谓心灵感应，不是一种真实的存在，而是一种暗示之后的联结，即通过仪式的某些程序达到与神秘力量的联结。久而久之，想象的世界取代了真实的世界。由于想象与符号的联想产生的力量被当成了实际的力量，于是想象的规则成为真实世界的解释和说明。比如借助对名义的

① （唐）徐坚等：《大唐开元礼》，北京：民族出版社，2000 年，第 9—10 页。
② （清）阮元校刻：《十三经注疏·周易正义》，第 83 页。
③ ［英］詹·乔·弗雷泽著，徐育新等译：《金枝》，第 35 页。

规定来确认或迫使社会确认某种秩序的合理性,通过"正名"达到"正实"的作用。①

　　因此这种想象可以作用于仪式参与者的精神。仪式中所凝结的多种政治象征符号,总是暗示着有关个人族属、集体政治和特定文化的关键内涵,能够使接受者在精神上产生归属与认同。以玉琮所蕴含的空间关系上中央统辖四方、时间顺序上中央早于四方、价值等级上中央优先于四方的概念为例,延伸至社会领域,就成了中央帝王领属四方藩臣的政治结构的神圣性与合理性依据。② 此外,仪式也可以通过重构政治象征实现参与者记忆的生产与再生产。在社会学的研究中,无论是涂尔干的神圣与世俗的区分③,热内普的过渡仪式分析④,还是特纳对阈限阶段的解答⑤,均指向仪式前后具有精神再造的功能,即仪式活动使人们的世俗价值与观念实现了一种升华。

(四)敦煌归义军的政治仪式

　　敦煌归义军是由地方大族张议潮推翻吐蕃统治仗节归唐后所建立的西北藩镇。唐帝国灭亡后,归义军节度使张承奉建立了西汉金山国,时间较短。后由曹议金为首的曹氏家族接替执掌政权,至北宋前期覆亡。在此期间,归义军政权一方面奉五代、北宋

① 葛兆光:《中国思想史》,第 89 页。
② 葛兆光:《中国思想史》,第 18 页。
③ [法]爱弥尔·涂尔干著,渠敬东、汲喆译:《宗教生活的基本形式》,第 39 页。
④ [法]阿诺尔德·范热内普著,张举文译:《过渡礼仪》,北京:商务印书馆,2010 年。
⑤ [英]维克多·特纳著,赵玉燕、欧阳敏、徐洪峰译:《象征之林——恩登布人仪式散论》,北京:商务印书馆,2012 年,第 123—148 页。

为正朔，另一方面《新五代史》及《宋史》却将其列入《四夷附录》《外国传》，辽朝亦称其为"敦煌国"，可见其政体性质的多元。荣新江概括说："归义军在唐朝是一个边远的藩镇，五代、宋初则成为实际的外邦，这是归义军在中国历史上的特性之一。"[①]这恰恰说明归义军政权有较强的政治独立性，相较其他藩镇政权更具政治研究价值，其性质仍属于中原文化沁润下的地方政权，在研究其政治仪式的过程中完全可以应用中国古代政治仪式的研究路径。

按照前述政治仪式的概念划分，对敦煌归义军政治仪式的界定需要满足以下三个条件：就举办者而言，是由归义军主导或与归义军政权高度相关的政治人员[②]进行的仪式类型。就仪式内容而言，其内涵需具有政治象征意义，或者是为政治服务。就仪式功能而言，要对仪式参与者的政治认知有所影响。依照上述标准，本书拟对敦煌归义军的四类政治仪式进行研究：（1）国家层面要求进行的礼制仪式。（2）礼制记载简略或未有记载却实际存在的政治仪式。（3）其他为政治服务的宗教仪式。（4）由政治主导进行的民间礼俗、礼行。希冀通过以上考察，解决敦煌归义军政权如何通过政治仪式构建和维护统治合法性的问题，并管窥当时中国政治文化面貌之一斑。

---

① 荣新江：《归义军史研究——唐宋时代敦煌历史考索》，上海：上海古籍出版社，1996 年，第 7 页。

② 如前文所述，关于仪式概念的使用范围已经划分至个人，而政治仪式的发起者最小单位指具有政治身份的个人，由于中国古代没有"公民"的概念，因此本书将具有政治身份的最小单位定义成为与归义军政权高度相关的政治人员。

二、研究综述

　　想要对前人所作的归义军政治仪式研究做一概观是件颇费踌躇之事，这是因为一方面归义军的政治仪式研究散见于多种仪式类型研究中，整体性的研究著作几乎没有；另一方面，如上所述，以礼为对象的中国古代政治史研究和以仪式为多文化系统下的人类社会行为的研究已汗牛充栋，且与本书有关并有启发意义。由于上文已在概念界定的过程中将牵涉成果作一概述，以下只对其他与本书写作相关的文献资料、归义军政治史研究及相关政治仪式研究作一综述。针对某一问题的具体研究，则置于每一章的引言部分，或者散见于相关章节中。

(一)已出版的文献研究资料

　　在研究敦煌归义军政治仪式时，首先需要掌握的就是散布于海内外的各敦煌文献收录刊目。刊目的首次大规模专门发布，始于我国台湾学者黄永武主编的《敦煌宝藏》，此书将分置于伦敦、巴黎、北京等地的敦煌资料汇编在一起，最主要的贡献是将数千张首尾残断而无名的卷子，查出了名称。[①] 此后四川人民出版社、上海古籍出版社、国家图书馆出版社及甘肃人民出版社、浙江教育出版社先后出版了英藏、法藏、俄藏、天津艺术博物馆藏、上海图书馆藏、中国国家图书馆藏、北京大学图书馆藏、俄罗斯科学院东方研

---

① 黄永武主编:《敦煌宝藏》,台北:新文丰出版社,1981—1986 年。

究所圣彼得堡分所藏等敦煌文献。[①] 为敦煌学研究者提供了清晰
的影印版和便利的查找途径。

在此基础上,学术界也推出了众多的辑校著作,与归义军政治
仪式较为相关的有唐耕耦等编《敦煌社会经济文献真迹释录》,收
录了地志、氏族谱、籍帐、牒状、书仪、邈真赞等 34 类、共 1664 件文
书。[②] 赵和平《敦煌表状笺启书仪辑校》的内容涉及了敦煌的多种
书仪,特别是归义军政权内部往来的书仪辑校,展现了归义军与天
使及其他藩镇、自身政权内部相互交往的政治仪式过程。[③] 李正宇
在《古本敦煌乡土志八种笺证》中对敦煌八种地志的编纂、抄写年代
及其源流做了系统考证,有关于归义军政治仪式空间的记载。[④] 郑

① 包括《英藏敦煌文献(汉文佛经以外部分)》(1—14),成都:四川人民出版
社,1990—1995 年;《法藏敦煌西域文献》(1—34),上海:上海古籍出版社,
1995—2005 年;《俄藏敦煌文献》(1—17),上海:上海古籍出版社,1992—
2001 年;《天津市艺术博物馆藏敦煌文献》(1—6),上海:上海古籍出版社,
1996 年;《上海图书馆藏敦煌吐鲁番文献》(1—4),上海:上海古籍出版社,
1999 年;《上海博物馆藏敦煌吐鲁番文献》,上海:上海古籍出版社,1993
年;《中国国家图书馆藏敦煌遗书》(1—5),南京:江苏古籍出版社,1999
年;《北京大学图书馆藏敦煌文献》(1—2),上海:上海古籍出版社,1995
年;《俄罗斯科学院东方研究所圣彼得堡分所藏黑水城文献汉文部分》
(1—17),上海:上海古籍出版社,1996 年;《甘肃藏敦煌文献》(1—6),兰
州:甘肃人民出版社,1999 年;《浙藏敦煌文献》,杭州:浙江教育出版社,
2000 年;《国家图书馆馆藏敦煌遗书》,北京:国家图书馆出版社,2005 年;
《甘肃藏敦煌藏文文献》,上海:上海古籍出版社,2019 年。
② 唐耕耦、陆宏基编:《敦煌社会经济文献真迹释录》第 1 辑,北京:书目文献
出版社,1986 年;唐耕耦、陆宏基编:《敦煌社会经济文献真迹释录》第 2—
5 辑,北京:全国图书馆文献缩微复制中心,1990 年。
③ 参见赵和平著,林聪明主编:《敦煌写本书仪研究》,台北:新文丰出版社,
1993 年;赵和平辑校:《敦煌表状笺启书仪辑校》,南京:江苏古籍出版社,
1997 年。
④ 李正宇:《古本敦煌乡土志八种笺证》,台北:新文丰出版社,1998 年。

炳林《敦煌碑铭赞辑释》辑录了敦煌所存邈真赞、碑文、墓志铭等人物传记材料，是研究归义军时期政治、文化、宗教、民族关系等方面的重要资料，后又出版增订本，对之前的内容进行了补录、校订和补充。[①] 姜伯勤、项楚、荣新江合著的《敦煌邈真赞校录并研究》在开篇对邈真赞所见敦煌大族与东西回鹘之关系作了相应的研究，同时对敦煌邈真赞做了辑录。[②] 黄征、吴伟所著《敦煌愿文集》[③]、赵鑫晔《敦煌佛教愿文研究》[④]等对敦煌斋会祈愿文进行了集中释录，具有重要的文献参考价值。郝春文主编的《英藏敦煌社会历史文献释录》以英国国家图书馆收藏的佛教典籍以外的汉文文献为资料来源，为包括归义军牒稿、油面破历、斋仪、发愿文等类型在内的文书撰写了校记和类目索引。[⑤] 黄征主编的《敦煌俗字典》对敦煌写本中的异体俗字进行了勘订，兼收隶古定字、避讳字、武周新字、合文等，隶、楷、草、行之字体不限，对一些文书的释录有重要价值。[⑥]

（二）敦煌归义军政治史研究

归义军的政治史研究是伴随着藏经洞的发现而开始的，并且一直与敦煌文书的整理工作同步进行。1909 年，罗振玉编纂的"《敦煌石室遗书》中由曹元忠撰写的《沙州石室文字记》，是第一篇

---

① 参见郑炳林：《敦煌碑铭赞辑释》，兰州：甘肃教育出版社，1992 年；郑炳林、郑怡楠：《敦煌碑铭赞辑释（增订本）》，上海：上海古籍出版社，2019 年。

② 姜伯勤等：《敦煌邈真赞校录并研究》，台北：新文丰出版社，1994 年。

③ 黄征、吴伟：《敦煌愿文集》，长沙：岳麓书社，1995 年。

④ 赵鑫晔：《敦煌佛教愿文研究》，南京师范大学博士学位论文，2009 年。

⑤ 郝春文主编：《英藏敦煌社会历史文献释录（1—19）》，北京：社会科学文献出版社，2001—2022 年。

⑥ 黄征：《敦煌俗字典》，上海：上海教育出版社，2005 年。

利用敦煌文献结合史书有关记载研究归义军史的论文"①。之后，罗振玉、王重民、孙楷第、向达等学者也先后发表了《补唐书张议潮传》《瓜沙曹氏年表》《金山国坠事零拾》《敦煌写本张议潮变文跋》《敦煌写本张淮深变文跋》《罗叔言〈补唐书·张议潮传〉补正》等论文，②对归义军政治史做出了开创性探索。归义军史的大体研究框架是由藤枝晃的《沙州归义军节度使始末》所奠定的，除详细考订了归义军的历史及节度使的世系外，还重点论述了它与中央王朝、周边政治的关系。③ 荣新江的专著《归义军史研究——唐宋时代敦煌历史考索》也对归义军的历史做了较为全面的归纳和阐释，他结合古代典籍和敦煌文书，详细撰写了归义军历任节度使的卒立世系及大事纪年，既有史学研究的意义，也可以作为工具书来使用。书中还对归义军内部政治交替的几个重要事件予以关注，确立了归义军政治史研究的基本走向。④ 郑炳林主编的《敦煌归义军史专题研究》(共四编)从政治制度、宗教文化、民族问题、区域经济等方面对归义军政治史的细部问题做了深描，是在研究深度上的重要拓展。⑤ 杨秀清

① 郝春文:《敦煌文献与历史研究的回顾和展望》,《历史研究》,1998 年第 1 期,第 113—114 页。
② 相关论文参见兰州大学历史系敦煌学研究室、兰州大学图书馆合编《敦煌学论文选》上册,兰州:甘肃人民出版社,1983 年,第 42—239 页。
③ 〔日〕藤枝晃:《沙州归义军节度使始末(一——四)》,《东方学报》(京都)第 12 册,第 3 分,1941 年,第 58—98 页;第 4 分,1942 年,第 42—75 页;第 13 册,第 1 分,1942 年,第 63—95 页;第 2 分,1943 年,第 46—98 页。
④ 荣新江:《归义军史研究——唐宋时代敦煌历史考索》,上海:上海古籍出版社,1996 年。
⑤ 郑炳林主编:《敦煌归义军史专题研究》,兰州:兰州大学出版社,1997 年;《敦煌归义军史专题研究续编》,兰州:兰州大学出版社,2003 年;《敦煌归义军史专题研究三编》,兰州:甘肃文化出版社,2005 年;《敦煌归义军史专题研究四编》,西安:三秦出版社,2009 年。

的《敦煌西汉金山国史》以归义军的发展演变过程为线索，从政治、文化、宗教、民族关系等方面对金山国史做了较为系统的研究。[①]赵贞在《归义军史事考论》中以押衙、鸟形押、城坊、赛神和灵州道这五个论题为主体对归义军进行了专题研究。其中赛神部分关注到了归义军的官方祭祀仪式，灵州道部分关注到了归义军与他方的政治交流与使节往来。[②] 冯培红的《敦煌的归义军时代》则以时间为线索对归义军的政治特点和历史问题作出考索。[③] 近年，刘进宝又出版《敦煌学通论》，对敦煌的历史、莫高窟藏经洞的发现、敦煌学的诞生及其发展过程作了全面叙述，其中有对归义军的建立、沿革与统治政策的讨论。[④] 以上研究均对本书的研究具有背景参考和理论支撑的作用。

(三)敦煌归义军政治仪式的相关研究

如上所言，归义军的政治仪式分散于各种仪式类型之中，以下对各种仪式类型与归义军政治相关的研究做一整体梳理。

归义军官方祭祀仪式的研究。姜伯勤《敦煌社会文书导论》对沙州所进行的吉礼、军礼、嘉礼和凶礼进行了研究，特别指出吉礼和军礼所象征的与天之交通所体现出的政治权力对世俗生活的主导。[⑤]谭蝉雪在《敦煌民俗——丝绸之路传风情》中对敦煌地区的岁时节令进行探讨，涉及了归义军政权在岁时所举办的耕藉田、祭风伯、

---

① 杨秀清：《敦煌西汉金山国史》，兰州：甘肃人民出版社，1999年。
② 赵贞：《归义军史事考论》，北京：北京师范大学出版社，2010年。
③ 冯培红：《敦煌的归义军时代》，兰州：甘肃教育出版社，2013年。
④ 刘进宝：《敦煌学通论》，兰州：甘肃教育出版社，2019年。
⑤ 姜伯勤：《敦煌社会文书导论》，台北：新文丰出版社，1992年。

祭雨师、释奠、社稷等仪式。同时还涉及对多种由归义军主持的佛教斋会类型及政治功能的讨论。① 高启安在《旨酒羔羊——敦煌的饮食文化》中对敦煌的食物加工和饮食器具进行了介绍,其中就有用于敦煌官方祭祀仪式的用品。② 高明士在《中国中古礼律综论——法文化的定型》中对唐代敦煌官方的祭祀礼仪作出研究,对敦煌的藉田、社稷、风伯、雨师、雷神之祀的时间、地点等进行了详细的分析,对本书研究有很大的参考价值。③ 此外,关于具体文书的研究有吴丽娱对敦煌文书 S.1725V 写作时间的认定,说明了敦煌出现藉田礼的原因及敦煌的官民祭祀。④ 黄浥清根据 S.5747 文书推断张承奉曾在金山国建立前的某次战役中以祭祀风伯祈祷战争胜利。⑤

归义军与中央王朝之间互动仪式的研究。首先是赵贞在《归义军史事考论》及王使臻、王使璋、王惠月在《敦煌所出唐宋书牍整理与研究》中梳理了归义军通贡中原的使节和相关事件、中央政权所派使者的类型与使命等。⑥ 其次是关于归义军具体进奉仪式的研究。张国刚在《唐代藩镇研究》中对归义军时期的两封进奏院状进行了著录考说。⑦ 余欣《中古异相:写本时代的学术、信仰与社

① 谭蝉雪:《敦煌民俗——丝路明珠传风情》,兰州:甘肃教育出版社,2006年。
② 高启安:《旨酒羔羊——敦煌的饮食文化》,兰州:甘肃教育出版社,2007年。
③ 高明士:《中国中古礼律综论:法文化的定型》,北京:商务印书馆,2017年。
④ 吴丽娱:《再论 S.1725V 卷祭文与敦煌官方祭祀》,载氏著《礼俗之间——敦煌书仪散论》,杭州:浙江大学出版社,2015年,第280—300页。
⑤ 黄浥清:《敦煌文书 S.5747〈张承奉祭风伯文〉性质再探》,《敦煌研究》,2013年第2期,第64—67页。
⑥ 参见赵贞:《归义军史事考论》,北京:北京师范大学出版社,2010年,第241—254页;王使臻、王使璋、王惠月:《敦煌所出唐宋书牍整理与研究》,成都:西南交通大学出版社,2016年,第80—83页。
⑦ 张国刚:《唐代藩镇研究》,北京:人民大学出版社,2010年,第176—187页。

会》罗列了敦煌文献中的土贡资料,并就部分重要贡物加以研究,认为贡物具有浓厚的政治色彩。① 杨宝玉、吴丽娱《归义军政权与中央关系研究》按时间顺序对归义军的贡奉活动做了梳理,并揭示出贡品种类、贡品来源以及中央的回赐情况。② 单篇论文有杨宝玉、吴丽娱《归义军朝贡使张保山生平考察与相关历史问题》,以张保山的任职与朝贡经历看归义军朝贡使节的特质。③ 吴震《P.3547〈沙州归义军上都进奏院上本使状〉试析——兼论张淮深何以屡请赐节而不获》对该状的成状时间做出考察,并就此分析了张淮深的赐节始末。④ 李永《由 P.3547 号敦煌文书看唐中后期的贺正使》通过唐代沙州贺正使团在长安的活动情况探讨了唐代中后期地方政府贺正使团的人员组成、在京城长安的活动情况与活动空间。⑤ 最后是关于归义军接待天使仪式的研究。吴丽娱《唐礼摭遗——中古书仪研究》关注了天使与地方官员礼尚往来的书仪文范和节度使上任的仪程、服饰。⑥ 陈祚龙《敦煌古钞〈凡节度使新授旌节仪〉残卷校释》讨论了归义军接待中央来使的仪式过程。⑦ 魏睿骜

---

① 余欣:《中古异相:写本时代的学术、信仰与社会》,上海:上海古籍出版社,2017 年,第 263—297 页。

② 杨宝玉、吴丽娱:《归义军政权与中央关系研究》,北京:中国社会科学院出版社,2015 年,第 258—269 页。

③ 杨宝玉、吴丽娱:《归义军朝贡使张保山生平考察与相关历史问题》,《中国史研究》,2007 年第 4 期,第 59 页。

④ 吴震:《P.3547〈沙州归义军上都进奏院上本使状〉试析》,载氏著《吴震敦煌吐鲁番文书研究论集》,上海:上海古籍出版社,2009 年,第 109 页。

⑤ 李永:《由 P.3547 号敦煌文书看唐中后期的贺正使》,《史学月刊》,2012 年第 4 期,第 25—33 页。

⑥ 吴丽娱:《唐礼摭遗——中古书仪研究》,第 546—572 页。

⑦ 陈祚龙:《敦煌古钞〈凡节度使新授旌节仪〉残卷校释》,载氏著《敦煌学海探珠》,台北:台湾商务印书馆,1979 年,第 246—268 页。

在《敦煌文书所见"天使院"考》中对敦煌归义军用于接待中央王朝使者的"天使院"作出了考论。[①] 整体来看,学界对归义军向中央进奉及接待天使之仪礼过程、政治意义的关注仍稍显不足。

归义军外交仪式的研究。冯培红在《敦煌归义军职官制度》中对归义军府衙接待使节相关职能机构做出了完整阐述。[②] 此外吴丽娱对归义军的客司、[③]李正宇对归义军的乐营[④]、高启安对归义军的宴设司[⑤]等接待机构作了单独研究。在对外交往的接待地点研究中,郑炳林《晚唐五代敦煌村庄聚落辑考》对园、庄等使客食宿地点进行了考论。[⑥] 荣新江、朱丽双、谭蝉雪的研究则对少数民族政权在敦煌建宅舍作为"驻敦煌办事处"有一致的认识。[⑦] 对外交仪式流程的研究中,施萍婷《本所藏〈酒帐〉研究》分析了少数民族政权与归义军的交往记录,并对公用酒帐所反映出的归义军迎来送

① 魏睿骜:《敦煌文书所见"天使院"考》,《河西学院学报》,2018 年第 6 期,第 53—56 页。

② 冯培红:《敦煌归义军职官制度——唐五代藩镇官制个案研究》,兰州大学博士学位论文,2004 年。

③ 吴丽娱:《试论晚唐五代的客将、客司与客省》,《中国史研究》,2002 年第 4 期,第 69—82 页。

④ 李正宇:《沙州归义军乐营及其职事》,荣新江主编《敦煌吐鲁番研究》第 5 卷,北京:北京大学出版社,2001 年,第 217—225 页;《归义军乐营的结构与配置》,《敦煌研究》,2000 年第 3 期,第 73—79 页。

⑤ 高启安:《唐五代敦煌饮食文化研究》,北京:民族出版社,2004 年,第 182—190 页。

⑥ 郑炳林:《晚唐五代敦煌村庄聚落辑考》,《敦煌归义军史专题研究续编》,兰州:兰州大学出版社,2003 年,第 75—116 页。

⑦ 参见荣新江、朱丽双:《于阗与敦煌》,兰州:甘肃教育出版社,2013 年,第 179 页;谭蝉雪:《〈君者状〉辨析——河西达怛国的一份书状》,《1994 年敦煌学国际研讨会文集纪念敦煌研究院成立 50 周年下宗教文史卷(下)》,兰州:甘肃民族出版社,2000 年,100—114 页。

往的礼制有所概括。① 高启安《旨酒羔羊——敦煌的饮食文化》和
《信仰与生活——唐宋间敦煌社会生活诸相探赜》有对归义军接待
外来使者的器具、供食规格和宴享的研究。② 总体来看,学界目前
对归义军接待外来使者的仪式流程的研究略显不足,为此问题的
进一步研究留下了空间。

　　归义军与其他藩镇的交往仪式,主要体现在书仪之中。除上
文所提赵和平的辑录著作之外,其《赵和平敦煌书仪研究》既对敦
煌书仪做出了全局的讨论,又对单篇书仪形制进行了个案分析,还
对书仪背后反映出的政治关系、社会文化做了专题讨论。③ 周一
良、赵和平《唐五代书仪研究》则较为全面地探讨了敦煌书仪的各
种类型及其历史研究价值。④ 姜伯勤《唐礼与敦煌发现的书仪》一
文强调敦煌书仪写本是日常通行的仪注,反映了礼制及社会的变
迁。⑤ 吴丽娱《唐礼撷遗——中古书仪研究》对影响归义军时期书
仪变化的社会政治因素做出探讨,并结合敦煌文献和传世史料对
书仪所涉及的礼仪问题如官场仪制等作出深入研究。进而又在
《敦煌书仪与礼法》中对起居、贺谢之仪从中央到藩镇的普及和下
僭有深入的探讨,兼论归义军在朝贡过程中的礼帖与送礼之风。⑥

①　施萍婷:《本所藏〈酒帐〉研究》,《敦煌研究》创刊号,1983 年,第 150 页。
②　高启安:《旨酒羔羊——敦煌的饮食文化》,兰州:甘肃教育出版社,2007
　　年;《信仰与生活——唐宋间敦煌社会诸相探》,兰州:甘肃教育出版社,
　　2014 年,第 237—292 页。
③　赵和平:《赵和平敦煌书仪研究》,上海:上海古籍出版社,2011 年。
④　周一良、赵和平:《唐五代书仪研究》,北京:中国社科院出版社,1996 年。
⑤　姜伯勤:《敦煌艺术宗教与礼乐文明》,北京:中国社会科学出版社,1996
　　年,第 426—441 页。
⑥　吴丽娱:《唐礼撷遗——中古书仪研究》,北京:商务印书馆,2002 年;《敦煌
　　书仪与礼法》,兰州:甘肃教育出版社,2013 年,第 377—465 页。

此外,杨宝玉、吴丽娱《归义军入奏活动中的贡品进奉与礼物馈赠》
探讨了灵武节度使与归义军之间的礼物往还。二人的《法藏敦煌
文书 P. 2539V 校注与研究》以书仪为研究对象探索了后唐中央、灵
武节度使和沙州当局互动交往背后的政治意图。①

　　在宗教仪式与政治关系的研究中,一方面是对佛教寺窟营建、
使用与政治目的的考察。其中以李正宇②、马德③、王惠民④等学者
所论为详,特别是马德对石窟中所反映的政治、人文内涵进行了探
讨,对石窟内进行的多种仪式活动进行了分析。此外,马德、王祥
伟的《中古敦煌佛教社会化论略》一书讨论了窟上进行的营建活
动、佛事活动、迎来送往和正月十五燃灯的政治活动。⑤ 郝春文、陈
大为《敦煌的佛教与社会》研究了归义军统治时期石窟的社会功
能。⑥ 陈大为《唐后期五代宋初敦煌僧寺研究》深入考论了敦煌龙
兴寺与净土寺对归义军政权所承担的世俗性义务,其中有涉及对
外接待的功能考察。⑦ 另外还有一些对单窟的建设及其背后政

---

① 杨宝玉、吴丽娱:《归义军入奏活动中的贡品进奉与礼物馈赠》,黄正建主
　编《隋唐辽宋金元史论丛》,上海:上海古籍出版社,2013 年,第 86—87 页;
　《法藏敦煌文书 P. 2539V 校注与研究》,《敦煌吐鲁番研究》,2019 年第 1
　期,第 171—211 页。
② 李正宇:《敦煌地区古代祠庙寺观简志》,载氏著《敦煌史地新论》,台北:新
　文丰出版社,1996 年,第 76—82 页。
③ 马德:《敦煌莫高窟史研究》,兰州:甘肃教育出版社,1996 年。
④ 王惠民:《敦煌佛教与石窟营建》,兰州:甘肃教育出版社,2017 年,第
　501—566 页。
⑤ 马德、王祥伟:《中古敦煌佛教社会化论略》,北京:中国社会科学出版社,
　2010 年,第 51—73 页。
⑥ 郝春文、陈大为:《敦煌的佛教与社会》,兰州:甘肃教育出版社,2013 年,第
　266—307 页。
⑦ 陈大为:《唐后期五代宋初敦煌僧寺研究》,上海:上海古籍出版社,2014 年。

治意义的探讨,如沙武田《归义军时期敦煌石窟考古研究》对敦煌
石窟第 156 窟、98 窟、16 窟等单窟背后所蕴含的政治背景进行了
分析。① 李国、沙武田《莫高窟第 156 窟营建史再探》②、郭俊叶《莫
高窟第 454 窟窟主及其甬道重修问题》③、郑炳林《张淮深改建北大
像和开凿 94 窟年代再探》④、兰州大学邵强军的博士学位论文《敦
煌曹议金第 98 窟研究》⑤等,对单窟营建的时间、背景、缘由有详细
讨论。

　　另一方面是对佛教斋会政治参与的考察。郝春文《唐后期五
代宋初敦煌僧尼的社会生活》围绕僧尼的生活讨论了归义军政权
对其的控制和管理,及其参加的各种由官府组织的法事活动。⑥ 谭
蝉雪《敦煌民俗——丝路明珠传风情》对岁时举行的佛教斋会进行
梳理,提出新年四门结坛、安伞旋城及罢四季道场所具有的禳祈功
能。⑦ 马德、王祥伟《中古敦煌佛教社会化论略》一书则对敦煌的军
事斋会做出了分析。⑧ 冯培红《敦煌本〈国忌行香〉及相关问题》对
敦煌国忌行香仪式、文本进行了相关考述,并探讨了张氏归义军与

①　沙武田:《归义军时期敦煌石窟考古研究》,兰州:甘肃教育出版社,2017 年。
②　李国、沙武田:《莫高窟第 156 窟营建史再探》,《敦煌研究》,2017 年第 5
　　期,第 50—55 页。
③　郭俊叶:《莫高窟第 454 窟窟主及其甬道重修问题》,《敦煌研究》,2014 年
　　第 1 期,第 30—36 页。
④　郑炳林:《张淮深改建北大像和开凿 94 窟年代再探》,《敦煌研究》,1994 年
　　第 3 期,第 37—41 页
⑤　邵强军:《敦煌曹议金第 98 窟研究》,兰州大学博士学位论文,2017 年。
⑥　郝春文:《唐后期五代宋初敦煌僧尼的社会生活》,北京:中国社会科学出
　　版社,1998 年。
⑦　谭蝉雪:《敦煌民俗——丝路明珠传风情》,兰州:甘肃教育出版社,2006 年。
⑧　马德、王祥伟:《中古敦煌佛教社会化论略》,第 226—238 页。

唐王朝的关系。① 聂顺新《佛教官寺与中晚唐半独立藩镇的政治合法性构建——以田氏魏博和张氏归义军为中心的考察》以张氏归义军为考察中心，强调了藩镇利用唐朝原设官寺的政治象征意义以及举行国忌行香仪式来构建自己统治的合法性。② 另有三篇博士学位论文，上海师范大学侯冲的《中古佛教仪式研究——以斋供仪式为中心》③、赵玉平的《唐五代宋初敦煌佛斋礼仪研究》④及兰州大学段鹏的《九—十世纪敦煌社会宗教生活研究——以斋会文本为中心的考察》⑤对敦煌斋会礼仪所具有的政治功能进行了深入讨论。

还有许多学者对莫高窟中所画张议潮出行仪仗⑥、曹议金出行

① 冯培红：《敦煌本〈国忌行香〉及相关问题》，《敦煌归义军专题研究四编》，西安：三秦出版社，2009 年，第 223 页—265 页。

② 聂顺新：《佛教官寺与中晚唐半独立藩镇的政治合法性构建——以田氏魏博和张氏归义军为中心的考察》，《西北民族论丛》，2018 年第 1 期，第 111—129 页。

③ 侯冲：《中古佛教仪式研究——以斋供仪式为中心》，上海师范大学博士学位论文，2009 年。

④ 赵玉平：《唐五代宋初敦煌佛斋礼仪研究》，上海师范大学博士学位论文，2015 年。

⑤ 段鹏：《九—十世纪敦煌社会宗教生活研究——以斋会文本为中心的考察》，兰州大学博士学位论文，2020 年。

⑥ 具体相关论文参见暨远志：《张议潮出行图研究——兼论唐代节度使旌节制度》，《敦煌研究》，1991 年第 3 期，第 31 页；暨远志：《张议潮出行图研究——论沙州归义军的长行官健制和蕃汉兵制》，《敦煌研究》，1992 年第 4 期，第 78—86 页；陈明：《关于莫高窟 156 窟的几个问题》，《敦煌学辑刊》，2006 年第 3 期，第 93—94 页；朱晓峰：《〈张议潮统军出行图〉仪仗乐队乐器考》，《敦煌研究》，2015 年第 4 期，第 25—34 页；等等。

仪仗①、慕容归盈出行图②等图像进行研究,普遍认为这是归义军领
袖崇尚权力意识的体现。

　　在民间信仰与政治关系的研究中,国内外学者均有建树。在
傩仪研究中,有法国学者艾丽白(Danielle Eliasberg)发表于 1984
年的《敦煌写本中的“儿郎伟”》和《敦煌写本中的“大傩”仪礼》③,汉
译本已收进《法国学者敦煌学论文选萃》一书,其中就注意到傩词
有政治歌颂的功能。国内较早的研究有高国藩的《驱傩风俗和敦
煌民间歌谣〈儿郎伟〉》,主要探讨了傩词“儿郎伟”的文献形式、思
想内容、民俗价值和宗教性质。④ 谭蝉雪的《岁末驱傩》对敦煌傩仪
的流变和形式、傩词的内容与功能有细致深入的讨论。⑤ 此后李正
宇撰写了《敦煌傩散论》,首次提出了“敦煌傩”的概念,并对敦煌傩
进行了分类。⑥ 姜伯勤则在《敦煌艺术宗教与礼乐文明》中撰写了

①　具体相关论文参见宁强:《曹议金夫妇出行礼佛图研究》,敦煌研究院
　　《1990 敦煌学国际讨论会文集·石窟艺术编》,沈阳:辽宁美术出版社,
　　1995 年,第 304—318 页;米德昉:《敦煌莫高窟第 100 窟研究》,兰州:甘肃
　　教育出版社,2016 年。
②　具体相关论文参见陈明:《慕容家族与慕容氏出行图》,《敦煌研究》,2006
　　年第 4 期,第 25—31 页;段文杰:《榆林窟的壁画艺术》,敦煌研究院编《榆
　　林窟研究论文集》,上海:上海辞书出版社,2011 年,第 660—661 页;岩本
　　笃志:《榆林窟第 12 窟——慕容夫妻出行图的解说》,松井太、荒川慎太郎
　　编《敦煌石窟多言语资料集成》,东京外国语大学アジア・アフリカ言语
　　文化研究所出版,2017 年;赵晓星:《莫高窟之外的敦煌石窟》,兰州:甘肃
　　人民美术出版社,2018 年,第 87—88 页
③　两篇论文均收于《法国学者敦煌学研究论文选萃》,北京:中华书局,1993
　　年,第 238—248 页;第 257—271 页。
④　高国藩:《敦煌驱傩风俗和民间歌谣〈儿郎伟〉》,《文史》第二十九辑,北京:
　　中华书局,1988 年,第 291—299 页
⑤　谭蝉雪:《岁末驱傩》,《西北民族研究》,1990 年第 2 期,第 23—29 页。
⑥　李正宇先生:《敦煌傩散论》,《敦煌研究》,1993 年第 2 期,第 111—122 页。

《沙州傩礼考》①一文，对大唐开元礼中傩礼的仪式记载、敦煌傩仪中的音声、傩词性质及其中鬼神谱系的变迁做出讨论，对本书探讨傩仪的政治意义有启发价值。该书中还有《敦煌的写真邈真与肖像艺术》对敦煌的写真邈真作出了词语的源流释义和使用方式探究，指出了邈影如生对后期艺术创造观念的影响。②

　　针对民间丧祭仪式中的邈真赞研究，较早的有饶宗颐《文选序"画像则赞兴"说——列传与画赞》《敦煌白画》等文章，探讨了敦煌画像和敦煌邈真赞二者的关系，并将敦煌石窟所见邈真画像分为佛像邈真、生前写真及忌日画施三类，实开敦煌邈真研究之先河。③ 沙武田《敦煌写真邈真画稿研究——兼论敦煌画之写真肖像艺术》④及郑炳林《敦煌写本邈真赞所见真堂及其相关问题研究——关于莫高窟供养人画像研究之一》⑤也对敦煌邈真像、邈真赞有深入研究。张善庆《高僧写真传统钩沉及相关问题研究》主要讨论了敦煌高僧禅定写真图的形式规制和"双履"意象。⑥ 马德《敦煌绢画上的"邈真"与"邈真赞"》特别研讨了前人所忽视的绢画载体上所绘制的邈真。⑦ 郑

① 姜伯勤：《敦煌艺术宗教与礼乐文明》，第459—474页。
② 姜伯勤：《敦煌艺术宗教与礼乐文明》，第77—86页。
③ 前者原载南洋大学《文物丛刊》1972年创刊号，后者为法国远东学院考古学专刊1978年中法双语版。
④ 沙武田：《敦煌写真邈真画稿研究——兼论敦煌画之写真肖像艺术》，《敦煌学辑刊》，2006年第1期，第43—62页。
⑤ 郑炳林：《敦煌写本邈真赞所见真堂及其相关问题研究——关于莫高窟供养人画像研究之一》，《敦煌研究》，2006年第6期，第64—73页。
⑥ 张善庆：《高僧写真传统钩沉及相关问题研究》，《敦煌学辑刊》，2006年第3期，第97—106页。
⑦ 马德：《敦煌绢画上的"邈真"与"邈真赞"》，载颜廷亮主编《转型期的敦煌语言文学——纪念周绍良先生仙逝三周年学术研讨会论文集》，兰州：甘肃人民出版社，2010年，第387—397页。

式的《中古敦煌邈真论稿》对邈真像的仪式使用有所追溯,对石窟类的邈真整体布局、图像元素与配置有独到见解。^① 从研究现状来看,对邈真赞的仪式源流及使用关注不够。

赛神仪式方面,谭蝉雪《敦煌祈赛风俗》对敦煌地区的祈赛活动作了概览,并认为敦煌祈赛的对象有一大类为历史人物,反映出敦煌祈赛中神化政治人物的风俗。^② 濮仲远《唐宋时期敦煌赛神风俗考略》对敦煌赛神仪式的过程进行了大致勾勒。^③ 余欣《神道人心——唐宋之际敦煌民生宗教社会史研究》通过对三危山和金鞍山在归义军政权主持的祭祀仪式中地位升降的考察,阐明归义军如何借助对地域性神祇祭祀的控制,对自身的政治理念加以宣传,并为政权合法性提供更为充分的依据。^④ 李丽《张议潮"束身归阙"之原因考:敦煌张氏归义军内部矛盾之我见》指出张议潮逝后百年影响不衰,百姓仍为其神主求赛之事^⑤,等等。

以上只是简单勾勒了本书所关涉文献的面貌,关于政治仪式各方面的研究成果较为分散,难免挂一漏万。需特别说明的是,由于对归义军执政者出行仪式的研究已较为丰沛完整,府衙赛神仪式的材料较为简略且已有分析,这两种仪式类型尽管同属归义军的政治仪式,但只在此简述,正文中并不展开讨论。其他关于敦

---

① 郑弌:《中古敦煌邈真论稿》,北京:科学出版社,2019 年。
② 谭蝉雪:《敦煌祈赛风俗》,《敦煌研究》,1993 年第 4 期,第 61—67 页。
③ 濮仲远:《唐宋时期敦煌赛神风俗考略》,《青海师专学报(教育科学)》,2005 年第 2 期,第 52—54 页。
④ 余欣:《神道人心——唐宋之际敦煌民生宗教社会史研究》,北京:中华书局,2006 年,第 135—145 页。
⑤ 李丽:《张议潮"束身归阙"之原因考:敦煌张氏归义军内部矛盾之我见》,《社科纵横》,2000 年第 3 期,第 60 页。

煌的科技史、宗教史、民间社会史等方面的成果,或在写作过程中偶有涉及,散见于相关章节中,此处不赘。

三、研究目的与研究方法

通过文献综述,我们可以看出研究归义军时期的政治仪式面临着几大难题:首先,从研究方法来看,传统的研究偏向经学式的礼学研究及制度史层面的礼制研究,而对仪式本体的研究较为欠缺,特别是如何融合西方社会科学关于仪式的研究理论来解决中国的仪式问题,尚处在初级阶段。其次,从研究对象来看,关于古代政治仪式的研究集中在中央政权,而对地方政权关注甚少。这是由于地方政权的政治仪式蕴含在多种仪式类型之中,十分零散,因此缺乏综合性、成体系的研究。最后,从研究资料来看,敦煌文献中很少有关于政治仪式的直接记载,必须通过书仪、壁画、入破历、驱傩文等相关资料的间接记载,并结合多种其他文献资料予以佐证,才能够具体描绘出归义军的政治仪式。

基于以上思考,本书以敦煌归义军政权为研究对象,对其执政时期的政治仪式做出考察。归义军虽属于唐宋礼制大背景下的一分子,但是其内部也有自身的礼仪结构,前人甚少注意,或者说研究未成体系。因此,归义军政权如何使用仪式来维护自身统治,就成为本书研究的关键问题。本书的研究目的如下:

首先,梳理敦煌归义军的相关政治仪式,以其源流、内涵、仪式流程等为中心,同时兼顾仪式机构与仪式空间的讨论,对中国古代礼制系统的研究作出补充和完善。一方面,地方政权是国家政治权力末端的维系者,需要对国家要求的政治礼仪活动积极推行,并在此期间体现出强烈的等级差异。礼仪过程中所需要的祭品、祭器的形制、规格，以及仪式流程，无一不是对古代社会政治权力意识的强化与传导。另一方面，政治仪式与政治权力具有密切的关系，是归义军政治策略、趋势的晴雨表，因此归义军政治仪式的举行与否、形制变迁均是政治风云变幻的结果展示，是礼制背后历史背景的留存，可从侧面对历史作出解读和诠释。

其次，发掘归义军政权与佛教、民俗之间的关系，展示政治权力对何种以及如何对佛教及民俗仪式进行控制和利用，从而构建归义军政治权力的合法性和权威性，既是对佛教中国化讨论的深入，也是对民间宗教社会学研究一次新的尝试，最终有利于我们理解和构建归义军政治仪式的整体面貌。

最后，对归义军政权政治仪式的媒介功能做出说明。仪式作为一种政治"象征"含义浓厚的活动，如何围绕象征展开权力争夺、塑造、呈现和生成其基本的行动策略，以及如何影响参与者对政治权力的认知，即通过不同仪式的政治传播功能，挖掘出其传播要素，展示出不同仪式中所蕴含的政治共识、意识形态、传播方法，为政治史的研究提供不同维度和层面。

本书所采取的研究方法主要有：一是文献考证法。本书以敦煌归义军政权为主要研究对象，其是中华历史背景下的一隅偏安，因此对其的解读离不开对传统经、史、子、集等相关文献的考察与求证，并涉及对相关出土文献的征引。二是多重证据法。本书在写作过程中将简帛文献、敦煌出土文书、墓志碑刻以及镇墓文、壁画造像铭记等与传世文献典籍资料相结合，用多重证据法进行综合研究，力求在具体问题上有所突破。三是跨学科研究法。本书主要运用历史文献学、人类学、社会学及传播学等相关研究方法。先通过对历史文献记载和研究成果的查阅，整理出关于敦煌归义军政权的相关历史信息，再利用人类学、社会学及传播学的相关理论视角进行再次解读和梳理，从而对归义军政治仪式的表达做出综合研究，等等。

对归义军政治史的研究，前辈学者们已经向前推进了很多，从文献辑录到具体研究，再到细分的历史地理、民间信仰、宗教文化等领域，归义军时期的政治脉络逐渐清晰，但是其间仍有未明之处，且不同的研究领域之间也有不均衡的现象。这也导致其中所包含的归义军的政治仪式研究相对零散杂乱，如对出行仪仗的研究较为细致，而对接待天使等仪式则所论较少，特别是缺乏一个囊括所有仪式的统一主题。因此本书选择以政治仪式为视角透视归义军的政治历史，并且通过对其中所传递出的政治价值观念，以及如何对参与者的认知产生影响的论述，完成对归义军政治仪式认同构建的整体过程的研究。本人才疏学浅，撰写过程中难免有疏漏欠妥之处，祈请方家指正。

第一章

敦煌归义军的官方祭祀仪式

　　敦煌地处东西方文化交流的枢纽。公元 786 年,吐蕃占领敦
煌,以阎朝为首的敦煌军民以"苟毋徙佗境,请以城降"[①]的条件换
取了敦煌汉文化保存的基础。848 年,张议潮逐蕃归唐之后,就以
唐朝廷为效忠对象,积极恢复唐代风俗文化礼仪,借以稳定社会秩
序。因此,敦煌文书中所见的官方祭祀礼仪,基本上与唐后期所规
定的礼仪规定相吻合,可作为当时地方政府实行礼仪制度的典型。

　　从礼制体系的发展来看,秦汉以来,国家祭祀体制逐渐建构起
来,这一进程在唐宋时期即有清晰展现。今从《大唐开元礼》《太
常因革礼》等礼制文献中可以清楚地看到唐宋国家规定的从中央
到地方州县的祭礼仪制。检寻之后,可以概括出唐宋州县进行的
祭祀仪礼主要包含:诸州、县祭社稷;诸州、县祈社稷;诸州、县释
奠于孔宣父;诸州、县祭风师雨师雷师;诸州、县祈诸神;诸州、县

---

① 　(宋)欧阳修、宋祁:《新唐书》卷二一六《吐蕃下》,北京:中华书局,1975 年,
　　第 6101 页。

縈城门；诸州、县傩。尽管关于州县祭祀仪礼的规定在唐宋时期已经长期运行，学界对国家祭祀礼仪的探讨仍然偏向于中央祀礼，对地方的实施情形甚少注意。这主要是因为州县的材料搜集不易，今通过对敦煌文书的整理，可用于讨论者主要是州县祭社稷、释奠及祭风伯、雨师的记载，提供了研究唐宋时代地方政府实施祭祀仪礼的直接资料，弥足珍贵。此外，傩礼在唐代晚期产生了民俗化倾向，故将其放入民俗章节讨论。本章主要就中央祀典中所规定的吉礼中的州县祭祀仪式进行探讨。

对归义军政权官方祭祀礼仪的研究，主要有谭蝉雪[①]、高明士[②]对归义军的藉田、社稷、风伯、雨师、雷神之祀的较为详细深入的探讨。对祭祀用品的研究，有高启安[③]、黑维强[④]对部分物品作出的解释。对祭祀祭文的研究，有郝春文[⑤]、吴丽娱[⑥]对敦煌祭文的意义及写作时间所作的阐述，严春华[⑦]对敦煌祭文的组成、内容进行的分析。等等。本书在前贤研究的基础上，结合唐宋正史中所记载的州、县官方祭祀礼仪规范，对归义军时期祭社稷、释奠及祭风伯、雨师、雷神的祭祀等级、时间、地点进行梳理和归纳，对享祭过程、祭

① 谭蝉雪：《敦煌民俗——丝绸之路传风情》，兰州：甘肃教育出版社，2006年。
② 高明士：《中国中古礼律综论——法文化的定型》，北京：商务印书馆，2017年。
③ 高启安：《旨酒羔羊——敦煌的饮食文化》，兰州：甘肃教育出版社，2007年。
④ 黑维强：《敦煌、吐鲁番社会经济文献词汇研究》，北京：民族出版社，2010年。
⑤ 郝春文：《读敦煌文献札记（四则）》，载氏著《郝春文敦煌学论集》，上海：上海古籍出版社，2010年，第303—306页。
⑥ 吴丽娱：《关于S.078V和S.1725V两本敦煌写本书仪的一些看法》，载段文杰主编《敦煌学与中国史研究论集——纪念孙修身先生逝世一周年》，兰州：甘肃人民出版社，2001年，第170—172页；《再论S.1725V卷祭文与敦煌官方祭祀》，载氏著《礼俗之间——敦煌书仪散论》，第293页。
⑦ 严春华：《风俗文化与唐代文体关系研究》，天津：南开大学出版社，2019年，第213—216页。

器使用等方面做出考察与复原。在此背景下，通过观察归义军时期官方祭祀礼仪的表征与变化过程、仪式内涵与意义的改变，能够更为深刻地理解晚唐五代宋初地方与中央之间的权力互动关系，以及基层政府的民间统辖策略。

一、藉田、社稷之仪

（一）藉田

"藉田"的"藉"字，通"耤""籍"。"藉（籍）"的含义有很多，比如为"蹈"，强调天子亲耕的象征性行为；[①]为"助"，借也，即借民力而治田，[②]从而劝天下使务农；为"帝王典籍之常"，反映出其时间上的传承性和重要性。[③] 这些含义均说明藉田礼从发源之初就是一项集合享神、劝农含义的政治表演仪式。

藉田礼盛行于西周、春秋时期，是天子率领臣子及庶民在帝藉田中耕作的礼仪，所祀神祇主要是上帝及社稷。[④] 汉代，藉田礼祭

---

① 《后汉书》记载："《五经要义》曰：'天子藉田，以供上帝之粢盛，所以先百姓而致孝敬也。藉，蹈也。言亲自蹈履于田而耕之。'"参见（南朝宋）范晔撰，（唐）李贤等注：《后汉书》卷二《显宗孝明帝纪》，北京：中华书局，1965年，第107—108页。

② 《诗经·周颂·载芟序》云："载芟，春籍田而祈社稷也。"郑玄笺："籍之言借也，借民力治之，故谓之籍田。"参见（清）阮元校刻：《十三经注疏·毛诗正义》，第601页。

③ 《汉书》记载："古者天子耕籍田千亩，为天下先。籍者，帝王典籍之常也。"参见（汉）班固撰，（唐）颜师古注：《汉书》卷四《文帝纪》，第117页。

④ 原昊、程玉华：《籍田礼中的农业神祇及祭祀乐歌考论》，《古籍整理研究学刊》，2014年第2期，第94—97页。

祀先农。① 及至唐朝，先农坛之名及配享之神屡变。唐初，因袭南
朝史家"以供宗庙粢盛"的理论，帝社与藉田坛名异实同，为祭祀神
农之所，配以后稷。② 垂拱中，武则天改"帝社"为"先农坛"。神龙
政变后，祝钦明议改"先农坛"为"帝社坛"，以孟春吉亥祠后土，以
勾龙氏配，又立帝稷坛于西。③ 玄宗开元十九年(731)，祭先农神农
氏，以后稷配享，二十三年(735)藉田，又以句芒配享先农。④ 唐肃
宗乾元二年(759)，又以后稷配享神农氏。⑤

《唐六典》卷十九载："凡孟春吉亥，皇帝亲籍田之礼。"⑥比对敦
煌文书中载有归义军时期实行藉田礼仪的时间，如 P.2506V 大中
二年(848)具注历日：

> 正月十四日乙亥，藉田。⑦

----

① 《五礼通考》记载："享先农之礼，不见他经。《国语》'农正陈耤礼'，说者以
　为祭祖，即神农教民始耕者，一称先啬。汉以后称先农，历代典礼，至今
　不废，诚钜典也。"参见(清)秦蕙田撰，方向东、王锷点校《五礼通考》卷一
　百二十四《亲耕享先农》，北京：中华书局，2020 年，第 5777 页。
② 《新唐书》记载："周、隋旧仪及国朝，先农皆祭神农于帝社，配以后稷，则王
　社、先农不可一也。"参见(宋)欧阳修、宋祁：《新唐书》卷十四《礼乐志》，第
　357—358 页。
③ (后晋)刘昫等：《旧唐书》卷二十四《礼仪四》，北京：中华书局，1975 年，第
　912—913 页。
④ 《新唐书》记载："开元十九年，停帝稷而祀神农氏于坛上，以后稷配。二十
　三年，亲祀神农于东郊，配以句芒，遂躬耕尽垅止。"参见(宋)欧阳修、宋
　祁：《新唐书》卷十四《礼乐志》，第 358 页。
⑤ (宋)欧阳修、宋祁：《新唐书》卷十四《礼乐志》，第 358 页。
⑥ (唐)李林甫等撰，陈仲夫点校《唐六典》卷十九《司农寺》，第 524 页。
⑦ 经高明士考订，原题中的"唐天复五年(905)"应为"大中二年(848)"。参
　见《法藏敦煌西域文献》，第 14 册，第 379 页。参见高明士：《中国中古礼
　律综论——法文化的定型》，第 350 页。

S.1439V 大中十二年(858)具注历日:

闰正月十二日乙亥,藉田。①

P.4640V 归义军己未至辛酉年(900—901)布纸破用历:

庚申年正月廿日(己酉)藉田,支钱财粗纸一帖。
辛酉年正月廿七日(庚戌)藉田,支钱财粗纸一帖。②

P.3247V 大唐同光四年(926)具注历日:

正月廿三日辛亥,藉田。③

S.1473 太平兴国七年(982)具注历日:

正月十九日辛亥,藉田。④

P.3403 雍熙三年(986)具注历日:

正月六日乙亥,藉田。⑤

① 《英藏敦煌文献(汉文佛经以外部分)》,第3卷,第25页。
② 唐耕耦、陆宏基编:《敦煌社会经济文献真迹释录》第3辑,第267页。
③ 《法藏敦煌西域文献》,第22册,第299页。
④ 《英藏敦煌文献(汉文佛经以外部分)》,第3卷,第68页。
⑤ 《法藏敦煌西域文献》,第24册,第97页。

P.3507 淳化四年(993)具注历日:

　　正月廿二日(辛亥),积(藉)田。①

　　可知执行藉田的时间为孟春吉亥,归义军自建立之初就实行唐代规定,到宋代未变。但是藉田礼在唐宋的礼制规定中本为中央祀礼,并未下行州县,那为何归义军时期会有藉田之举?

　　高明士认为此事是:"《礼记·祭义》曰'天子为藉千亩',又曰'诸侯为藉百亩'。诸侯依礼经规定而有藉田之礼,然则敦煌、吐鲁番有此实例,自不感意外。"②值得注意的是,历史上的割据政权及势力常借由藉田行礼,以宣扬其统治的合法性。如前凉张骏,后赵石勒、石虎,前燕慕容皝,前秦苻坚都曾行藉田礼,意在宣示其政权的合法性,并劝农务本。归义军藉田之举在其收复瓜、沙二州初年,即 848 年出现,是否说明归义军也想要通过"藉田礼"宣示其合法性,显示其正统地位呢? 吴丽娱在此问题上给出了合理解释,她结合 P.2765 中显示为大和八年(834)吐蕃统治时期的历日"正月十二日癸亥,始耕"的记录指出,吐蕃统治下的"始耕"与归义军时期的"藉田",只是长期以来称呼不同而已,其中心都是与农事相关的孟春亥日祭先农的观念,是《开元礼》及中原礼仪文化在敦煌影响的证明。③

　　需要补充的是,自汉朝起,不仅天子藉田,郡国、县邑也有关于

<hr />

① 《法藏敦煌西域文献》,第 24 册,第 382 页。
② 高明士:《中国中古礼律综论——法文化的定型》,第 394 页。
③ 吴丽娱:《再论 S.1725V 卷祭文与敦煌官方祭祀》,载氏著《礼俗之间——敦煌书仪散论》,第 293 页。

藉田礼的记录。如《后汉书》云："郡国守相皆劝民始耕，如仪。"①
守、相作为汉代郡、国的行政官员也有进行耕藉仪式的责任。又
《晋书》："汉仪，县邑常以乙日祠先农，乃耕于乙地。"②魏晋南北朝
时期，战争频仍，农业生产对巩固政权有重要意义。比如魏武帝时
期有司奏云"今诸王临国，宜依修耕藉之仪"③，以劝率农功。晋元
帝建武元年（386）"每以仲春仲秋，并令郡国县祠社稷、先农"④。宋
文帝元嘉二十一年（444）亲耕，并"班下州县悉备其礼焉"⑤。西魏
苏绰也曾强调："诸州郡县，每至岁首，必戒敕部人，无问少长，但能
操持农器者，皆令就田，垦发以时，勿失其所。"⑥因此，归义军时期
出现的"藉田礼"，正是对长久以来州、县推行先农祭祀以劝课农
桑、举发农时仪式的沿袭。而藉田礼的实行，也恰好说明归义军政
权对农业生产的重视。

（二）祭社稷

上古时期的"社"包含着束木为聚的标志性含义，与国家的建
设有密切关系。⑦后期社与稷合称社稷，如《白虎通义·社稷》云：
"王者所以有社稷何？为天下求福报功。人非土不立，非谷不食。
土地广博，不可遍敬也；五谷众多，不可一一而祭也。故封土立社，

① （南朝宋）范晔撰，（唐）李贤等注：《后汉书》卷九十四《礼仪志》，第3106页。
② （唐）房玄龄等：《晋书》卷十九《礼上》，北京：中华书局，1974年，第589页。
③ （唐）房玄龄等：《晋书》卷十九《礼上》，第589页。
④ （唐）魏征等：《隋书》卷七《礼仪二》，北京：中华书局，1973年，第141页。
⑤ （唐）杜佑：《通典》卷四十六《籍田》，第1274页。
⑥ （唐）李延寿：《北史》卷六十三《苏绰传》，北京：中华书局，1974年，第2233页。
⑦ 《墨子·明鬼下》："三代之圣王，其始建国营都日，必择国之正坛置以为宗庙，必择木之修茂者立以为丛社。"参见朱经农、王云五主编：《墨子》，上海：商务印书馆，1930年，第94页。

示有土也；稷，五谷之长，故立稷而祭之也。"①所指的就是对土地及谷物的崇拜。又因社、稷的祭祀自周代起就被纳入国家礼制体系之中，并由君王每年主持祭祀仪式，社稷一词也逐渐成为"国家政权"的代名词。各诸侯国也拥有自己的社稷，有的还不止一处。因此社稷祭祀与执掌政治权力之间具有意义之代换。

汉代从中央到地方皆置社稷，中央集权下的郡、县、乡行政体系取代了宗法制度下的封土立社体系。宁可在《汉代的社》一文中指出："汉代中央、郡国、县、乡、里等各级行政机构都立有社，分别称为帝社、郡社、国社、县社、乡社、里社等。县和县以上的社由政府设置，由官府致祭，而县以下的社，则由地方民众自行组织祭祀。"②在此意义上，社稷成了地方行政区域的保护神。随着唐代国家礼制体系的发展和完善，州、县、里社稷祭祀仪式被列入官方礼典。较为简略的诸里祭社稷仪，表明国家对基层社会里坊祭社活动的控制，是唐朝时期禁断私社推广官社的政治决策的反映。不过唐代地方社稷仪式的重点始终是州县社稷祭祀。唐武德九年（626）正月诏令"吉日惟戊，亲祀太社"，"州县致祀，宜尽祗肃"③，要求州县于春秋二月吉戊日进行祭祀，立为典制。天宝元年（742），唐玄宗颁敕要求地方州县"尽心"备礼社稷祭祀。④南宋陈造《高邮社坛记》称："政之大端二，曰治民，曰事神。自天子达于郡邑，外此无大务。然肃于神，亦急于民而已，其事虽二，其本一也。"⑤证明

---

① （汉）班固等：《白虎通义》，北京：商务印书馆，1936 年，第 38 页。
② 宁可：《汉代的社》，载《文史》第九辑，北京：中华书局，1963 年，第 8 页。
③ （宋）王溥：《唐会要》卷二十二《社稷》，北京：中华书局，1960 年，第 421 页。
④ （宋）王溥：《唐会要》卷二十二《社稷》，第 425 页。
⑤ （宋）陈造：《江湖长翁文集》卷二一《高邮社坛记》，文渊阁四库全书第 1166 册，上海：上海古籍出版社，2003 年，第 261 页。

州、县社稷祭祀不仅是国家政令要求,也与地方政权日常的政治治理有关。而原本属于皇帝祭祀的土地崇拜,随着行政体制下行到地方政府,实现了综合政治功能与社会教化为一体的道德精神塑造。正如《册府元龟》载州县致祀社稷意为"劝农务本,修始报功,敦序教义,整密风俗",使民"明加诲厉、递相劝奖,齐之以礼,有耻且格"。①

1. 祭社稷的等级、时间、坛制

关于祭社稷的等级,《大唐开元礼》中有载:"日月星辰、社稷、先代帝王、岳镇海渎、帝社、先蚕、孔宣父、齐太公、诸太子庙,并为中祀……州县社稷、释奠及诸神祀,并同小祀。"②证明中央的社稷祭祀属于中祀之等,地方州县的社稷祭祀属于小祀之等。但是唐玄宗天宝三载(744)诏:"社稷列为中祀,颇紊大猷。自今以后,社稷及日月五星,并升为大祀。"③在之后实际操作中却又因循《大唐开元礼》,以中祀行事,牲用太牢。唐穆宗长庆三年(823)祠部员外充太常礼院修撰王彦威上奏陈述了"郑玄以为国中之神,莫贵于社,故前古为大祀"④的理由,以社稷为大祀之等始告确立。

问题是中央社稷升为大祀,那么州县社稷祭祀是否因此等升为中祀呢? 高明士对比敦煌文献中所见释奠礼仪的祭品与社稷礼仪的祭品(均写于S.1725V、P.3896V)后发现,后者是前者的一倍,如香、神席为二、四之比,币为四、八之比,梨为五十、一百之比,这

---

① (宋)王钦若等:《册府元龟》卷三十三《帝王部·崇祭祀二》,北京:中华书局,1960年,第356页。
② (唐)徐坚等:《大唐开元礼》卷一《序例》,第12页。
③ (宋)王溥:《唐会要》卷二十二《社稷》,第425页。
④ (宋)王溥:《唐会要》卷二十二《社稷》,第425页。

种比例可以有两种解释：一种是州县社稷礼仪已经升为中祀；或者是州县的社稷礼仪仍属于小祀，但是小祀之间有等级差异。① 如果细查中央规定的州县社稷、释奠仪式过程便可发现祭祀用品出现倍数差异的原因。首先，香、神席是必须给每个祭祀对象都配备的（详见下文祭祀用品考述）。州县社稷祭祀的对象有四位，分别是社神、稷神、后土氏、后稷氏，故需要香、神席四份，而释奠礼的祭祀对象只有两位，先师与先圣，故而香、神席只需要两份。其次，梨作为祭祀中的祭品，在唐宋祭祀仪礼中只因大中小祀的等级划分产生差异，同一祭祀的正位与配享没有数量差别，据此推测，梨的数量应为每个神位二十五颗。梨为五十、一百之比，与祭祀对象数量相除，刚好每位等分二十五。以上两组数量的差别并不能说明州县社稷祭祀升为中祀。

那么只有币帛在仪式过程中的使用差异似能证明州县社稷已经升为中祀。社稷祭祀中奠币的环节有两位对象，即社神与稷神，配享是没有奠币之礼的，故而两位对象一位四尺，两位八尺。而释奠礼的奠币对象为先师、先圣二位，两位对象一位二尺，两位四尺。对比同为小祀的祭雨师仪式，其奠币对象为雨师、雷神，②同样是一位二尺，两位四尺。故而祭社稷仪式相比释奠及祭雨师仪式中的币帛数量多出一倍，结合唐玄宗天宝四载（745）敕书规定诸郡风伯、雨师坛"卑小于社坛"③之制，似可推论此时州县祭祀仪式中的祭社稷等级高于风伯、雨师之祀。

---

① 高明士：《中国中古礼律综论——法文化的定型》，第 379—380 页。
② 《唐会要》记载天宝五载诏曰："以后每祀雨师，宜以雷神同坛祭，共牲，别置祭器。"参见（宋）王溥：《唐会要》卷二十二《祀风师雨师雷师及寿星等》，第 426 页。
③ （宋）王溥：《唐会要》卷二十二《祀风师雨师雷师及寿星等》，第 426 页。

《隋书》记载社稷祭祀的时间为"州、郡、县二仲月,并以少牢祭"①。即仲春、仲秋二时祭奠。唐初将日期定到了"仲春、仲秋二时戊日"②。《大唐开元礼》又载:"仲春、仲秋上戊祭太社。"③《大唐郊祀录》卷八"祭大社大稷"条与《唐六典》卷四"祠部郎中员外郎"条所记相同。说明行《大唐开元礼》之后,行礼时间由戊日改成了上戊。但是根据敦煌所留存的具注历日,敦煌地区似乎并未完全按照《大唐开元礼》的要求执行,例如 P.3507《淳化四年(993)具注历日》载:

> 淳化四年廿日,社。
>
> 廿三日,春分。④

按,此日为中戊,似表明敦煌仍然在吉戊日行使仪式。《唐会要》中记载的祝文中也有对时间的描述,在"诸州祭社稷仪"中祭祀后土氏的祝文中有"仲春仲秋,厥日惟戊"⑤、"诸里祭社稷仪"中祭祀社神的祝文中有"仲春仲秋,日唯吉戊"⑥,这些祝文的内容表明中央对地方州县的祭祀时间控制并不严格。

除按照国家要求进行春秋二祀、春祈秋报之外,在遭遇水旱灾害的时候,地方也需在社稷坛举行祈雨、祈晴等活动,但临时性较强。如《大唐开元礼》云:"凡州县旱则祈雨,先社稷,又祈界内山川

① (唐)魏征等:《隋书》卷七《礼仪二》,第 143 页。

② (唐)杜佑:《通典》卷四十五《社稷》,第 1258 页。

③ (唐)徐坚等:《大唐开元礼》卷一《序例》,第 16 页。

④ 《法藏敦煌西域文献》,第 24 册,第 382 页。

⑤ (宋)王溥:《唐会要》卷十上《诸州祭社稷仪(诸县祭社稷附)》,第 237 页。

⑥ (宋)王溥:《唐会要》卷十上《诸州祭社稷仪(诸县祭社稷附)》,第 240 页。

能兴云雨者,余准京都例。"①尽管社稷神具有法律意义上的祈雨、祈晴功能,但是在实际操作过程中,地方政府却往往出于实用,将一些地方特色鲜明的对象纳入相关程式,这些对象是"淫祀"还是礼典的"诸神祠",判定的权力由当地政府掌握。雷闻认为这既与国家礼典将神祠的认定权力下放到地方有关,又反映了地方政府面对灾害需要凝聚人心的实际需要。②

敦煌文献中还有对社稷坛制的记录。P. 2005《沙州都督府图经卷第三》(见图 1-1)显示有沙州社稷坛各一、敦煌县社稷坛各一,地址如下：

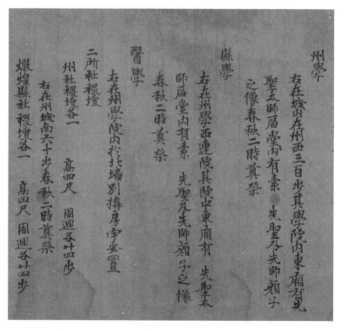

图 1-1　P. 2005《沙州都督府图经卷第三》(国际敦煌项目 IDP 数据库图像)

① （唐）徐坚等：《大唐开元礼》卷三《序例》,第 32 页。
② 雷闻：《郊庙之外》,第 334 页。

二所社稷坛

州社、稷坛各一,高四尺,周回各廿四步。

右,在州城南六十步,春秋二时奠祭。

敦煌县社、稷坛各一,高四尺,周回各廿四步。

右,在州城西一里,春秋二时奠祭。①

P. 5034《沙州图经卷第五》中有记载寿昌县一所社稷坛地址:

□所社稷坛,周回各廿四步。

右,在县西南一里卅步。唐乾封二年奉 □□□□□□②

上述材料表明,敦煌有州社、稷坛各一,在州城南的位置。敦煌县社、稷坛各一,在州城西。寿昌县有一所社、稷坛,在县西南。据学者推定,P. 2005《沙州都督府图经卷第三》的写作时间为武周长寿元年(692),经大规模修撰而成,在武周证圣元年(695)和开元初年(716)进行过补续。③ P. 5034《沙州图经卷第五》的写作时间也在武周时期。④ 而《大唐开元礼》记载对州县社稷坛的要求是:“其坛方二丈五尺,高三尺,四出陛,三等。”⑤《唐会要》则记载为:“其坛方二

① 《法藏敦煌西域文献》,第 1 册,第 53 页。
② 《法藏敦煌西域文献》,第 34 册,第 122 页。
③ 李宗俊:《〈沙州都督府图经〉撰修年代新探》,《敦煌学辑刊》,2004 年第 1 期,第 53—59 页。
④ 李正宇:《古本敦煌乡土志八种笺证》,兰州:甘肃人民出版社,2008 年,第 158 页。
⑤ (唐)徐坚等:《大唐开元礼》卷六十八《诸州祭社稷》,第 351 页。

丈五尺，高二尺四寸，出阶三等。"①《新唐书》记载了唐代小祀的坛制："其高皆三尺，广皆丈者，小祀之坛也。"②可以看出敦煌社稷坛在坛高上超出了唐代小祀的祭祀规格，实际上等于唐代中祀的规格。元代王博文献议郡县之社稷时曰："亡宋因唐旧制，社坛广五尺，高四尺，以五色土为之。"③此形制和敦煌文献中的记载相近。且唐天宝四载（745）已经升为中祀的祭风师坛高为"四尺"④，此制与敦煌文献所记相同。似可与前文所得州县社稷升为中祀的结论相印证。不过此认识必须基于 P.2005《沙州都督府图经卷第三》在州县社稷祭祀改为中祀之后曾再次修撰过的情况。此外也有可能与后文所述风伯坛、雨师坛一样，敦煌的社稷坛仍维持着唐前的形制。

2. 祭社稷的仪式过程

首先准备祭器及祭品。唐代史籍中有记载州、县释奠过程中需要准备的祭器和祭品：

> 州县祭器：每座樽二，皆加勺幂。笾、豆皆八（豆二，取牲血），簠二，簋二，俎三（羊脾、豕脾、腊各一）。社稷皆爵一，配座皆爵四，各置于坫。设洗于社坛北陛之西，去坛二步所⑤，南

---

① （宋）王溥：《唐会要》卷十上《诸州祭社稷（诸县祭社稷附）》，第 234 页。

② （宋）欧阳修、宋祁：《新唐书》卷十二《礼乐二》，第 326 页。

③ （民国）何勄忞等撰，余大钧标点：《新元史》第 3 卷，长春：吉林人民出版社，2005 年，1814 页。

④ 《宋史》载"旧制，风师坛高四尺。"参见（元）脱脱等：《宋史》卷一百三《礼制》，北京：中华书局，1977 年，第 2517 页。

⑤ 《通典》记载为"去坛三步所"。参见（唐）杜佑：《通典》卷一百二十一《诸州祭社稷（诸县祭社稷附）》，第 3062 页。

向。罍水在洗西，加勺幂。篚在洗东，北肆，实爵六，巾二，加
幂。席皆以莞。

州、县祭品：簋实黍稷，簠实稻梁，笾实石盐、干鱼、枣、栗、
[榛]、菱、芡、鹿脯，豆实韭菹、醓醢、菁菹、鹿醢、芹菹、兔醢、笋
菹、鱼醢。每座樽二，一实元酒为上，一实醴齐次之。币用黑，
各长丈八尺。①

敦煌文献 P.3896V 记载了社稷祭器、祭品细目：

祭社：香四、席四、盘八、叠（碟）廿、小床子三、椀（碗）三、
杓子三、手巾一、布八尺、酒、宍（肉）、乾脯四斤、香枣一升、梨、
季（黍）米二升、馎食四盘子、锹两张、行[礼]人三。②

敦煌文献 S.1725V 中也有社稷祭器、祭品细目：

祭社：要香炉四，并香、神席四、毡廿领、马头盘八、叠（碟）
子廿、罍子廿、小床子三、椀（碗）三、杓子三、手巾一、弊（币）布
八尺、馎食四盘子。酒、宍（肉）、梨一百课（颗）、行礼人三、锹
两张、黍米二升、香枣二升、修坛夫二、瓜廿。③

---

① 根据《大唐开元礼》《通典》《唐会要》综合整理。参见《大唐开元礼》卷七十
一《诸州祭社稷》，第 352 页；《通典》卷一百二十一《诸州祭社稷（诸县祭社
稷附）》，第 3062 页；《大唐开元礼》卷七十一《诸州祭社稷》，第 352 页；《唐
会要》卷十上《诸州祭社稷仪（诸县祭社稷附）》，第 235 页。
② 《法藏敦煌西域文献》，第 29 册，第 111 页。
③ 《英藏敦煌文献（汉文佛经以外部分）》，第 3 卷，第 133 页。

通过对比国家对州县社稷祭祀需要准备的器物的要求，我们发现对地方州县而言，其准备的内容更多的是以实用性为主。从祭器来看，敦煌使用常用器皿取代了中央要求的礼器作为仪式必备的过程辅助，相对比较简陋，可见实际操作过程中地方政府可以审时度势、因地制宜地完成仪式。而中央对地方可能只管其是否执行，对过程细节则无法审查。例如 P.2942《沙州祭社广破用》称："沙州祭社，何独丰浓，税钱各有区分，祭社不合破用，更责州状，将何填陪（赔）牛直（值）。"①文书时间正值吐蕃占领前夕，沙州祭社之时，因用牲牢牛而受到上级指责。②

从祭物来看，敦煌抛弃了官方要求的烦琐的祭物分类，采取了相对简单的物品代替大类要求的品种类型，并且在过程也出现了一些具有时代性、地域性特色的物品，如香、瓜、梨等。实际上在祭祀过程中，中央规定地方祭祀准备的物品可以"若土无者各以其类充之"③。对归义军来说也是充分利用这些合理的条款来便宜行事。

其次，社稷祭祀的具体行事。《大唐开元礼》中列有地方州、县的社稷礼祭祀礼仪，包括"诸州祭社稷""诸县祭社稷"等。仪式的初献是诸州、县刺史、县令，亚献为上佐、县丞，终献为录事参军及判司通、主簿及尉通。若刺史及上佐有事故，并以次差摄。④需要注意的是，如前所述，州县社稷礼若从小祀升为中祀，其斋戒的时间应该发生相应变化。唐制"中祀，散斋三日，致斋二日；小祀，散

---

① 《法藏敦煌西域文献》，第 20 册，第 182 页。
② 谭蝉雪：《敦煌岁时掇琐——正月》，《敦煌研究》，1990 年第 1 期，第 92 页。
③ （唐）徐坚等：《大唐开元礼》卷六十八《诸州祭社稷》，第 352 页。
④ （唐）徐坚等：《大唐开元礼》卷六十八《诸州祭社稷》，卷七十一《诸县祭社稷》，第 351、361 页。

斋二日,致斋一日"①,整体斋戒时间应延长至五日。以下结合史籍记载简述相关仪式:

前三日,斋戒。初献之官于别寝散斋二日,不御、不乐、不吊,清心静思;又致斋于厅事一日,厅事为官府内治政的场所。亚献以下官员除了散斋二日于正寝,还需致斋一日于坛所。

前二日,修坛。修除坛内外,设瘗坎二在坛西门外道北。设初献位于坛西门外道北。设诸祭官位于初献官的西北面。均南向。

前一日晡后,陈设。守坛禁行人通行。设门内位:初献位为北门之内道西,南向。亚献、终献于坛西北。掌事者位于西门之内道北,东向南上。赞唱者位于终献东北,东面南上。州官位于祭官掌事者之北,东面。府官位于东方,当州官西面,俱重行南上。望瘗位于坎北,南向东上。设门外位:祭官以下于西门之外道南,州官于祭官之南,俱重行北面,以东为上。府官于东门之外道南,重行北面,以西为上。设祭器位。各从祭之官各清斋于公馆一宿,即公家设置的客舍里清净斋素。

祭日,未明,烹牲于厨。夙兴,实以祭器。设神座于坛上。质明,祭官及从祭之官各服其服。祭祀之日过程如次:

就位。掌事者入,实樽罍及币,祝版各置于坫。祝以币各置于篚,与血豆俱设于馔所。赞唱者先入就位。祝与执樽、罍、篚者就位。祝行扫除讫,皆就位。初献将至,赞礼者引祭官及从祭之官与掌事者俱就门外位。初献至,参军事引之次。赞唱者先入就位。初献停于次,少顷,服祭服出次。参军事引初献入就位。赞礼者引祭官以下及从祭之官就位。赞唱者曰:"再拜。"初献以下皆再拜,参军事少进初献之左,北面白:"请行事。"退,复位。

---

① (宋)欧阳修、宋祁:《新唐书》卷十一《礼乐一》,第 311 页。

奠帛。祝以币授,初献受币,跪奠币于社神座前,兴,少退,再拜。祝又以币授,初献受币,跪奠币于稷神座如社坛之仪。参军事引初献降复位。

进馔。本司引馔入。社稷之馔升自北陛,配坐之馔,升自西陛。祝迎引馔于坛上,设于神座前。本司与执馔者、祝史复位。

奠爵。参军事引初献诣罍洗,执罍者酌水,执洗者跪取盘,兴,承水。初献盥手、帨手,初献者受爵,执罍者酌水,初献洗爵、拭爵。参军事引初献诣社神酒樽所,执樽者举幂,初献酌醴齐,参军事引初献诣社神座前南面跪奠爵,兴。少退。祝持版进于座之右,跪读祝文。初献再拜,祝进跪奠版于神座,兴。参军事引初献诣配座酒樽所,取爵于坫,酌醴齐,诣后土氏神座前西面跪奠爵。初献再拜,祝进跪奠版于神座,兴。还樽所。

饮福受胙。参军事引初献诣社神神座,祝各以爵酌福酒,合置一爵,初献受爵,跪祭酒,啐酒,奠爵,兴。执馔者进俎,减社神前胙肉,共置一俎,兴。祝持俎东向进,初献受以授左右。初献跪取爵,遂饮卒爵。祝进受爵,复于坫。初献兴,再拜。

奠爵。初献者盥手洗爵,诣稷神酒樽所酌酒,如社神之仪。诣稷神神座前南向跪奠爵,兴,少退,南向立。祝持版进于神座之右读祝文。祝跪奠版于神座。参军事引初献者诣配座酒樽所酌酒,诣后稷氏神座前西向跪奠爵,兴。祝持版进于后稷氏之右南面跪前读祝文。祝跪奠版于配座。

饮福受胙。参军事引初献诣稷神座,南向立。饮福受胙如社神之仪讫。参军事引初献还本位。

亚献终献。赞礼者引亚献诣罍洗盥手洗爵,升献如初献之仪(唯不读祝版,不受胙)。亚献毕,赞礼者引终献诣罍盥洗,升献如亚献之仪(不读祝版,不受胙)。降复位。

彻豆、赐胙。祝各进神坐前，跪，彻豆（将笾豆各一少移于故处）。赞唱者曰：“赐胙，再拜。”非饮福受胙者皆再拜。赞唱者又曰：“再拜。”初献以下皆再拜。

望瘗。参军事引初献就望瘗位，西向立。祝于神前取币及血置于坎。赞礼者曰：“可瘗坎。”东西各二人，填土半坎。

礼毕，燔祝版。参军事引初献出，还次。赞礼者引祭官以下次出。诸祝及执樽罍篚者降，复掌事位。祝以下再拜以出。祝版燔于斋所。①

由上述仪节内容可见，州县社稷祀礼隆重烦琐，州县长官主祭，属官参祭，三献俱备，彰显着国家祭祀的庄严肃穆。② 诚如 P. 2646《新集吉凶书仪》所言：“春秋八节，唯社最尊。”梳理唐代州县社稷祀礼的过程，有利于勾勒出官方祭祀仪式的整体面貌，成为祭祀仪礼研究史中的纵向比对对象，便于探讨仪礼在不同政治发展时期的作用；同时有助于澄清敦煌社稷祀礼中所用器物、祝词的具体运行方式，推进唐代州县祭祀仪式的细节研究。

最后对祭社稷的祝文进行分析。祝文即享神之辞，《周礼·春官·大祝》云：“大祝掌六祝之辞，以事鬼神示，祈福祥，求永贞。”③ 传达给鬼神的祝文大都是祈福避灾式的祈祷辞。S. 1725V 和 P. 3896V 记载了祭社稷的相关祝文，从内容来看，几件祝文都适用

---

① 根据《大唐开元礼》《通典》《唐会要》综合整理。参见《大唐开元礼》卷六八《诸州祭社稷》、卷七十一《诸州祭社稷》，第 351—364 页；《通典》卷一百二十一《诸州祭社稷（诸县祭社稷附）》，第 3061—3067 页；《唐会要》卷十上《诸州祭社稷（诸县祭社稷附）》，第 234—238 页。

② 王美华：《唐宋时期地方社稷与城隍神之间纠葛探析》，《求是学刊》，2016 年第 3 期，第 156 页。

③ （清）阮元校刻：《十三经注疏·周礼注疏》，第 808 页。

于"各州"祭祀,故而为祝文文范。S.1725V 关于祭社神、稷神的祝文如下:

> 敢昭告于社神,惟神德兼博厚,道箸方直,载生品物,含养庶类。谨因仲春,祇率常礼,敬以制弊(币)牺齐,柔(粢)盛庶品,备兹明荐,用申报本。以后土勾龙氏配神作主。
>
> 敢昭告于稷神,惟神播生百谷,首兹八政,用而不遗(匮),功济萌(氓)黎。谨以制弊(币)牺齐,柔(粢)盛庶品,祇奉旧章,备兹瘗礼,谨以后稷弃配神作主。①

同文书记载祭后土氏祝文:

> 敢昭告于后土氏:爰兹仲春,厥日惟戊,敬修恒士(式),荐于社神。惟神功著水土,平易九州,昭配之义,实惟通典。谨弊(币)牺齐,柔(粢)盛庶品,式陈明荐,作主侑神。②

P.3896V 记载祭后稷氏祝文:

> 敢[昭告于]后稷氏,爰以仲春,敬修恒礼,荐于稷神,惟神功叶稼穑,善修农政,允以从祀,用率旧章,谨以犟(制)弊(币)牺荠(齐),柔(粢)盛庶品,式陈明荐,作主配神。伏维[尚飨]。③

---

① 《英藏敦煌文献(汉文佛经以外部分)》,第 3 卷,第 133 页。
② 《英藏敦煌文献(汉文佛经以外部分)》,第 3 卷,第 133 页。
③ 《法藏敦煌西域文献》,第 29 册,第 111 页。

这些文书并非实用文书,而是抄件,抄写者省略了一些内容。对比《唐会要》及《大唐开元礼》中记载的祝文样式,内容基本一致,礼典中祝文之前应有"维某年岁次月朔日子某官姓名"作为前缀,因是抄件,省略了套话。① 对于归义军政权的实际使用来说,具有文范的意义。

二、释奠之仪

"释奠"一词源出《礼记》:"凡学,春官释奠于其先师,秋冬亦如之。凡始立学者,必释奠于先圣先师。"②指的是立学及四时所举行的对"先圣先师"的一种祭祀仪礼,其祭品贵重,在仪式过程中配合乐舞表演,另外也具有出征归来的告功之能。③ 先秦时期的释奠与孔子并无关系。两汉时期举行过一些祭孔的活动,但并无释奠之名。魏晋南朝时期,幼年皇帝或者太子学习完一经之后,就会举行释奠之礼,其祭祀对象是孔子和颜回。④ 松浦千春认为魏晋南朝时期的释奠礼仪主要用来表现幼年皇帝或者太子之儒学品格、知识的培养过程,是继承王位的重要仪式表征节点。⑤ 隋、唐之际,天下

① 郝春文:《读敦煌文献札记(四则)》,载氏著《郝春文敦煌学论集》,上海:上海古籍出版社,2010年,第305页。
② (清)阮元校刻:《十三经注疏·仪礼注疏》,第1405—1406页。
③ 《礼记·王制》:"天子将出征,类乎上帝,宜乎社,造乎祢,祃于所征之地。受命于祖,受成于学。出征执有罪,反释奠于学,以讯馘告。"参见(清)阮元校刻:《十三经注疏·礼记正义》,第1333页。
④ 《晋书》:"魏齐王正始二年二月,帝讲《论语》通。五年正月,讲《尚书》通。七年十二月,讲《礼记》通,并使太常释奠,以太牢祠孔子于辟雍,以颜回配。"参见(唐)房玄龄等:《晋书》卷十九《礼上》,第599页。
⑤ 松浦千春:《魏晋南朝の帝位継承と釈奠儀礼》,载《东北大学东洋史论集》第9号,2003年,第159—185页。

州县皆立学宫,使得释奠制度开始下移,《隋书》载:"州郡学则以春秋仲月释奠。"① 释奠常祀的制度范围自此扩展到了州郡。唐代,州、县学的释奠制度得到了完善和充实。贞观四年(630)"诏州县学皆作孔子庙"②。贞观二十一年(647),唐朝完善了州县释奠礼仪的三献制度,③ 开元年间,州县释奠礼仪进入礼典,成为《大唐开元礼》的重要组成部分。④

孔子及孔庙的祭祀是中国传统儒家文化的标志,而下移至州县的政策推行,正是唐王朝政治文化权威塑造的途径之一。地方政府对释奠礼仪的重视,一方面是与中央王朝的政治文化遥相呼应,体现社会的主流价值取向,另一方面也是当地尊重儒家学术传统,采取文教之道开导民众的政治手段。

(一)释奠的等级、时间、地点及祭祀对象

1. 释奠礼的等级、时间

唐代太学释奠礼为中祀,贞观二十一年(647),许敬宗上奏:"凡在小神,犹皆遣使行礼,释奠既准中祀,据理必须禀命。"⑤ 在显庆年间修订的《永徽祠令》中亦为中祀。⑥ 而州县释奠礼被定为小

---

① (唐)魏征等:《隋书》卷九《礼仪志四》,第 181—182 页。
② (宋)欧阳修、宋祁:《新唐书》卷十五《礼乐五》,第 373 页。
③ 《唐会要》载:"(贞观)二十一年……其诸州,刺史为初献,上佐为亚献,博士为终献。县学,令为初献,丞为亚献,博士既无品秩,请主簿通为终献。若缺,并以次差摄。"参见(宋)王溥:《唐会要》卷三十五《释奠》,第 640—641 页。
④ 参见(唐)徐坚等:《大唐开元礼》卷六九《诸州释奠于孔宣父》,第 355—357 页;卷七二《诸县释奠于孔宣父》,第 366—368 页。
⑤ (后晋)刘昫等:《旧唐书》卷二四《礼仪志四》,第 918 页。
⑥ 荣新江、史睿:《俄藏敦煌写本〈唐令〉残卷(Дx.03558)考释》,《法律文化研究》,2019 年第 2 期,第 235—251 页。

祀。《大唐开元礼》规定："州县社稷、释奠及诸神祠，并同小祀。"①
其祭祀时间，据《唐六典》记载为："仲春上丁，州、县官行释奠之礼，
仲秋上丁亦如之。"②从诸具注历日来看，从唐代直至北宋初，敦煌
实行释奠礼不辍，其时间基本与唐代礼制规定无二。如 P.3284V
记唐咸通五年(864)具注历日：

　　　　二月十日丁卯(上丁)，奠。③

　　P.3247 后唐同光四年(926)具注历日：

　　　　二月一日丁亥(上丁)，奠。④

　　P.3403 宋雍熙三年(986)具注历日：

　　　　二月九日丁未(上丁)，奠。⑤

　　除了在上丁日进行祭祀外，还有在中丁进行祭祀的记录，如 P.
3507 宋淳化四年(993)具注历日：

---

① （唐）徐坚等：《大唐开元礼》卷一《序例》，第 12 页。
② （唐）李林甫等撰，陈仲夫点校：《唐六典》卷四《尚书礼部》，第 123 页。
③ 咸通五年说，从施萍婷、谭蝉雪。参见施萍婷：《敦煌历日研究》，《1983 年
　　全国敦煌学术讨论会文集：文史遗书编》，兰州：甘肃人民出版社，1987 年，
　　第 350 页；谭蝉雪：《敦煌民俗——丝路明珠传风情》，第 66 页。
④ 《法藏敦煌西域文献》，第 22 册，第 300 页。
⑤ 《法藏敦煌西域文献》，第 24 册，第 97 页。

二月十九日（丁丑，按此日为中丁），奠。①

证明释奠的时间实际上并不是完全一成不变的，个别的时候可以改用中丁。这符合唐代对释奠时间"若会大祀，则用中丁"②的规定，元朝也规定释奠"日用春秋二仲月上丁，有故改用中丁"③。释奠仪礼的按期举行既表现出敦煌归义军政权对传统儒家文化的推崇，也体现出其对中原王朝的忠心。

2. 释奠的地点

唐代敦煌地区设沙州，领有敦煌、寿昌两县。当时敦煌地方官学兴盛，主要有州学、州医学、道学、县学、义学五类。P. 2005《沙州都督府图经卷第三》（图 1-1）记载了沙州府官学设置的有关情形：

> 州学
> 右，在城内，在州西三百步。其学院内，东厢有先圣太师庙堂，内有素（塑）先圣及先师颜子之像。春秋二时奠祭。
> 县学
> 右，在州学西，连院。其院中东厢有先圣太师庙堂，内有素（塑）先圣及先师颜子之像，春秋二时奠祭。④

P. 5034《沙州图经卷第五》记载寿昌县县学的地址为：

---

① 《法藏敦煌西域文献》，第 24 册，第 382 页。
② （宋）欧阳修、宋祁：《新唐书》卷十五《礼乐五》，第 377 页。
③ （明）宋濂等：《元史》卷七十六《祭祀志》，北京：中华书局，1976 年，第 1894 页。
④ 《法藏敦煌西域文献》，第 1 册，第 53 页。

一所县学

右，在县城内，在西南五十步。其 ☐☐☐☐☐☐☐☐ 堂内有
素（塑）先圣及先师 ☐☐☐☐☐☐☐ ①

从以上记载可知，敦煌的州学位于州西，其学院内东厢有先圣
太师庙，内有先圣孔子及先师颜回的塑像。而州学的西面有县学，
孔子与颜回的塑像同样在东厢。寿昌县学的设置与敦煌县相同。
敦煌莫高窟第 16 窟及 468 窟中有画面生动地展示了当时学子在学
堂学习和受罚的场景。（图 1-2、1-3）

图 1-2　敦煌莫高窟第 12 窟　学堂学习（《敦煌石窟全集》第 25 册图 89）

---

① 《法藏敦煌西域文献》，第 34 册，第 122 页。

图 1-3　敦煌莫高窟第 468 窟　学堂惩戒(敦煌石窟全集》第 25 册图 90)

　　P. 2005《沙州都督府图经卷第三》中两次称"先圣太师"之名,高明士认为"太"字应为"先"字之笔误。[1] 检寻史料,《新唐书》记载总章元年(668)"太子弘释奠于学,赠颜回为太子少师"[2],而这一称谓在睿宗太极元年(712)被改为"太子太师"[3],与 P. 2005《沙州都督府图经卷第三》所记吻合,并且前述 P. 2005 曾在开元初(716)年进行过修撰,可见 P. 2005《沙州都督府图经卷第三》中此尊号未必是笔误,内容性质不能早于太极元年(712)。

---

① 高明士:《中国中古礼律综论——法文化的定型》,第 378 页。
② (宋)欧阳修、宋祁:《新唐书》卷十五《礼乐五》,第 374 页。
③ (宋)欧阳修、宋祁:《新唐书》卷十五《礼乐五》,第 375 页。

3. 释奠礼的祭祀对象。

在唐代,先圣的人选在周公和孔子之间来回转移。《新唐书》记载:"武德二年,始诏国子学立周公、孔子庙。七年,高祖释奠焉,以周公为先圣,孔子配。"①此时的先圣为周公,孔子配享祭祀。贞观二年(628),左仆射房玄龄、博士朱子奢建言"罢周公,升孔子为先圣,以颜回配"②,改变了高祖之制。但是到了永徽中,又"复以周公为先圣,孔子为先师"③,直到显庆二年(657),高宗才重新下诏"以周公配武王,孔子为先圣"④。

配享祭祀的先师也在不断增补。先是贞观二十一年(647),太宗下诏除颜回外,增加左丘明等人配享祭祀。⑤ 这些先师的身份晚至开元七年(719),就降至从祀。开元八年(720),玄宗下诏塑像"十哲",即颜回、子骞、冉伯牛、仲弓、冉有、子路、宰我、子贡、子游和子夏,同列祭祀,均具有先师的身份。⑥

那么这些先圣、先师的塑像是否进入州、县学作为祭拜的对象呢?《唐会要》记载了开元二十七年(739):"其两京国子监及天下诸州,夫子南面坐,十哲等东西行列侍。"⑦这说明唐朝廷从国家层面规定了地方州学需要有先圣孔子及先师十哲的塑像来享祭。对县学则无此要求。由于 P.2005《沙州都督府图经卷第三》与 P.5034《沙州图经卷第五》写作时间较早,因此只记载了州、县学中有孔子

---

① (宋)欧阳修、宋祁:《新唐书》卷十五《礼乐五》,第 373 页。
② (宋)欧阳修、宋祁:《新唐书》卷十五《礼乐五》,第 373 页。
③ (宋)欧阳修、宋祁:《新唐书》卷十五《礼乐五》,第 374 页。
④ (宋)欧阳修、宋祁:《新唐书》卷十五《礼乐五》,第 374 页。
⑤ (宋)欧阳修、宋祁:《新唐书》卷十五《礼乐五》,第 374 页。
⑥ (宋)欧阳修、宋祁:《新唐书》卷十五《礼乐五》,第 375 页。
⑦ (宋)王溥:《唐会要》卷三十五《褒崇先圣》,第 637 页。

与颜回的塑像,至少说明沙州在开元初年之前按照唐中央的要求祭祀。根据下文所论 S.1725V 中"神席二"的记载,可知归义军时期释奠礼的对象仍为先圣与先师,未有十哲的参与。这也反映出唐朝对地方州、县进行释奠礼的管理并不严格,先圣、先师对象上的不同体现出地方官府在孔庙释奠礼仪上的自主性。

相较国家而言,唐代州、县释奠礼仪更多体现的是地方官府的意志。前述贞观四年(630)始诏州、县皆作孔子庙。正是由于这些制度没有被地方好好落实,咸亨元年(670)朝廷又再次敦促各州、县营造孔子庙,理由是"诸州县孔子庙堂及学馆有破坏并先来未造者,遂使生徒无肄业之所,先师阙奠祭之仪,久致飘零,深非敬本"①。到了开元年间,州、县学的释奠礼才正式进入礼典,成了《大唐开元礼》的一个重要组成部分。尽管如此,唐代后期,朝廷已经无力以行政命令推动州、县释奠礼仪的展开,因此,释奠礼仪更多地成了地方长官的政治态度呈现。例如,元和十年(815),柳宗元任柳州刺史,上任后发现当地孔庙"几毁神位",于是他大力修葺,并恢复了地方的释奠礼仪。② 依此可以推断出地处偏远的沙州,行释奠礼的行为更多的是归义军政权的主导体现。

4. 释奠礼的神位安排

《晋书》记载"夫子位于西序,颜回侍于北墉"③,可见在早先的释奠礼中孔子坐西朝东,而颜回坐北朝南。《新唐书》也记载:"先时,孔庙以周公南面而夫子坐西墉下。贞观中,废周公祭,而夫子

---

① (宋)王钦若等:《册府元龟》卷五十《帝王部·崇儒术二》,第 558 页。

② (唐)柳宗元:《河东先生集》,兰州:读者出版社,2019 年,第 347 页。

③ (唐)房玄龄等:《晋书》卷五十五《潘岳》,第 1510 页。

位未改。"①到了开元二十七年(739)，孔子、颜回之位发生变化："昔
周公南面，夫子西坐……其两京国子监及天下诸州，夫子南面坐，
十哲等东西行列侍。"并"敕两京及兖州旧宅庙像，宜改服冕衮。其
诸州及县，庙宇既小，但移南面，不须改其衣服"。② 这与唐玄宗在
该年将孔子的地位从"孔宣父"提升到"文宣王"不无关系。为了配
合这次政治加冕，州、县孔子的坐像位置搬移至北边，朝向南面。
颜回的位置则从坐北朝南转向坐东朝西，位于孔子像的左边。董
喜宁指出这是"配享虚右"之礼，③其依据一方面是稽古尚右，如朱
熹所言"开元释奠礼，先圣东向，先师南向，亦以右为尊"④，另一方
面也有此前西面曾为孔子所居，配祀当避其尊的意思。项安世在
《告先师文》中称："有司以私意复古，使配位皆东向，此古者先圣之
位也。拂今之法，庚占之义，先师其不妥于此也。"⑤

(二)释奠的仪式过程

首先，准备祭品及祭器。祭品和祭器能够体现出祭祀的规格。
《大唐开元礼》中记载有州、县释奠过程中需要准备的祭器和祭品：

> 州、县祭器：每座樽二(县释奠礼为樽一)，樽皆加勺幂。

① (宋)欧阳修、宋祁：《新唐书》卷十五《礼乐五》，第375页。
② (宋)王溥：《唐会要》卷三十五《褒崇先圣》，第637—638页。
③ 董喜宁：《孔庙祭祀研究》，湖南大学2011年博士学位论文，第99页。
④ (宋)朱熹撰，朱杰人、严佐之、刘永翔主编：《朱子全书》第二十三册《晦庵
　先生朱文公文集》，上海：上海古籍出版社；合肥：安徽教育出版社，2002
　年，第3074页。
⑤ (元)马端临：《文献通考》卷四十四《学校考五》，杭州：浙江古籍出版社，
　1988年，第415页。

笾八,豆八,簋二,簠二,俎三(羊、豕及脯各一俎)。先圣爵一,配座爵四,各置于坫。设币篚于樽所,设洗置东荣,南北以堂深,罍水在洗东,加勺幂,篚在洗西,南肆,实爵三巾二于篚。

州、县祭品:簋实黍稷,簠实稻粱,笾实石盐、干鱼、枣、栗、榛、菱、芡、鹿脯,豆实韭菹、醓醢、菁菹、鹿醢、芹菹、兔醢、笋菹、鱼醢。若土无者各以其类充之。每座樽二,一实玄酒为上,一实醴齐次之。币用白,各长一丈八尺。[①]

敦煌文献 S.1725V 记载了沙州释奠时的用品细目:

今月日释奠:要香炉二,并香、神席二、毡十六领、马头盘四、叠(碟)子十、罍子十、小床子二、椀(碗)二,杓子二,弊(币)布四尺、馃食两盘子、酒、宍(肉)、梨五十课(颗)、黍米一升、锹一张、行礼人三、修坛夫一、手巾一、香枣一升。[②]

P.3896V 也有记载相关释奠用品细目:

释奠:香二、席二、盘四、叠(碟)子十、小床子二、布四尺、季(黍)米一升、食两盘子、锹二。[③]

---

① 根据《大唐开元礼》《通典》综合整理。参见《大唐开元礼》卷六十九《诸州释奠于孔宣父》、卷七十二《诸县释奠于孔宣父》,第 355—368 页;《通典》卷一百二十一《诸州释奠于孔宣父(县释奠附)》,第 3067—3070 页。

② 《英藏敦煌文献(汉文佛经以外部分)》,第 3 卷,第 133 页。

③ 《法藏敦煌西域文献》,第 29 册,第 111 页。

《大唐开元礼》中的祭社稷及释奠礼均有牺牲之馔,《唐会要》也记载州、县社稷、释奠"祭用少牢"。①而 S.1725V 中所记载的祭祀用品未见牺牲之馔,这与唐代诏敕州县祭祀"停牲牢、用酒脯"有关。据《旧唐书》载:"开元十一年,春秋二时释奠,诸州宜依旧用牲牢,其属县用酒脯而已。十九年正月,春秋二时社及释奠,天下州县等停牲牢,唯用酒脯,永为常式。"②正说明了地方政府对中央诏令的遵循和执行。

其次,仪式的行事过程。《大唐开元礼》中列有地方州、县的释奠礼祭祀礼仪,包括"诸州释奠于孔宣父""诸县释奠于孔宣父"等。按其制,"其诸州,刺史为初献,上佐为亚献,博士为终献。县学,令为初献,丞为亚献,博士既无品秩,请主簿、通为终献。若缺,并以次差摄"③。《唐六典》载:"小祀散斋二日,致斋一日,皆祀前习礼、沐浴,并给明衣。"④州县释奠礼前需斋戒三天,习礼、沐浴、准备衣物,国学释奠则需要五天,二者最大的不同是州、县释奠过程中不可用乐。⑤州、县的释奠程序是一样的,兹略述其仪如下:

前三日,斋戒。初献之官于别寝散斋二日,又致斋于厅事一日。亚献以下官员除了散斋二日于别寝,还需致斋一日于享所,应该是在孔庙内的斋宿场所。

前二日,扫除内外。本司扫除内外,置瘗坎于院内堂之壬地。

---

① (宋)王溥:《唐会要》卷三十五《释奠》,第 641 页。

② (后晋)刘昫等:《旧唐书》卷二十四《礼仪四》,第 919 页。

③ (唐)徐坚等:《大唐开元礼》卷六十九《诸州释奠于孔宣父》、卷七十二《诸县释奠于孔宣父》,第 355—368 页。

④ (宋)王溥:《唐会要》卷三十五《释奠》,第 641 页。

⑤ 《新唐书》记载:"于是二京之祭,牲太牢、乐宫县、舞六佾矣。州县之牲以少牢而无乐。"参见(宋)欧阳修、宋祁:《新唐书》卷十五《礼乐志》,第 376 页。

设初献以下位次于门外。

前一日晡后,设位。守门禁止行人。设三献位于东阶东南,每等异位,俱西面,设掌事位于三献东南,西面北上。设望瘗位于堂上之东北,当瘗坎西向。设助教位西阶西南,设学生位于助教之后,俱东面北上。设赞礼者位于三献西南,西面北上。又设赞唱者位于瘗坎东北,南向东上。设三献门外位于道东,每等异位,俱西面,掌事位于终献之后,北上。设祭器位。助教及诸学生皆清斋于学馆一宿。

祭日,未明,首先,实祭器,与祭社稷同。其次,设先圣神席于堂上西楹间,东向,设先师神席于先圣神座东北,南向。质明,诸享官各服祭服,助教儒服,学生青服。祭祀之日仪式流程如次:

就位。掌事者入实樽罍及币,祝版各置于坫。赞唱者先入就位。祝二人与执樽、罍、筐者就位。祝行扫除,降自东阶,各就位。初献将至,赞礼者引享官以下俱就门外位。助教、学生并入就门内位。初献至,参军事引之次。赞唱者先入就位。祝各立于樽后。初献停于次,少顷,服祭服出。参军事引初献入就位。赞礼者引享官以下次入就位。赞唱者曰:"再拜。"初献以下皆再拜,参军事少进初献之左,北面白:"请行事。"退,复位。

奠帛。祝以币授,初献受币,西面向跪奠于先圣神座,兴,少退,西向再拜。次进先师神座前,受币,北面跪奠于先师神座,兴,少退,北向再拜。

进馔。祝迎引馔,各设于神座前。

奠爵。参军事引初献诣罍洗,执罍者酌水,执洗者跪取盘,兴,承水。初献盥手、帨手,初献者受爵,执罍者酌水,初献洗爵、拭爵。参军事引初献诣先圣酒樽所,执樽者举幂、初献酌醴齐,参军事引初献诣先圣神座前,跪奠爵,兴。少退,祝持版进于座之右,跪读祝文。初献再拜,祝进跪奠版于神座,兴。还樽所。初献拜讫。参军事引初献诣先师酒樽所,取爵于坫,奠爵如先圣之仪。祝持版进于座之左,跪读祝文。初献再拜,祝进跪奠版于神座,兴,还樽所。

饮福受胙。参军事引初献诣东序,祝各以爵酌福酒,合置一爵,初献再拜受爵,跪祭酒,啐酒,奠爵,俯伏,兴。执馔者进俎,减先圣神座前胙肉,又以笾取稷黍饭,共置一笾,兴。祝先以饭进,初献受,以授执馔者,又以俎进,初献受,以授执馔者。初献跪取爵,遂饮卒爵。祝进受爵,复于坫。初献兴,再拜,参军事引初献降复位。

亚献终献。赞礼者引亚献诣罍洗,盥手洗爵、升献、饮福皆如初献之仪(唯不读祝版,不受胙)。亚献毕,赞礼者引终献诣罍盥洗,升献如亚献之仪。

彻豆、赐胙。祝各进神座前,跪,彻豆(将笾豆各一少移于故处),还樽所。非饮福受胙者皆再拜。初献以下皆再拜。

望瘗。初献进就瘗位。西向立。祝于神座前取币置入坎,赞唱者曰:可瘗坎,东西厢各二人实土半坎。

礼毕,燔祝版。参军事引初献出还次,赞礼者引享官以下次出。诸祝及执樽罍篚者降,复掌事位。祝以下再拜以次出。祝版燔于斋所。[1]

从上文所列诸仪,可以领会唐宋时期对地方政权释奠之仪的细节规定程度,表现出整个国家层面对先圣先师们的缅怀和敬仰之情。

---

[1] 根据《大唐开元礼》《通典》综合整理。参见《大唐开元礼》卷六十九《诸州释奠于孔宣父》、卷七十二《诸县释奠于孔宣父》,第 355—368 页;《通典》卷一百二十一《诸州释奠于孔宣父(县释奠附)》,第 3067—3070 页。

最后,敦煌文献中保存着一些释奠礼的祝文内容。释奠祝文,唐以前并无流传。唐初无论是国学还是州县学,都以儒官为祭主,祝文直称"博士某昭告于先圣"。① 州、县释奠除了无需用"皇帝谨遣"的字眼外,其他基本无异。如 S.1725V 记载了其中一则告于先圣、先师的祝文:

> 释奠文
>
> 敢昭告于先圣文宣王,唯王固天攸纵,诞降生知。经纬礼乐,阐扬文教,余烈遗风,千载是仰。俾兹末学,依仁游艺。谨以制弊(币)醴荠(齐),粢晟(粢盛)庶品,祗奉旧章,式陈明荐,以先师兖公配。
>
> 敢昭告于先师兖公,爰以仲春,率尊(遵)故实,敬修释奠于先圣文宣王,惟公庶几体二,德冠四科,服道圣门,实臻壶奥,谨以制弊(币)醴荠(齐),粢晟(粢盛)庶品,式陈明荐,作主配神。右已前释奠文。②

P.3896V 记载了告于先师的祝文:

> 敢[昭告于]先师兖公,爰以仲春,率遵故实,敬修释奠
> ☐☐☐☐☐☐☐☐ 几体二,德冠四科,服道圣门,实臻壶奥,谨以
> 掣(制)弊(币)☐☐☐☐☐☐ 明荐,从祀作配神,伏惟。③

---

① (宋)欧阳修、宋祁:《新唐书》卷十五《礼乐五》,第 374 页。
② 《英藏敦煌文献(汉文佛经以外部分)》,第 3 卷,第 133 页。
③ 《法藏敦煌西域文献》,第 29 册,第 111 页。

　　S.1725V 与 P.3896V 所记祝文之前均未写"维某年岁次月朔日子,具位姓名"等字眼,应该属于释奠礼的范文。值得注意的是 S.1725V 中所记孔子为文宣王,颜子为兖公,此种王、公爵称号定于开元二十七年(739)。① 该卷还有雷神的祭祀样文,结合下文中央规定雷神之祀的时间,可明确 S.1725V 的文书内容性质,其书写时间上限为天宝五载(746)之后。需要辨析的是,吴丽娱通过对比 S.1725V 与《开元礼》及《郊祀录》中释奠、祭社稷祝文,得出 S.1725V 与《开元礼》更为相近,故推测 S.1725V 的书写时间下限为《郊祀录》颁行之前的天宝年间。② 笔者一方面详细比对了较《郊祀录》成书时间更晚的《通典》,其中记载的释奠、祭社稷祝文与《开元礼》的几乎完全相同,并且成书于五代末的《唐会要》中的祭社稷祝文也与《开元礼》一致。直到宋代,许多礼制也是本于《开元礼》,稍加详备而已。另一方面,《郊祀录》十卷的主要内容均是针对中央祀礼的整备和损益,对地方祭祀则无所关注。所以《郊祀录》是否具有《开元礼》同样大的影响力和执行力,此处存疑。故 S.1725V 的书写时间不能仅根据与礼制文书的对比得出。而吴丽娱在《关于 S.078V 和 S.1725V 两本敦煌写本书仪的一些看法》中通过对书仪中一件倒书的书启内容的研究,认为其致书特点与晚唐五代时期相同,说明 S.1725V 的书写时间为归义军时期。③ 笔者同意

---

① 《通典》载:"(开元)二十七年八月,制:夫子追赠谥为文宣王,宜令三公持节敕命,并撰仪注……颜子赠兖国公……"参见(唐)杜佑:《通典》卷五十三《孔子祠》,第 1471 页。

② 吴丽娱:《再论 S.1725V 卷祭文与敦煌官方祭祀》,载氏著《礼俗之间——敦煌书仪散论》,第 282—284 页。

③ 吴丽娱:《关于 S.078V 和 S.1725V 两本敦煌写本书仪的一些看法》,载段文杰主编《敦煌学与中国史研究论集——纪念孙修身先生逝世一周年》,第 170—172 页。

此论,敦煌在781年就已陷蕃,[①]因此该文书的书写上限为天宝五载(746)之后,而下限则极有可能是归义军统治时期。

三、祭祀风伯、雨师、雷神之仪

先秦时期,诸神信仰纷繁复杂。"风伯"一名最早见于周代对神鸟凤的崇拜,《禽经》曰:"风禽,鸢类。越人谓之风伯。飞翔,则大风天。"[②]郭沫若《卜辞通纂》:"古人盖以凤为风神。"[③]"风伯"又称风师、风神、箕伯、飞廉、大风等,掌八风消息,通五运气候。"雨师"又叫玄冥、号屏、屏翳、赤松子等,掌降雨之事。雨师之名,源自周人,似与《周易·师卦》有关,师卦坤上坎下,依《象辞》之解释,正象"地中有水",是上天降雨、土地含水之意。[④]"雷神"在先秦的形象有龙蛇、夔牛、猕猴、鸟、豕等。[⑤]《山海经》载:"东海中有波流山……其上有兽……出入水则必风雨,其光如日月,其声如雷,其名曰夔,黄帝得之,以其皮为鼓,橛以雷兽之骨,声闻五百里,以威天下。"郭璞注:"雷兽即雷神也。"这则神话表现出以黄帝为人格化雷神的倾向。[⑥]雷神具体形象绘于敦煌莫高窟第285窟西,北上

---

① 赵晓星:《敦煌陷蕃、"归化"、"蕃和"和"丙寅年"时间考——有关敦煌陷蕃前后时间的几个问题》,《江西社会科学》,2004年第12期,第31—37页。

② (周)师旷撰,(晋)张华注:《师旷禽经》,北京:中华书局,1991年,第9页。

③ 郭沫若:《卜辞通纂》,东京:文求堂书店,1933年,第329页。

④ 李立:《文化嬗变与汉代自然神话演变》,汕头:汕头大学出版社,2000年,第176页。

⑤ 牛天伟、金爱秀:《汉代神灵图像考述》,开封:河南大学出版社,2017年,第78页。

⑥ 牛天伟、金爱秀:《汉代神灵图像考述》,第73页。

角,顶上一对有翼神灵正在奋力敲击周围的连鼓。下方同样是一对有翼神灵,身如鹿,头似雀,顶有角,正是风伯的形象(图 1-4)。

图 1-4　敦煌莫高窟第 285 窟　风伯及雷神(《中国敦煌壁画全集第 2 册图 159》)

秦汉时期,风伯、雨师开始被纳入国家祭典,与二十八星宿分祠而祭。这一制度一直延续到陈朝,制典统和了箕、毕二星与风伯、雨师的祭祀,见于《隋书》:"(太常卿许亨)案《周礼》大宗伯之职云:'槱燎祀司中、司命、风师、雨师。'郑注云:风师,箕也;雨师,毕也。……而今南郊祀箕、毕二星,复祭风伯、雨师,恐乖祀典。制曰:若郊设星位,任即除之。"①从国家层面要求郡县祭祀风伯、雨师的记录最早见于晋时,《隋书》载:"晋元帝建武元年……令郡国县祠社稷、先农,县又兼祀灵星、风伯、雨师之属及蜡。"②隋朝确立了三祀制度,将祭祀划为上、中、下三个等级,风伯、雨师为小祀。③ 唐

① (唐)魏征等:《隋书》卷六《礼仪一》,第 112 页。
② (唐)魏征等:《隋书》卷七《礼仪二》,第 141 页。
③ 《隋书》载:"星辰、五祀、四望等为中祀,司中、司命、风师、雨师及诸星、诸山川等为小祀。"参见(唐)魏征等:《隋书》卷六《礼仪一》,第 117 页。

前期沿袭隋制，同为小祀。至天宝四载（745），玄宗敕风伯、雨师因济时育物"以为中祀"，并确立了地方州县对风伯、雨师的常祀。①并于天宝五载（746），因"发生震蛰，雷为其始，画卦陈象，威物效灵，气实本于阴阳，功大施于动植"，诏"以后每祭雨师，宜以雷神同坛祭，共牲，别置祭器"。②

（一）祭祀风伯、雨师、雷神的等级、时间和地点

1. 祭祀的等级、时间

天宝四载（745）九月十六日，玄宗诏定风伯、雨师祭祀时间："祀风伯用立春后丑日，祀雨师用立夏后申日"及祭祀等级"升入中祀。"③宋朝延续唐后期的制度，继续对风伯、雨师实行中祀："中祀九：仲春祭五龙，立春后丑日祀风师、亥日享先农，季春巳日享先蚕，立夏后申日祀雨师。"④那么中央祭祀升至中祀之后，地方州县的祭祀是否也同样升级？据高明士考察，从祭坛形制、牲牢用数以及祭祀用品等方面来看，敦煌祭祀风伯、雨师，似仍宜视为小祀。⑤

归义军时期祭祀风伯、雨师的时间有如下记载，S.1439V 大中十二年（858）具注历日：

正月十四日丁未，立春。正月廿日癸丑，祭风伯。⑥

① （宋）王溥：《唐会要》卷二十二《祀风师雨师雷师及寿星等》，第 426 页。
② （宋）王溥：《唐会要》卷二十二《祀风师雨师雷师及寿星等》，第 426 页。
③ （宋）王溥：《唐会要》卷二十二《祀风师雨师雷师及寿星等》，第 426 页。
④ （元）脱脱等：《宋史》卷九十八《礼一》，第 2425 页。
⑤ 高明士：《中国中古礼律综论——法文化的定型》，第 365—366 页。
⑥ 《英藏敦煌文献（汉文佛经以外部分）》，第 3 卷，第 24 页。

三月十七日己丑,立夏。三月廿二日甲申,祭雨师。①

S.5747 天复五年(905)正月《张承奉祭风伯文》:

(天)复五年,岁次乙丑正月庚申日……敢昭告于风
伯……②

P.3247V 大唐同光四年(926)具注历日:

正月十五日,立春。正月廿五日癸丑,祭风伯。③
三月廿八日甲申,祭雨师。④

S.1473 太平兴国七年(982)具注历日:

正月五日丁酉,立春。正月九日辛丑,祭风伯。⑤

P.3403 雍熙三年(986)具注历日:

三月廿一日己丑,立夏。三月廿八日丙申,祭雨师。⑥

①　《英藏敦煌文献(汉文佛经以外部分)》,第3卷,第26—27页。
②　《英藏敦煌文献(汉文佛经以外部分)》,第9卷,第115页。
③　《法藏敦煌西域文献》,第22册,第299页。
④　《法藏敦煌西域文献》,第22册,第301页。
⑤　《英藏敦煌文献(汉文佛经以外部分)》,第3卷,第68页。
⑥　《法藏敦煌西域文献》,第24册,第98页。

P.3507 淳化四年(993)具注历日:

正月六日,立春。正月十二日(辛丑),祭风伯。①

以上文书体现了归义军统治时期对于风伯、雨师的祭祀时间是完全按照唐代祭祀要求,即立春丑日、立夏申日来执行的。其中比较特别的是 S.5747《张承奉祭风伯文》,据黄沚清研究,该文书是按照《太白阴经》所收风伯祭文的格式创作的,突出了祭祀风伯的军事特征,是金山国建立前夕的某次战役,张承奉为祈祷战事顺利所作的祭文。② 这种说法值得参考,有证据表明自先秦时期风伯就有应用于战争、辅佐助祐胜利的功能,③风伯、雨师逐渐成为战争前必须祈福的对象。④ 也就是说,归义军政权虽是按照中央规定的时间进行祭祀,但是在礼义的诠释上具有相当的能动性。

2. 祭祀的地点

P.2005《沙州都督府图经卷第三》有记载:

风伯神

右,在州西北五十步。立舍,画神主。境内风不调,因即

---

① 《法藏敦煌西域文献》,第 24 册,第 382 页。
② 黄沚清:《敦煌文书 S.5747〈张承奉祭风伯文〉性质再探》,《敦煌研究》,2013 年第 2 期,第 64—67 页。
③ 如《山海经·大荒北经》记载:"蚩尤作兵伐黄帝,黄帝乃令应龙攻之冀州之野。应龙畜水。蚩尤请风伯、雨师,纵大风雨。"所说正是蚩尤大战黄帝时,曾遣风伯雨师大兴风雨以助战之事。参见(晋)郭璞注,(清)郝懿行笺疏,沈海波校点:《山海经》,上海:上海古籍出版社,2015 年,第 380 页。
④ 牛天伟、金爱秀:《汉代神灵图像考述》,第 91—92 页。

祈焉。不知起在何代。

　　雨师神

　　右,在州东二里。立舍,画神主。境内亢旱,因即祈焉。
不知起在何代。①

P.2691V《沙州地志》亦曰:

　　雨师神,州东二里;风伯神,州西北一里。②

　　两组文献中雨师神位置不变,但是风伯神从州西北五十步变
为了州西北一里处。据高明士考察,因 P.2691V《沙州地志》写于
后汉乾祐二年(949),即归义军时代,且 P.2005《沙州都督府图经卷
第三》记风伯、雨师曰"画神主",但 S.1725V 却言"祭风伯一坐",也
就是用塑像祭祀。故认为沙州风伯坛及诸神像的设置在归义军前
后时代可能有若干变动。③
　　结合前述敦煌州社稷坛"州城南六十步",得知敦煌的风伯、雨
师和社稷分别在州城的西北、东、南三面分置,风伯神在社稷之西
北,雨师神在社稷之东南。参考《唐会要》:"诸郡风伯坛,请置在社
坛之东,雨师坛在社坛之西,各稍北三十步。"④发现敦煌风伯、雨师
与社稷之间的位置关系并不符合玄宗朝的规定,甚至与其相反,这
与风师、雨伯的礼仪祭祀渊源有关。
　　东汉应劭所写《风俗通义》中记:"戌之神为风伯,故以丙戌日

---

① 《法藏敦煌西域文献》,第 1 册,第 53—54 页。
② 《法藏敦煌西域文献》,第 17 册,第 266 页。
③ 高明士:《中国中古礼律综论——法文化的定型》,第 364—365 页。
④ (宋)王溥:《唐会要》卷二十二《祀风师雨师雷师及寿星等》,第 426 页。

祀于西北……故雨独称师也,丑之神为雨师,故以己丑日祀雨师于东北。"①这表明祭祀风伯、雨师具有时间性、方位性。到了隋、唐,《通典》载:"立春后丑日祭风师于国城东北,立夏后申日祀雨师于国城西南。"②汉与隋唐祭祀风伯、雨师的方位呈相反之制,其原因见于《隋书》:"旧礼,祀司中、司命、风师、雨师之法,皆随其类而祭之,兆风师于西方者,就秋风之劲而不从箕星位……兆雨师为于北郊者,就水位在北也。"③可见,汉代祭祀风师于西北方,因秋风是从西北吹向东南,取其劲。祭祀雨师是因水属阴,北为阴之极,东为阳之出,在东北祭祀,正是要祈求阴阳和合而生嘉雨。④

隋、唐祭祀风伯、雨师是按星宿之位。《唐会要》载:"郑玄云:风,箕星也,故令礼立春后丑于城东,就箕星之位,为坛祭之礼,祀昊天上帝于圜丘,百神咸秩,箕星从祀之位,在坛第三等。"⑤《尚书·范洪》云:"庶民惟星,星有好风,星有好雨。"程登吉注曰:"箕,东北之木宿,风乃土之冲气,以木克土,则飞腾上浮之象自感之,故箕不与风期而好风也。毕,西南之金宿也,雨乃水之精气,以金生水,则蒸湿下降之象自感之,故毕不与雨期而好雨也。"⑥故隋唐祭祀风伯在东北,祭祀雨师在西南。

敦煌文书所见祭祀方位则用汉礼。这说明,至少在东汉时期,风伯、雨师信仰已经存在于河西敦煌,P. 2005《沙州都督府图经卷

① (汉)应劭:《风俗通义》卷八《祀典》,济南:山东画报出版社,2004年,第52页。
② (唐)杜佑:《通典》卷四十四《礼四》,第1229页。
③ (唐)魏征等:《隋书》卷七《礼仪二》,第147页。
④ 李立:《文化嬗变与汉代自然神话演变》,第179页。
⑤ (宋)王溥:《唐会要》卷二十二《风师雨师雷师及寿星等》,第426页。
⑥ (明)程登吉撰,(清)邹圣脉增补:《幼学琼林》,太原:北岳文艺出版社,1995年,第6—7页。

第三》所记："因即祈焉。不知起在何代。"说明敦煌的祭祀神舍很可能是在原祠旧址上继续设立，所以方位未曾改变。而 P.2691V《沙州地志》中所记载与 P.2005 中相同的方位，更是证明唐中央对地处偏远的沙州祭祀管理不便，体现出归义军的政治能动性。

(二)祭祀风伯、雨师、雷神的仪式过程

首先，准备祭器及祭品。先秦流传着以犬祭祀风神的做法。《尔雅.释天》："祭风曰磔。"郭璞注云："今俗当大道中磔狗，云以止风。"① 汉代则用羊豕，《后汉书》记载了县邑祭祀风伯、雨师"用羊豕"②，即少牢，至隋代一直沿用此祭祀方式。唐代关于祭祀风伯、雨师的祭祀制度不断完善。《旧唐书》记载了武德、贞观时的祭祀之制："各用羊一，笾、豆各二，簠、簋各一。"③ 此为中央祭祀制度，由于没有统一的标准而被许敬宗等人认为是"事深乖缪"，因此"显庆中，更定笾、豆之数，始一例。大祀笾、豆各十二，中祀各十，小祀各八"④。到天宝四载(745)规定州、县所用祭品，风伯、雨师"各请用羊一，笾、豆各十，簠、簋、俎一，酒三斗"⑤。簠、簋的数目未变，但是笾、豆数量调整为十，与"蜡祭百神、春分朝日、秋分夕月"礼相同，⑥ 是属于"诸神祠"的小祀礼。但《宋史》中载有司引"唐制"曰：

---

① (清)阮元校刻：《十三经注疏·尔雅注疏》，第 2609 页。
② (南朝宋)范晔撰，(唐)李贤等注：《后汉书》志第九《祭祀下》，第 3204 页。
③ (后晋)刘昫等：《旧唐书》卷二十四《礼仪四》，第 910—911 页。
④ (后晋)刘昫等：《旧唐书》卷二十四《礼仪四》，第 911 页。
⑤ (宋)王溥：《唐会要》卷二十二《祀风师雨师雷师及寿星等》，第 426 页。
⑥ (唐)徐坚等：《大唐开元礼》卷一《序例上》，第 18 页。

　　　　唐制,诸郡置风伯坛、社坛之东,雨师坛于西,各稍北十
步,卑下于社坛。祠用羊一,笾、豆各八,簠、簋各二。①

　　此处的唐制,显然是指《唐会要》所载天宝四载之制,结合宋制
的州、县祭祀风伯、雨师制度,也是用"笾八、豆八、簠二、簋二"②。
据此而言,今本《唐会要》中所载天宝四载的祭器制度是否有误,有
待考察。以下根据《太常因革礼》整理出州县祭祀风伯、雨师的祭
器与祭品:

　　　　州、县祭器:每座樽二,樽皆加勺、幂,笾八、豆八、簠二、簋
二、俎三,雨师(风伯)爵一、雷神爵四,设洗于坛三步所,北向。
罍水在洗东,加勺幂,篚在洗西,南肆,实爵三、巾于篚,加幂。
席皆以莞。币用白色。
　　　　州、县祭品:簠实黍,簋实稷,笾实形盐、鱼鱐、干桃、干
梅、干枣、芡、鹿脯、榛实,豆实芹菹、笋菹、菁菹、韭菹、鱼醢、
兔醢、鹿臡、醓醢,俎三:一实羊熟十一体,一实豕熟十一体,
一实以脯。③

　　敦煌文献 P.3896V 有记载祭雨师器物细目:

---

① (元)脱脱等:《宋史》卷一百三《礼制》,第 2516 页。
② (宋)欧阳修等撰,王云五主编:《太常因革礼》卷八十二《州县祭风师雨师
　　雷师》,上海:商务印书馆,1936 年,第 394 页。
③ (宋)欧阳修等撰,王云五主编:《太常因革礼》卷八十二《州县祭风师雨师
　　雷师》,第 394—395 页。

祭雨师：香炉二、席二、马头盘四、叠（碟）子十、小床子二、抗（碗）二、杓子二、弊（币）布四尺、馃食两盘子，锹。①

P.3569V《唐光启三年（887）官酒户马三娘龙粉堆支酒本牒》：

四月十七日祭雨师用酒两瓮。②

S.1366《归义军衙内油面破历》也有如下记载：

准旧祭雨师，神食五分，果（馃）食两盘子，胡并（饼）二十枚，灌肠面三升，用面二十（斗）八升四合，油一升四勺。③

敦煌文献中只有祭祀雨师的材料，但是因为风伯祭祀仪礼相同，只省略祭祀雷神的过程步骤，可大致推测出相关器物。祭祀雨师与上文释奠礼的品目、数量相同，考察、对比二者的祭祀礼仪流程，能够帮助梳理出不同器物的礼仪用途（见下文祭祀用品考）。如 S.1366《归义军衙内油面破历》所示，这时的祭品已不再是 S.1725V 那样的一般生熟贡品，而是完全用的敦煌地方的"常食"，与地方民俗生活更加贴近、密切。

其次，祭祀风师、雨伯、雷神的仪式过程。《唐会要》记载州县祭祀风伯、雨师的祭官"准社例"，即刺史、县令为初献，上佐、县丞

① 《法藏敦煌西域文献》，第 29 册，第 111 页。
② 唐耕耦、陆宏基编：《敦煌社会经济文献真迹释录》第 3 辑，第 624 页。
③ 郝春文主编：《英藏敦煌社会历史文献释录》，第 5 卷，第 415 页。

为亚献，录事参军及判司通、主簿及尉通为终献。若刺史及上佐有故，并以次差摄之。《太常因革礼》则将州县的亚献改为"通判官和主簿"，其他行礼人未变。[①]《通典》记载了"立夏后申日祀雨师，以下并同风师仪"[②]，可知祭祀风伯、雨师过程一致，而祭祀雨师还涉及祭祀雷神的情况，故现根据《太常因革礼》整理祀雨师之仪如下，祭祀风师并同参考：

前三日，斋戒。初献之官于别寝散斋二日，致斋于厅事一日。亚献以下官员散斋二日于正寝，致斋一日于坛所。

前二日，修除坛之内外。设燎台高于神坛，积柴于上门上。设初献之官次于坛东门之外道，南北向；设从祀之官次于初献位东南，俱北向，以西为上。[③]

前一日晡后，设位。守神坛禁止行人。设门内位：初献位于南门之内道，西北向。亚献、终献位于坛东南。掌事位于东门之内道南。俱每等异位，西向北上。赞唱者位于终献之后，稍东西向。州官位于祀官掌事之南，西向。府官位于西方，当州官东向，俱重行北上。设望燎位于坛南，西向。设门外位：祀官以下于东门之外道北，重行南向，以东为上。设祭器位。[④] 从祀之官清斋于公馆一宿。

---

① （宋）欧阳修等撰，王云五主编：《太常因革礼》卷八十二《州县祭风师雨师雷师》，第 393 页。
② （唐）杜佑：《通典》卷一百一十一《立夏后申日祀雨师》，第 2877 页。
③ 《通典》卷一百一十一《立春后丑日祀风师》记载中央祀典设燎台及设位于前一日晡后。前三日及前二日只涉及斋戒。参见（唐）杜佑：《通典》卷一百一十一《立春后丑日祀风师》，第 2874 页。
④ 《通典》卷一百一十一《立春后丑日祀风师》记载中央祀典于祀日未明三刻设望燎位、门内外位及祭器位。参见（唐）杜佑：《通典》卷一百一十一《立春后丑日祀风师》，第 2874 页。

祀日,未明,烹牲。夙兴,实祭器。掌事者以席入,设雨师神座于坛上,近南北向。设雷师座于雨师之东,俱南向。质明,诸祭官及从祀之官各服其服。其仪式步骤撮述如次:

就位。赞唱者先入就位。执樽、罍、篚者就位。诸祝诣神坛,行扫除。

赞礼者引祀官及从祀之官与掌事者就位门外位。初献至,参军禄事引之次。赞唱者先入就位,初献停于次,少顷,服祭服出。参军事引初献入自东门就位。赞礼者引祀官及从祀之官次入就位。初献以下皆再拜。参军事少退初献之左,东向曰:"请行事。"退,复位。

奠帛。祝以币授,参军事引初献受币,跪奠币于雨师神座,讫。参军事引初献以下诣雷师神位前,跪奠币于神座,讫。参军事引初献降复位。

进馔。祝迎引馔各设于雨师、雷师神座前,执馔者复位,诸祝还于樽所。

奠爵。参军事引初献诣罍洗,执樽者酌水,执洗者跪取盘,承水。初献盥手、帨手,初献者受爵,执罍者酌水,初献洗爵、拭爵。参军事引初献诣雨师酒樽所,执樽者举幂、初献酌醴齐,参军事引初献诣雨师神座前,跪奠爵,兴。祝持版进于座之右,跪读祝文。初献再拜,祝进跪奠版于神座,兴。还樽所。初献拜讫。参军事引初献诣雷师酒樽所,取爵于坫,奠爵如雨师之仪。初献再拜,祝进跪奠版于神座,兴。还樽所。

饮福受胙。参军事引初献进当雨师神座前,祝各以爵酌福酒,合置一爵,初献受爵,跪祭酒,奠爵,兴。执馔者以俎进,减神座前胙肉,祝持俎进初献,初献授以左右。初献跪取爵,遂饮卒爵。祝受虚爵,复于坫,初献再拜。参军事引初献还本位。

亚献终献。赞礼者引亚献诣罍洗，盥手洗爵、奠爵、饮福皆如初献之仪（唯不读祝版，不受胙）。亚献将毕，赞礼者引终献诣罍洗，盥洗升酌终献如亚献之仪。

彻豆、赐胙。祝各进神坐前，跪，彻豆（将笾豆各一少移于故处），还樽所。赞唱者曰：“赐胙再拜。”非饮福受胙者皆再拜。赞唱者又曰：“再拜。”初献以下皆再拜。

望燎。参军事引初献就望燎位。祝、执事者跪取币及祝版，以俎载牲体、黍稷饭、爵酒，以币、祝、馔物置于柴上，赞礼曰：“可燎。”东西向各二人以炬燎火半柴。

礼毕。参军事少进初献之左，曰：“礼毕。”遂引初献出还。赞礼者引祀官以下出，诸祝执樽罍篚者降，复掌事位。赞唱者曰：“再拜。”祝以下皆再拜以出。[①]

最后，敦煌文献中保存有祭祀风伯、雨师、雷神的祝文。S.1725V《祭文》曰：

敢昭告于风伯神，惟神德含元气，体运阴阳，鼓吹万物。百谷仰其结实，三农兹以成功，苍生是依，莫不咸赖。谨以制弊（币）醴荠（齐），粢（粢）盛庶品，祗奉旧章，式陈明荐，伏惟尚飨。

敢昭告于雨师之神，惟神德含元气，道运阴阳，百谷仰其膏泽，三农粢以成功，仓（苍）生是依，莫不[咸]赖。谨以制弊（币）醴齐，粢（粢）盛庶品，祗奉旧章，式陈明荐，作主侑神。

敢昭告于雷神，惟神德裡元气，道运阴阳，将欲雨施云行，

① 根据《通典》《太常因革礼》共同整理。参见《通典》卷一百十一《立春后丑日祀风师》，第2874—2876页；《太常因革礼》卷八十三《州县祭风师雨师雷师》，第393—397页。

先发声而隐隐,皴阴凝结,乃震响以雄。黎元是依,莫不咸赖。
谨以制弊(币)醴齐,粢(粢)盛庶品,祗奉旧章,式陈明荐。①

州县祭祀风伯、雨师的祝文在唐史中阙载,但是一般而言与中
央的祝文差别不大。检寻《开元礼》《郊祀录》中央祀风伯、雨师、雷
神祝文如下:

> 敢昭告于风师,含生开动,必伫振发,功施造物,实彰祀
> 典。谨以制币牲齐,粢盛庶品,明荐于神,尚飨。
> 敢昭告于雨师,百昌万宝,式仰膏润,谨遵典故,用备常
> 祀。谨以制币牲齐,粢盛庶品,明荐于神,尚飨。②
> 敢昭告于雷神,惟神殷发三春,震开万物,礼存报德,式备
> 恒典。谨以制币牲齐,粢盛庶品,明荐于神,尚飨。③

通过上述引文相互对比可知,S.1725V《祭文》的记载与正史祭
文完全不同。究其原因,笔者以为可能和风伯、雨师长期属于道教
神灵有关。在 P.2005《沙州都督府图经卷第三》中,风伯神和雨师
神属于四所杂神之一,高明士考察后认为其所反映的时间不能晚
于天宝四载(744),即在玄宗颁布诸郡建置风伯、雨师坛之前。④ 说
明唐代前期尽管中央并未要求州县祭祀风伯、雨师,但是该神灵一
直处于民间信仰的中心。风伯、雨师在归义军统治时期亦属于道

---

① 《英藏敦煌文献(汉文佛经以外部分)》,第 3 卷,第 133 页。
② (唐)徐坚等:《大唐开元礼》卷二十八《立春后丑日祀风师》《立夏后申日祀
　雨师》,第 162—164 页。
③ (唐)王泾:《大唐郊祀录》,北京:民族出版社,2000 年,第 778 页。
④ 高明士:《中国中古礼律综论——法文化的定型》,第 369 页。

教的祭祀体系，如 S. 4400《曹延禄镇宅文》记载节度使斋醮仪式中所祭祀的神灵就有风伯、雨师，①结合 S. 1725V 祭文中所称"道运阴阳"，这样似含有道教意味的祭文文范，或体现出儒家祀礼与道教思想的交融。②

与前述 S. 5747《张承奉祭风伯文》相比，S. 1725V《祭文》的农业特征更加突出，是向风伯、雨师祈求五谷丰登的祭文。且明显地将雷神祝文置于雨师祝文之后，证明书写时间晚于玄宗天宝五载(746)。S. 1725V《祭文》曰："祭雨师两座。"此处二座，即雨师与雷神之神座。

总之，关于州县祭祀风师、雨伯、雷神的记载在唐代的礼仪规定中不甚明晰，今结合宋代所记州县祭祀风伯、雨师、雷神仪式内容及敦煌文书所提供的边州具体祭祀事例，尽力还原当时州县的祭祀之规。

四、官方祭祀用品考

保存有祭祀用品细目的敦煌文献主要有三件，即 S. 1725V、P. 3896V 及 S. 1366《归义军衙内油面破历》，其中上文已对 S. 1725V 做过分析，认为其写作时间极有可能是在归义军统治时期。P. 3896V 的写作时间无法推定，不过其中记载的祭祀用品与 S. 1725V 基本相同。S. 1366 则是归义军衙府的油面破历，除记载祭祀用品之外，对归义军衙府平日的油面支出也有较多记载。将以上三组细目与中央礼典中所规定的州县祭祀仪式流程进行对比，

---

① 《英藏敦煌文献(汉文佛经以外部分)》，第 6 卷，第 56 页。
② 刘永明：《试论曹延禄的醮祭活动——道教与民间宗教相结合的典型》，《敦煌学辑刊》，2002 年第 1 期，第 70 页。

可以发现有较大不同,这就提出了对归义军祭祀仪式中具体使用器物进行功能考释的必要。

(一)祭祀仪式中使用的器具

香炉并香。在唐代礼典的规定中,州县祭社稷、释奠及风伯、雨师、雷神的仪式中均未有用香的记录,只有"燎祭"。但是在敦煌文献中却记录了香在各类祭祀仪式中的确切使用。宋代丁谓曾作《天香传》,认为用香历史久远:"香之为用从上古矣,可以奉神明,可以达蠲洁。"[①]早期用香,只是作为祭祀的辅助,但是随着佛教、道教渐盛,对儒家的祭祀仪式产生了影响。宋代赵彦卫对此有所论述:"近人多崇释氏,盖西方出香,释氏动辄烧香,取其清净,故作法事,则焚香诵呗,道家亦烧香解秽,与吾教极不同。今人祀夫子,祭社稷,于迎神之后,奠币之前,三上香,礼家无之,郡邑或用之。"[②]正是说明传统儒家祭祀受到佛、道的影响,从而在仪式中用香。在唐代,国家祭典国忌行香仪式中就诏令州县"准式行香"[③],在上有所好下必甚焉的风气中,行香作为一种虔诚的祈求仪式,在民间越来越普及。在宋代仪式规制中,用香已经成为一种普遍的行为。《宋史》载:"凡常祀,天地宗庙,皆内降御封香,仍制漆匮,付光禄、司农寺;每祠祭,命判寺官缄署礼料送祀所;凡祈告,亦内出香。遂为定制。"[④]而香的使用则需要于"行礼前一日颁下祠所,以表圣人精洁祀祭之意"[⑤]。

---

①　曾枣庄、刘琳主编:《全宋文》第 5 册,成都:巴蜀书社,1989 年,第 604—607 页。

②　(宋)赵彦卫撰,傅根清点校:《云麓漫钞》,北京:中华书局,1996 年,第 144 页。

③　(宋)吴曾:《能改斋漫录》卷二《忌日行香》,北京:中华书局,1985 年,第 34 页。

④　(元)脱脱等:《宋史》卷九十八《礼一》,第 2428 页。

⑤　(宋)欧阳修等撰,王云五主编:《太常因革礼》卷十三《香》,第 74 页。

　　敦煌文献中记载的"香"的使用，切实地印证了当时地方政府在基本遵循礼典的同时保持了民间性、地方性的色彩。关于用香的数量，《宋史》规定"大祠悉降御封香，中小祠供太府香，中祠减大祠之半，小祠减中祠之半"[①]。此是规定不同等级祭祀用香的数量，但是对不同祭祀中的神位强调"每座"的用数，即每个神位均有供香。敦煌文献中对此亦有展现。不同祭祀仪式中香炉与祭祀神座数量一一对应，比如祭社稷中备香四，而祭雨师和释奠礼中只备香二。此外，S.1725V中记载祭社稷用品："香炉四并香。"[②]可知其他敦煌文献中"香"为简略写法，"香"应包含香炉与香两种物品。敦煌的香炉型式、材质多样，比如 S.1774《后晋天福七年某寺法律智定等交割常住什物点检历状》记载："供养具：长柄熟铜香炉二。"以及同卷又记"新木香奁一"，"金铜香炉一"。[③]（图 1-5、1-6）

图 1-5　敦煌榆林窟第 16 窟　吉祥天女（《中国敦煌壁画全集》第 9 册图 113）

---

① （元）脱脱等：《宋史》卷九十八《礼一》，第 2428 页。
② 《英藏敦煌文献（汉文佛经以外部分）》，第 3 卷，第 133 页。
③ 《英藏敦煌文献（汉文佛经以外部分）》，第 3 卷，第 142 页。

图 1-6　敦煌莫高窟第 108 窟　女供养人（《中国石窟：敦煌莫高窟》第 5 册图 40）

神席。应用在州、县祭祀仪式中的"设神位"环节。比如《大唐开元礼》记载了州县社稷仪礼的神位设置过程："本司帅掌事者以席入自西门,诣坛西阶升,设社稷神座各于坛上,近南北向。又设后土氏神座于社神之左,后稷氏神座于稷神之左,俱东向。"并在之后强调神座下面需有席,且"席皆以莞"①。莞,俗名席子草,《毛诗·雅·干》："下莞上簟,乃安斯寝。"郑玄笺："莞,小蒲之席也。"②《通典》中记载："昊天上帝之座褥以苍,皇地祇座褥以黄,配帝及后褥以紫,五方上帝及大明、夜明褥皆以方色,内官以下席皆以莞。"③配帝及后以上神明座下为褥,以下神明座下为席,也就是以不同性质、不同色彩的坐垫区分祭祀的等级。

在敦煌的祭祀用品中有神席,敦煌文献 S.1725V 中记载社稷

① （唐）徐坚等：《大唐开元礼》卷六十八《诸州祭社稷》,第 352 页。
② （清）阮元校刻：《十三经注疏·毛诗正义》,第 601 页。
③ （唐）杜佑：《通典》卷五十四《封禅》,第 1505 页。

仪式需要"神席四"、释奠礼仪需要"神席二"。① 根据上文推断是铺设在神座之下的坐垫，其数量与仪式的祭祀对象相吻合。值得注意的是 P.3896V 记录了祭祀雨师的细目中有"香炉二、薦二、马头盘二"，同卷之前有释奠用品"香二、席二、盘四……"②，二者字体相同，形式相仿，应出自同一作者之手，可见"薦"字在敦煌也有坐垫之意。S.388《正名要录》里面收录了"薦"，并注"从草"③，可为佐证。

毡。即利用动物毛制成的块片状材料，其使用在正史中并无记载，但敦煌文献中所记数量较多，释奠礼有十六领，祭社稷礼有二十领。这些毡应该是铺于祭祀场所的地面上，比如小床子的下面，或者是跪拜的地方，毡的使用能够烘托出祭祀仪式的隆重氛围，也是对神明的敬畏和景仰的表达。

盘子。敦煌的盘子相较碟子较大，并且有多种类型。当时的盘子既包括运送食物和餐具的长方形大木盘，也包括装盛各种干食的器皿。在祭社稷、风伯、雨师及释奠礼仪中记载了两种类型盘子，一种是马头盘。如 P.3896V《祭雨师》："马头盘四。"④ 又见于 S.2009《官府交割什物点检历》中"华木马头盘""柳木马头盘"⑤，据此得出马头盘为木质。据陆锡兴主编的《中国古代器物大辞典》，马头盘可能是西亚输入品，或是有连珠马纹装饰的盘子。⑥ 杜朝晖

---

① 《英藏敦煌文献（汉文佛经以外部分）》，第 3 卷，第 133 页。

② 《法藏敦煌西域文献》，第 29 册，第 111 页。

③ 《英藏敦煌文献（汉文佛经以外部分）》，第 1 卷，第 172 页。

④ 《法藏敦煌西域文献》，第 29 册，第 111 页。

⑤ 《英藏敦煌文献（汉文佛经以外部分）》，第 3 卷，第 192 页。

⑥ 陆锡兴主编：《中国古代器物大辞典》，石家庄：河北教育出版社，2001 年，第 277 页。

研究后认为马头盘是因为此种器物长如马头而得名。① 另一种是盛装馔食的普通盘子,一般写作"馔食两盘子",估计是连同食物器具一同准备。在敦煌莫高窟的壁画中有许多用来盛装食物的盘子类型,如敦煌莫高窟第 236 窟中所画斋僧仪式中供桌上盛装贡品的盘子(见图 1-7)。

图 1-7　敦煌莫高窟第 236 窟　斋僧贡品用盘(《中国石窟全集》第 25 册图 180)

那么马头盘在祭祀仪式中的功能究竟为何?根据唐代州县祭祀仪式的流程,使用到盘仅有"奠爵"一项:即在奠爵前,祭官"诣罍洗,执罍者舀水,执洗者跪取盘,兴,承水"②,盘中之水用来盥手、洗爵之用,使用完毕之后,奉盘者会跪"奠盘",此处的"奠"则为放置之意③。但是据笔者对州县祭祀礼仪的研究,诸祭官只

① 杜朝晖:《敦煌文献名物研究》,北京:中华书局,2011 年,第 291 页。
② 参见(唐)徐坚等:《大唐开元礼》卷六十八《诸州祭社稷》、卷六十九《诸州释奠于孔宣父》,第 352、356 页。
③ 《礼记·内则》曰:"非祭非丧,不相授器。其相授,则女受以篚。其无篚,则皆坐奠之而后取之。"郑玄注:"奠,停地也。"参见(清)阮元校刻:《十三经注疏·礼记正义》,第 1462 页。

有在面对主座时才盥手、洗爵,因此盘子的数量应为祭官数量,即三的倍数。但上节引文中马头盘的数量为神位数量,即二或者四的倍数,故而可能仍然是代替祭器笾、豆或者簋、簠,各盛放于神座之前。

叠。同"碟"或"楪",材质为铜、木、漆器、磁器等,是盛放食物的小盘。[①] 碟子的数量在敦煌释奠礼及祭风伯、雨师中均记录为"叠子十",而在祭社稷仪式中记为"叠子廿",数量多出一倍,考虑到礼制中州、县祭祀仪式中祭器的使用量词均为"每座"[②],没有因主座、配享的身份产生区别,那么极有可能是每位神座前均有碟子五。因其使用数量较多,应该是用来平均盛放祭品中数量较多的品类,比如梨五十颗或者黍米一升、香枣一升等。

小床子、碗、勺子。在敦煌文献记载中,小床子、碗、勺子常常作为一组器物出现。例如 P.3896V 中记录社稷仪式中用到"小床子三、椀(碗)三、杓子三"[③],S.1725V 载释奠礼中用"小床子二、椀(碗)二、杓子二"[④]。其中,床在古代的早期使用是作"食床",是早期人们席地而坐进食方式的演进,上面用来摆放碗、碟子等器具(见图 1-8),后期则变成了一种家具,即"坐床",人们可以坐在上面进食。S.1725V 所记仪式中特意强调是"小床子",应该是用来放置祭祀用品的食床。

---

① 高启安:《旨酒羔羊——敦煌的饮食文化》,兰州:甘肃教育出版社,2007年,第 37 页。

② 如《大唐开元礼》记载诸州释奠礼:"祭器之数,每座尊二、笾豆各八、簋二、簠二、俎三。"参见(唐)徐坚等:《大唐开元礼》卷六十九《诸州释奠于孔宣父》,第 356 页。

③ 《法藏敦煌西域文献》,第 29 册,第 111 页。

④ 《英藏敦煌文献(汉文佛经以外部分)》,第 3 卷,第 133 页。

图 1-8　敦煌莫高窟第 159 窟　食床(《敦煌石窟全集》第 25 册图 182)

　　"椀"通"碗",《玉篇·皿部》:"盌,小盂。亦作椀。"[①]是一种容器。勺子则多写作"杓子",可见其为木质。宋人高承《事物纪原》曰:"杓,即勺也。祭祀曰勺,民用曰杓,其实一也。"[②]无论是在社稷礼、祭风伯雨师还是释奠礼中,笔者注意到小床子、碗、勺子三者数量完全一致,这说明三个问题:

　　首先,三者数量相互匹配,勺子放于碗中,而碗置于床。勺子

①　(东汉)许慎著,李伯钦注释:《说文解字》,北京:九州出版社,2012 年,第491 页。
②　(宋)高承撰,(明)李果订:《事物纪原》卷八《舟车帷幄部》,北京:中华书局,1985 年,第 294 页。

在祭祀仪式中只用于舀水或者是舀酒,①但是在敦煌文献中并没有找到祭祀时盛水所用的容器"罍"的替代物,且在祭祀仪式中"罍"的数量一般只有一个,二者数量并不吻合。又考虑到其祭器的写法往往是"小床子＋碗＋勺子"的排列顺序,结合中央对州县的祭祀仪礼要求,可以看出小床子代替的是"坫"、碗代替的是盛酒之"樽"、勺子即是"勺"。如《通典》卷一百二十一《诸州释奠于孔宣父》所言:"掌事者以樽坫升设于堂上前楹间,北向,先圣之樽在西,先师之樽在东,俱西上,皆加勺、幂。"②

其次,三者数量与祭祀神位对应。敦煌释奠礼、祭祀雨师礼所用小床子、碗、勺数量均为二,因其祭祀神位均为二座。在传世文献中有"先师酒樽所""先圣酒樽所";"雨师酒樽所""雷师酒樽所",适用于仪式中的"奠爵"环节,献祭者需要去樽所酌酒,"取爵于坫,执樽者举幂,刺史酌醴齐"③。那么为何敦煌社稷礼中用小床子、碗、勺数量为三呢?检阅史料发现,在社稷礼仪中,除"社神酒樽所"和"稷神酒樽所"之外,两位配座共享一个酒樽所,称为"配座酒樽所"④,并没有单独设置,所以敦煌释奠礼中虽然有四神位,但是碗的数量却只有三具。

---

① 在正史所记州县祭祀仪礼中,勺子放置在罍和樽内,用途有二,以释奠礼为例:一是从罍中舀水使献祭者盥手及洗爵。《开元礼》记载:"诣罍洗,执罍者酌水,执洗者跪取盘,兴,承水,刺史盥手,执篚者跪取巾于篚,兴,进,刺史帨手讫,执篚者受巾,跪奠于篚;遂取爵,兴,以进刺史,受爵,执罍者酌水,刺史洗爵。"一是从樽中舀酒至爵中,完成奠爵的礼仪过程。如《开元礼》载:"诣先圣酒樽前,执樽者举幂,刺史酌醴齐。"参见(唐)徐坚等:《大唐开元礼》卷六十八《诸州祭社稷》,第351—354页。
② (唐)杜佑:《通典》卷一百二十一《礼八十一》,第3067页。
③ (唐)杜佑:《通典》卷一百二十一《礼八十一》,第3070页。
④ (唐)徐坚等:《大唐开元礼》卷六十八《诸州祭社稷》,第353页。

最后,碗是简化版的樽,盛装物为酒。祭祀用酒的考述见下文"酒"条。不同长度时间的酿造可以得到不同名称的酒,在正史中记载州县祭祀仪礼中往往用酒两盅,以祭社稷为例:"每座樽二,一实元酒为上,一实醴齐次之。"①结合敦煌文献记载来看,祭祀用酒比较简单,在社稷、风伯雨师、释奠礼用品细目中均记为"酒",并无其他,很有可能在敦煌只用一种福酒完成了祭祀礼仪的全过程,那么用来盛装酒的容器数量自然减少。

罍。传统祭器中与敦煌文献中记录的"罍"写法相似的有"罍""罍"在祭祀中的使用可以追溯到夏朝,《礼记》云:"山罍,夏后氏之尊也。"②山罍又写作"山尊",以尊器上有山作为饰品而得名,见《尚书》孔颖达疏:"宗庙彝樽亦以山龙华虫为饰。"③山罍是古代祭祀所用的注酒器。按《周礼》的规定,祭祀所用之樽一共有六种。④《大唐开元礼》记载:"凡六尊之次,太尊为上,实以泛齐;箸尊次之,实以醴齐;牺尊次之,实以盎齐;象尊次之,实以醍齐;壶尊次之,实以沈齐;山罍为下,实以三酒。"⑤实际使用起来,不同的樽首先用来区别不同等级的神位,例如《旧唐书》:"上帝则太尊、箸尊、牺尊、象尊、壶尊各二,山罍六。配帝则不设太尊及壶尊,减山罍之四,余同上帝。"⑥其次,也用来在仪式中从上到下匹配不同祭官的身份等

---

① （宋）王溥：《唐会要》卷十上《诸州祭社稷仪（诸县祭社稷附）》,第236页。

② （清）阮元校刻：《十三经注疏·礼记正义》,第1490页。

③ （清）阮元校刻：《十三经注疏·尚书注疏》,第141页。

④ 《周礼·春官·小宗伯》："辨六尊之名物,以待祭祀宾客。"郑玄注曰："六尊：献尊、象尊、壶尊、著尊、大尊、山尊。"参见（清）阮元校刻：《十三经注疏·周礼注疏》,第766页。

⑤ （唐）徐坚等：《大唐开元礼》卷三十二《孟冬祭神州于北郊有司摄事》,第184页。

⑥ （后晋）刘昫等：《旧唐书》卷二十一《礼仪一》,第834页。

级。如在《政和五礼新仪》中记载州县祭祀风师雨师雷神仪中出现的牺樽和象樽:"牺樽一,实明水为上尊,余实泛齐……初献酌之;象樽一,实明水为上尊,余实醴齐……亚献、终献酌之。"①

那么敦煌文献中的"罍"是否就是传世文献中的"罍"呢?敦煌的"罍"常与其他的餐具并列出现,称为"罍子"。例如 P. 3246V《新碗叠子抄录》:"叠子卅九,椀卅一,中台盘子廿,罍子卅。"②其材质有木质(见于 P. 3587 载"黑木罍子")和生漆制(见于 P. 2613 载"生漆罍子")。S. 388《正名要录》中记录了"罍"通"㮇"。③ 据高启安考证,"罍"的读音为"Luo",单位是"枚",是当时西域少数民族对酒杯的一种叫法,当时的读音叫"叵罗",敦煌则省略了一个音,是一种类似于碗,却比碗浅得多的饮酒具。④ 学界多数认可"叵罗"是一种碗状酒杯。⑤ 在敦煌祭祀仪式中,罍的使用数量较多,S. 1725V 中记载祭社稷需要"罍子廿"、释奠礼需要"罍子十"⑥,相比于传世文献中较为庄重严肃的仪式使用数量来看,敦煌的"罍子"与罍完全不同,应该承担着祭祀仪式中"爵"的作用。

爵在传世文献所记州县祭祀中使用数量颇多。以释奠礼为例,《大唐开元礼》记载:"先圣爵一、配座爵四……篚在洗西,南肆,实爵三巾二于篚。"⑦在祭祀仪式中作为酌酒的容器,主要在"奠爵"

① (宋)郑居中等:《政和五礼新仪》卷七十六《州县祀风师雨师雷神仪》,文渊阁四库全书本第 647 册,上海:上海古籍出版社,2003 年,第 459 页。
② 《法藏敦煌西域文献》,第 22 册,第 294 页。
③ 《英藏敦煌文献(汉文佛经以外部分)》,第 1 卷,第 175 页。
④ 高启安:《旨酒羔羊——敦煌的饮食文化》,第 56 页。
⑤ 安忠义:《敦煌文献中的酒器考》,《敦煌学辑刊》,2008 年第 2 期,第 33—35 页。
⑥ 《英藏敦煌文献(汉文佛经以外部分)》,第 3 卷,第 133 页。
⑦ (唐)徐坚等:《大唐开元礼》卷六九《诸州释奠于孔宣父》,第 355 页。

"饮福"两个环节中使用,即"参军事引刺史诣先圣神座前,西面,跪奠爵","刺史跪取爵,遂饮卒爵,祝进受爵,复于坫"①。

手巾。手巾在祭祀仪式中作用有二:一是献祭者盥手后"帨手"之用。见前述"小床子、碗、勺子"条。二是献祭者洗爵后拭爵之用。如《开元礼》州县释奠礼中记载:"刺史洗爵,执篚者又跪取巾于篚,兴,进刺史拭爵讫。"②也就是说,在传世文献记载的祭祀仪式中至少要两次使用到手巾,但是敦煌文献中记载敦煌社稷、释奠祭祀中所用手巾数量均为一条,既可能是因帨手、拭爵所用为同一手巾,或者是仪式流程有所简化所致。

币帛。敦煌文献中常写作"弊布",弊通"币",《仪礼》曰:"币美则没礼。"郑玄注:"币,谓束帛也。"③束帛就是将帛卷起来,再将此数卷束为一捆,便于摆放和呈送。币帛有黑白两种颜色,州县释奠所用币为白色,《大唐开元礼》中"诸州释奠于孔宣父"载:"礼神之币用白,长一丈八尺。"④而社稷祭祀中所用币为黑色,《唐会要》中"诸州祭社稷仪"载:"社稷之币用皆用黑,各长丈八尺。"⑤此因祭社稷是阴祀,《周礼》:"以血祭,祭社稷、五祀、五岳。"郑玄注:"阴祀自血起,贵气臭也。"⑥而阴祀尚黑,《宋史》载:"币以黑,盖以阴祀之礼祀之也。请用黑币,以合至阴之意。"⑦

锹。在祭祀用品中出现了"锹",一方面有可能是对祭坛进行

① (唐)徐坚等:《大唐开元礼》卷六九《诸州释奠于孔宣父》,第356—357页。
② (唐)徐坚等:《大唐开元礼》卷六九《诸州释奠于孔宣父》,第356页。
③ (清)阮元校刻:《十三经注疏·仪礼注疏》,第1074页。
④ (唐)徐坚等:《大唐开元礼》卷六九《诸州释奠于孔宣父》,第355页。
⑤ (宋)王溥:《唐会要》卷十上《诸州祭社稷仪(诸县祭社稷附)》,第236页。
⑥ (清)阮元校刻:《十三经注疏·周礼注疏》,第758页。
⑦ (元)脱脱等:《宋史》卷一百二《礼五》,第2494页。

修缮之用。比如宋代就曾下诏对州县祭祀活动进行监督和检查:
"州、县社稷及风伯、雨师坛壝,令提点刑狱官先次点检。如有未应
法式,并令依应增改,遇损坏,即令修饰。"①在祭祀仪礼的斋戒阶
段,同样要提前维修祭坛。如州县祭社稷之前需要"先修除坛之内
外"②。另一方面有可能是用来制作瘞坎之用。《新唐书》记载州县
祭祀仪式开端需要制作"瘞坎",瘞坎之制为"方深足容物"③。在祀
典后期,还需取币及血置于坎,并实土半坎,这些过程都需要锹作
为工具。

(二)祭祀仪式中使用的食物

首先就是祭祀用酒。传统祭祀所用之酒,称为"五齐三酒"。
齐与酒,主要是根据酿造的时间长短来判别。李之藻对祭祀中所
用之酒醴作了论述:"太古以明水为礼,其后乃有玄酒。玄酒变而
为泛齐,泛者,滓浮而上泛也。又变而为醴齐,醴者,滓汁相将而一
体也。二者最浊。次则盎齐,盎者,滃滃然葱白色也。又次则缇
齐,缇者,成而红赤色也。又次沈齐,沈者,成而滓沈也。三者差
清。此五者皆酒之始而未可以言酒,但曰剂而已矣。三酒则以饮
矣,给其材故辩其物。事者,方事于精漉也。昔者,久酿而熟也。
清者,澄之而可饮也。祭祀之有五齐,以神事也;有三酒,以人养
也。"④可知,齐的酿造时间短,液体浑浊,而酒的酿造时间长,加以

---

① (宋)李焘:《续资治通鉴长编》卷三四八《神宗》,北京:中华书局,1990年,
   第8360页。
② (唐)徐坚等:《大唐开元礼》卷六十八《诸州祭社稷》,第351页。
③ (宋)欧阳修、宋祁:《新唐书》卷十二《礼乐二》,第326页。
④ (明)李之藻:《頖宫礼乐疏》卷三《五齐三酒》,文渊阁四库全书第651册,
   上海:上海古籍出版社,2003年,第105页。

过滤后液体澄清，故而称酒。

不同的酒配以不同的祭祀等级，实以不同的祭器。在唐宋州县祭祀仪式中，最常出现的两种酒，一为玄酒，二为醴齐。《大唐开元礼》记载州县祭社稷及释奠："各座樽二，一实玄酒为上，一实醴齐次之。"①但敦煌文献仅记载一"酒"字，并不包含类型，可能只用一种酒完成了祭祀礼仪。这种现象并不是敦煌独有的，《太常因革礼》载："古之祭祀，并用五齐三酒，以享鬼神，皆有常职。今齐酒法度不传，凡大中小祀三献，欲止用法酒以代，亦不失国家崇祀之意。"②中央祭祀尚且不遵仪典，州县实行更加没有法度。

肉。在敦煌祭祀仪式中常出现"宍"字，在 S.388《正名要录》中，"宍"字通"肉"，这一用法是唐朝乃至当时日本的流行用法。③虽然《通典》记载："州县社稷、释奠用少牢。"④少牢指用羊和豕作为献祭的牺牲。但是上文已述 S.1725V 的写作时间经高明士及吴丽娱二人推断大致为天宝五载（746）之后，而早在开元十九年（731）正月，唐玄宗就下诏："春秋二时社及释奠，天下州县等停牲牢，唯用酒脯，永为常式。"开元二十二年（734）六月二十八日又敕曰："大祀、中祀及州县社稷，依式合用牲牢，余并用酒脯。"⑤故笔者判断 S.1725V 中的肉可能为肉脯。

馃食。又叫果子，可以视作一种点心类的食品。P.3896V 及 S.

① （唐）徐坚等：《大唐开元礼》卷六十八《诸州祭社稷》、卷六十九《诸州释奠于孔宣父》，第 352—355 页。
② （宋）欧阳修等撰，王云五主编：《太常因革礼》卷十三《五齐三酒》，第 69 页。
③ 高明士：《唐代敦煌官方的祭祀礼仪》，载敦煌研究院编：《1994 年敦煌学国际研讨会文集（宗教文史卷）》，兰州：甘肃民族出版社，2000 年，第 71—72 页。
④ （唐）杜佑：《通典》卷一百六《神位》，第 2767 页。
⑤ （宋）王溥：《唐会要》卷十上《后土》，第 278—279 页。

1725V 中有记载敦煌祭祀中有祭品"馃食两盘子"①。今天在日本，喝茶时的佐餐食物就是"馃子"，连名称、字都没有发生变化。②

黍米。P. 3896V 中写作"季米"，S. 1725V 中写作"黍米"③，季应为"黍"之讹。黍，是中国古代主要粮食及酿造作物，为五谷之一。一般来说，黍米分两种类型，以秆上有毛、偏穗、种子黏者为黍；秆上无毛、散穗、种子不黏者为稷。有白、黄、红诸色。正因为黍、稷的难以辨认，故而在祭礼过程中有"表粢盛"一事。郑玄对"表"的解释是："故书表为剽，剽、表皆谓徽识也。"贾公彦疏："于六粢之上皆为徽识小旌，书其黍、稷之名以表之。余馔不表，独此表之者，以其余器所盛各异，睹器则知其实。此六谷者，簠盛稻、粱，簋盛黍、稷，皆有盒盖覆之，睹器不知其实，故特须表显之也。"④对谷物进行标记，方便于祭祀过程中的位置摆放。

瓜、梨和香枣。枣属于国家规定州、县释奠仪礼中必备的祭品之一，如《大唐开元礼》"诸州释奠于孔宣父"中记载："笾实石盐、干鱼、枣、栗、榛、菱、芡、鹿脯。"⑤可见枣属于干货一类的祭品。不过敦煌文献中记载为"香枣一升"（见 S. 1725V），香枣即沙枣，因沙枣花有香味，故称香枣。据史料记载，香枣为伊州特产。⑥《新唐书》记载："伊州伊吾郡，下，本西伊州，贞观六年更名。土贡：香枣、阴

① 《法藏敦煌西域文献》，第 29 册，第 112 页；《英藏敦煌文献（汉文佛经以外部分）》，第 3 卷，第 133 页。
② 高启安：《旨酒羔羊——敦煌的饮食文化》，第 74 页。
③ 《法藏敦煌西域文献》，第 29 册，第 112 页；《英藏敦煌文献（汉文佛经以外部分）》，第 3 卷，第 133 页。
④ （清）阮元校刻：《十三经注疏·周礼注疏》，第 769 页。
⑤ （唐）徐坚等：《大唐开元礼》卷六十九《诸州释奠于孔宣父》，第 355 页。
⑥ 杜朝晖：《敦煌文献名物研究》，第 269 页。

牙角、胡桐律。"①此外,虽然瓜和梨不属于规定的祭品,但是实际的供品并不要求悉依礼文,网罗所有,而是可以随取易得相类之品代之,故而作为瓜果之乡的敦煌,以瓜和梨为当地所出特产,表示出备物尽诚原则。

通过以上对敦煌文献中祭祀器物的梳理,可以看出地方祭祀仪式基本上能够按照中央礼典流程进行备器与备物,但也有些许不同之处。比如地方政府的祭品主要包括币帛、酒礼、肉脯、粢盛及水果,基本涵盖了所有的祭品品类,但是较为单一,并且其中还有不属于中央礼典规定的香及香炉,体现出地方政府祭祀的民间性和自主性;祭器也用盘、小床子、碗、碟、罍等代替了国家仪制中规定的簋、簠、笾、豆、俎、爵、筐、樽等,表示出地方祭祀仪式相对简化的性质。结合上文所述,唐代虽然将州、县祭祀礼仪列入国家礼典之中,但是却没有以严格政令去管束与执行,因此直到宋代,还常常出现"制不如式"的情况。导致宋代重新按礼制将州、县地方仪制详绘图本,下发并令按此整治,重新整饬地方祭祀,从制度上再一次完善与强化了地方祭祀仪式的实行。

---

① （宋）欧阳修、宋祁:《新唐书》卷四十《地理志》,第 1046 页。

第二章

敦煌归义军与中央朝廷的互动仪式

　　作为建立于晚唐的地方政权，敦煌归义军的统治延续近二百年，其间各地地方政权和中央政权频繁更替，但是归义军却异乎寻常的稳定，其中的原因值得探求。唐末的归义军政权具有藩镇属性，五代、宋初的归义军则成为外邦，实际上其一直奉中央为正朔，因此如何获得不同时期不同中央政权的合法性授予，始终是归义军政权政治路线及统治方略的重大问题。从政治仪式方面来看，想要获得中央的认可，首先需要处理好与中央政权的关系，进奉之仪的重要性不言而喻。而对中央所派出的使节，其接待仪式的处理不仅是上表忠心的途径，也是向地方百姓展示政治合法性的表演。因此，本章以归义军面对不同时期王朝的进奉仪式及接待"天使"仪式为主要研究对象，对仪式背后所体现出的政治目的进行考察。

一、归义军的进奉之仪

　　进奉又称为"贡献"①。"贡"一般指土贡,指中央定期要求地方进贡的方物,在品种、数量以及质量上有一定的要求。而"献"则是指地方官因时或因事而向中央进献的奇珍异物,这种临时的进奉虽无常态,但却是地方与中央互动的一个重要渠道,背后隐藏的是地方政权"悦帝心、固恩泽"的政治目的。尽管从表面上看,"贡"与"献"所代表的是两种截然不同的政治行为,但实际上,由于安史之乱后部分藩镇长期与中央政府处于对立状态,土贡也和进献一样,不再是一种强制性的经济义务,履行与否全看藩镇自身。② 尤其是在唐朝中后期,两者往往无法分别。③ 因此藩镇进奉既包含定时的岁贡,如《旧唐书》载成德节度使:"士真佐父立功,备历艰苦,得位之后,恬然守善,虽自补属吏,赋不上供,然岁贡货财,名为进奉者,亦数十万,比幽、魏二镇,最为承顺。"④又包括临时的进献,如元和七年(812)"魏博节度使田季安进绢五千匹,充助修开业寺"。⑤ 进奉与赐物是王朝秩序中君臣关系缔结的重要环节,因此具有较高

---

① 如"代宗之世,每元日、冬至、端午、生日,州府于常赋之外竞为贡献,贡献多者则悦之。"参见(宋)司马光编著,(元)胡三省音注:《资治通鉴》卷二二六《唐纪四十二》,北京:中华书局,1982 年,第 7280 页。

② 彭文峰:《唐代河朔藩镇进奉浅论》,《唐山师范学院学报》,2005 年第 3 期,第 70 页。

③ 邓慧君:《唐德宗统治时期进奉探析》,《青海师专学报》,1995 年第 4 期,第 27—31 页。

④ (后晋)刘昫等:《旧唐书》卷一四二《王士真传》,第 3877 页。

⑤ (后晋)刘昫等:《旧唐书》卷一五九《崔群传》,第 4188 页。

研究价值。而学界对归义军向中央进奉时的礼仪过程及政治意义的考察，稍显不足，故作此讨论。

（一）进奉使节标准与人员配备

张议潮收复河西故地之后，便遣使奉十一州图籍入长安告捷。[①] 大中五年（851）十一月，唐朝于沙州设归义军，以张议潮为节度使、十一州观察使。[②] 关于归义军遣使进奉过程的传世文献及敦煌文献中，明确记载有使者姓名、官职的资料如下：

（1）"懿宗咸通七年七月沙州节度使张议潮进甘峻山青鹘鹰四联、延庆节马二匹、吐蕃女子二人，僧昙延进《大乘百法明门论》。"[③]

（2）P.3547《乾符五年（878）沙州进奏院上本使》记："当道贺正专使押衙阴信均等，押进奉表函一封、玉一团、羚羊角一角、氂牛尾一角，十二月廿七日晚到院，廿九日进奉讫。……衙前兵马使曹光进……十将……长行。"[④]

（3）P.3518V《张保山邈真赞》记："效壮节得顺君情，念衣冠而入贡。"[⑤]

（4）P.3805《后唐同光三年（925）六月一日宋员进改补充节度押衙牒》记："致使东朝入贡，不辞涉历难岘，亲睹龙颜。"[⑥]

<hr/>

① （唐）杜牧撰，陈允吉校点：《樊川文集》卷二十《沙州专使押衙吴安正等二十九人授官制》，上海：上海古籍出版社，1978年，第305页。
② （宋）司马光编著，（元）胡三省音注：《资治通鉴》卷二四九《唐纪六十五》，第8049页。
③ （宋）王钦若等：《册府元龟》卷一六九《帝王部·纳贡献》，第2034页。
④ 《法藏敦煌西域文献》，第25册，第224—225页。
⑤ 郑炳林：《敦煌碑铭赞辑释》，第506页。
⑥ 《法藏敦煌西域文献》，第28册，第107页。

（5）闵帝应顺元年（934），"闰正月，瓜州入贡牙将唐进，沙州入贡梁行通，回鹘朝贡安摩诃等辞，各赐锦袍银带物有差"①。应顺元年（934）正月，"是月，沙州、瓜州遣牙将各以方物朝贡"②。

（6）S.4398《天福十四年（949）五月新授归义军节度观察留后曹元忠献硇砂牒》记："谨差步军教练兼御史中丞梁再通等，谨随状献，到望俯赐容纳。"③

（7）太平兴国"八年遣都领令狐愿德入贡"④。

（8）"淳化二年，沙洲僧惠崇等四人以良玉舍利来献，并赐紫方袍，馆（管）于太平兴国寺。"⑤

（9）景德"四年（1007）五月，宗寿遣瓜沙节度上司孔目官阴会迁等三十五人诣阙，贡玉团、玉印、乳香、硇砂、橐驼、名马。诏赐锦袍、金带、器币，酬其直。……闰五月，沙州僧正会请诣阙，以延禄表乞赐金字经一藏，诏益州写金银字经一藏赐之"⑥。

（10）"仁宗天圣元年闰九月，沙州遣使翟来著等贡方物，乳香、硇砂、玉团等。"⑦

（11）天圣"九年正月十八日，沙州遣使米兴、僧法轮等，贡珠玉、名马"⑧。

按，阴信均：其官职在 P.3547《乾符五年（878）沙州進奏院上本

① （宋）王钦若等：《册府元龟》卷九七六《外臣部・褒异三》，第 11469 页。
② （宋）王钦若等：《册府元龟》卷九七二《外臣部・朝贡五》，第 11423 页。
③ 《英藏敦煌文献（汉文佛经以外部分）》，第 6 册，第 55 页。
④ （清）徐松：《宋会要辑稿・藩夷五》，北京：中华书局，1957 年，第 7767 页。
⑤ （清）徐松：《宋会要辑稿・藩夷五》，第 7767 页。
⑥ （清）徐松：《宋会要辑稿・藩夷五》，第 7768 页。
⑦ （清）徐松：《宋会要辑稿・藩夷五》，第 7768 页。
⑧ （清）徐松：《宋会要辑稿・藩夷七》，第 7851 页。

使》记为"当道贺正专使押衙"①。押衙最初作为军职出现，在藩镇时代前就在军队中设置，据冯培红研究，押衙原本的职责是押牙旗，但是到了唐代后期发生了变化。随着作为使主亲信这一层关系的加强，押衙开始大量地兼知他官，掌握着藩镇使府内外的实权。② 而押衙也频繁地作为使者，代表归义军政权出使中央及周边少数民族政权，见于 P. 3016《某乙状稿》、S. 1156《进奏院上归义军节度使状》、P. 4640V《己未年至辛酉年（899—901）归义军军资库司布纸破用历》等。

曹光进：条目（2）P. 3547 写于张淮深（867—890）执政时期，文中记曹光进为衙前兵马使。《资治通鉴》卷二一五胡三省注云："兵马使，节镇衙前军职也，总兵权，任甚重。"③归义军时期，归义军节度使府所辖的马步军、地方军镇的军队中，皆设置都知兵马使之职，统领各级军队。都知兵马使下统兵马使和副兵马使若干名。④ 这与条目（2）中所记曹光进以衙前兵马使统帅十将、长行等军职以护卫进奉使节的职能相吻合。曹光进之名又见于 P. 4640V《己未年至辛酉年（899—901）归义军军资库司布纸破用历》："支与押衙曹光进助葬粗纸两帖。"⑤可见在张承奉时期又升任押衙，一直都是归义军的心腹力量。此外，P. 3552《儿郎伟》中还有一位名叫"曹光"⑥的进奏专使，与曹光进之名相似，可能为曹光进省名。P. 4640V

---

① 《法藏敦煌西域文献》，第 25 册，第 224 页。
② 冯培红：《敦煌归义军职官制度——唐五代藩镇官制个案研究》，第 140 页。
③ （宋）司马光编著，（元）胡三省音注：《资治通鉴》卷二一五《唐纪三十一》，第 6877 页。
④ 冯培红：《敦煌归义军职官制度——唐五代藩镇官制个案研究》，第 150—151 页。
⑤ 唐耕耦、陆宏基编：《敦煌社会经济文献真迹释录》第 3 辑，第 257 页。
⑥ 《法藏敦煌西域文献》，第 25 册，第 231 页。

《归义军军资库司布纸破用历》中还有一位"都押衙曹光嗣"[1]，可能为曹光进的兄弟，或可说明曹光进为当地望族。

张保山：据学者研究，条目（3）中张保山的入贡时间大概在张承奉时期（908—909），入贡对象为后梁。[2] 入贡时官职为节度押衙，见 P.4640V《己未年至辛酉年（899—901）归义军军资库司布纸破用历》庚申年（900）九月五日条："奉判，支与押衙张保山画纸三十张。"[3]曹议金时期还有一次明确记载的出使，P.3016《某乙状稿》："沙州使人张保山同知谋杀，却缘张保山以梁幸德都不知闻……"[4]该卷为清泰二年（935）梁幸德等朝贡中原，回归之时于甘凉交界处被杀的证词。[5] 具体官职见杨宝玉、吴丽娱对其转任升迁进行的考察：节度押衙（公元 900 年已在任上）→节度押衙兼新城镇使（公元 901 年六至十月间始任）→左马步都虞候（约公元 909 年以后）→右马步都押衙（约公元 914 年七月以后）→左马步都押衙（约公元 926 或 927 年以后），为朝廷赏赐的最高官衔则是左散骑常侍兼御史大夫。[6] 张保山的履历记载于 P.3518《张保山邈真赞》中：第一，是世家大族（雄门之将，盛族之良）；第二，文武全才，且善于辞令（三端别秀于人伦，六艺每彰于西裔）；第三，政治清明、忠心

---

① 唐耕耦、陆宏基编：《敦煌社会经济文献真迹释录》第 3 辑，第 263 页。

② 杨宝玉：《五代后梁时期的绿洲丝路河西段——据归义军与甘州回鹘入贡活动进行的考察》，刘进宝主编《丝路文明》，上海：上海古籍出版社，2016年，第 126 页。

③ ［日］池田温：《中国古代籍帐研究·录文》，东京：东京大学东洋文化研究所，1979 年，第 609 页。

④ 唐耕耦、陆宏基编：《敦煌社会经济文献真迹释录》第 3 辑，第 265 页。

⑤ 王进玉：《敦煌学和科技史》，兰州：甘肃教育出版社，2011 年，第 198 页。

⑥ 杨宝玉、吴丽娱：《归义军朝贡使张保山生平考察与相关历史问题》，《中国史研究》，2007 年第 4 期，第 59 页。

耿耿(侍历两政,谨专一途);第四,多次承担出使中央的任务(五回奉使,亲入九重)。①

宋员进:出身儒门,早年以果勇有谋为归义军节度使曹议金重用。后出使中原,因功擢升。② 其归义军内部官职在 P. 3805《后唐同光三年(925)六月一日宋员进改补充节度押衙牒》记载为"前子弟"③。子弟属于唐代军队兵员中的一种,主要是官员子弟和部分勋官,他们除了需要具备这一政治身份之外,还需要具备壮龄健康的身体条件,更需要家庭户等较高及相对富裕的经济条件。他们的征发条件是户殷、力强、丁多。子弟和府兵在政治身份上比较接近,但子弟纯由官员子弟和部分勋官所组成。在隶属关系方面,府兵和子弟的差别又很大:府兵自成体系,以卫统府,是中央直接控制的兵员;而子弟则是州刺史统领的兵员,属于地方兵的范畴。④因此,宋员进的身份应与地方官员有关,属于进奉护卫人员,因其功劳被补充为"节度押衙"。可见进奉的人员不仅会得到中央的嘉奖,也会被归义军酌情给予升职,可谓一件美差。

梁行通:学界一般认为即敦煌文献 P.3718《唐故河西归义军左马步都虞候银青光禄大夫左散骑常侍上柱国梁府君邈真赞并序》中的梁幸德。⑤ 根据郑炳林研究,梁幸德的任职历程为:押衙知设使(公元 890—891 年左右)→节度押衙兼都头(公元 907 年左右)→节度押衙兼内亲从都头(曹议金时期)→左马步都虞候(曹议金时

---

① 郑炳林:《敦煌碑铭赞辑释》,第 506—507 页。

② 季羡林主编:《敦煌学大辞典》,上海:上海辞书出版社,1998 年,第 357 页。

③ 《法藏敦煌西域文献》,第 28 册,第 107 页。

④ 孙继民:《敦煌吐鲁番所出唐代军事文书初探》,北京:中国社会科学出版社,2000 年,第 100—120 页。

⑤ 王惠民:《敦煌佛教与石窟营建》,兰州:甘肃教育出版社,2013 年,第 397 页。

期)→左散骑常侍(曹议金时期)。① 邈真赞文中反映出梁幸德:第一,能文能武(韶龄别儁,业该七步之章。弱冠之临,勇伵田韩之策);第二,是归义军节度使的亲信(故得谯王称美,委荐亲从之由。每念功勤,宠附军粮之务);第三,具有多次的出使中央的经验(皇王畅悦,每诏内燕而传杯……奉贡东朝,不辞路间辛苦)。②

令狐愿德:P.2737《癸巳年(993)驼马官善昌状》记载:“先都头令狐愿德将西州去,群上大父驼一头。”③指其以都头之职出使回鹘之事。都头,《资治通鉴》胡三省注曰:“唐之中世,以诸军总帅为都头。至其后也,一部之军谓之一都,其部帅呼为都头。”④可见都头最初是对行军总帅的称呼,后来又演变为对部帅的称呼。至归义军时期,“都头”从督统军队的将帅称谓转变为纯军将官名,加上在归义军时期都头又作为节度使的亲信,多冠以“亲从”“内亲从”等名,并在外交使团中亦充任角色,极为活跃。⑤ 条目(7)又记太平兴国(983)八年都领令狐愿德入贡于宋,可见其有丰富的出使经验。

阴会迁:条目(9)中记载阴会迁的官职为节度上司孔目官。据冯培红研究,孔目官执掌藩镇的财计出纳,征收赋税,核检与之相关的户口、土地,勾押事物以及案牍、专修文字。⑥ 因此,孔目官的工作性质决定了其对藩镇人口、土地情况的熟悉。并且能够熟悉

① 郑炳林:《敦煌碑铭赞辑释》,第 453 页。
② 郑炳林:《敦煌碑铭赞辑释》,第 450 页。
③ 《法藏敦煌西域文献》,第 18 册,第 25 页。
④ (宋)司马光编著,(元)胡三省音注:《资治通鉴》卷二五四《唐纪七十》,第 8254 页。
⑤ 冯培红:《晚唐五代宋初归义军外职军将研究》,《敦煌学辑刊》,1997 年第 1 期,第 52 页。
⑥ 冯培红:《敦煌归义军职官制度——唐五代藩镇官制个案研究》,第 90—91 页。

掌握和精妙运用多种语言文字,如敦煌研究院藏 001 号+敦研 369
+P. 2629《归义军官府酒破历》中,记有"孔目官修西州文字","案
司修甘州文字","供修甘州文字孔目官","案司修西川(州)文字",
"供修于文字孔目官"等。[1]

  归义军进奉使团代表的是地方政权的政治形象,其职责是面
对中央政权,因此只有具备了一定身份和条件,并有较高的业务素
质以及特殊才能的人,才能够担任进奉使团的出使任务,其使节标
准总结如下:

  第一,以归义军统治者的亲信为主。如前所述,归义军所派使
者多为"押衙",有阴信均、张保山、梁行通等人。荣新江认为"押衙
是节度使的亲信,他们出自使府,掌握内外实权,构成归义军政权
的中坚"[2]。归义军政权派出使团花费了较多的人力物力,必然希
望能够得到相应的政治回馈,如果人员混杂,派系分立,如 S. 1156
《唐光启三年(887)进奏院上归义军节度使状》中所记沙州派往中
央的三般专使,内部分成两派,一派以宋闰盈、高再盛为首,不得旌
节,死亦不归;一派以张文彻为首,认为张淮深没什么功劳,应尽早
回乡,不必论节。[3] 进奏使节由于立场不同,就奏请旌节事宜争论
不休,既表现出归义军政权内部的斗争,不利于地方政权政治形象
的塑造,也耽误了使团履行相关政治职能。

  第二,需要对归义军内部情况较为熟悉的官员。除了上述如

① 唐耕耦、陆宏基编:《敦煌社会经济文献真迹释录》第 3 辑,第 272—275
  页。

② 荣新江:《唐五代归义军武职军将考》,载氏著《敦煌学新论》,兰州:甘肃教
  育出版社,2002 年,第 52—64 页。

③ 荣新江:《沙州张淮深与唐中央朝廷之关系》,《敦煌学辑刊》,1990 年第 2
  期,第 10 页。

押衙这样掌握归义军使府实权的官员常作为进奉使节之外,还有像孔目官这样掌握着归义军土地、户籍等情况的官员也常担任使节。藩镇使节可能需要面对皇帝的问答,因此能够良好地汇报出使目的以及反映地方情况是对使节素质的基本要求。

第三,有丰富的出使经验,对使节礼仪以及行路沿途的风土人情、语言文字相对较为熟悉。如都头令狐愿德既负责出使回鹘,也作为使节去中央朝廷,张保山一生中共进奉五次,可见归义军选择使节时较为重视具有专业素养的人。归义军政权地处西陲,想要顺利到达中央,必须与沿路的其他民族政权或藩镇打交道,因此使者也负有沟通、交往之责,像孔目官这样能够书写多种文字的官员,自然也是使节的首选。

第四,归义军时常派遣佛教僧侣为使。[①] 张议潮在收复瓜沙后就曾派遣唐悟真等人进京贡奉河西地图奏表,并受到唐廷的封赐。[②] 上文进奉记录中出现的"僧昙延""僧惠崇""僧正会""僧法轮"等,均说明归义军统辖区域内的高僧颇受统治者的敬重与青睐。这一方面显示出敦煌地方政权中佛教参与政事的常态化,另一方面也是归义军统治者考虑到佛教在中原地区的特殊地位及重要性,便于与崇奉佛教的中央统治者进行沟通与交流。

第五,归义军所遣使节中有部分为保卫人员。条目(2)中乾符五年(878)张淮深派往中央进奉的人员有二十九人,条目(9)中景德四年(1007)五月曹宗寿派出的使节团有三十五人。尽管遣使的人数较多,但并不是所有人都能够前往中央,有的使者在到达灵州

---

① 李正宇:《8—11 世纪敦煌僧人从政从军》,《敦煌学辑刊》,2007 年第 4 期,第 52—53 页。

② 苏金花:《从"方外之宾"到"释吏"——略论汉唐五代僧侣政治地位之变化》,《敦煌学辑刊》,1998 年第 2 期,第 111 页。

之后就勒住不前。条目（2）中衙前兵马使八人，十将五人，还有长
行十三人，均停驻在灵州，这与其军将身份有关。此外，条目（4）中
的"子弟"、条目（5）中的"牙将"也属于军将系统。究其原因，一方
面可能是朝贡物品较多，需要人员负责搬运，另一方面，军将要对
贡品进行保卫，在其职责达成之后便就地等待，不再前行。

（二）由 P.3547 号看进奉的仪式流程

敦煌本 P.3547《乾符五年（878）沙州进奏院上本使状》（以下简
称 P.3547）作为进奏院向本道报告进奉过程的书状，为我们展现了
归义军进奉使团的朝贡过程。现录文于下：

> 上都进奏院。状上。当道贺正专使押衙阴信均等，押进
> 奉：表函一封、玉一团、羚羊角一角、犛牛尾一角，十二月廿七
> 日晚到院，廿九日进奉讫。谨具专使上下共廿九人，到院安
> 下，及于灵州勒住人数，分析如后：一十三人到院安下：押衙阴
> 信均、张怀普、张怀德、衙前兵马使曹光进、罗神政、刘再升、邓
> 加兴、阴公逐、阴宁君、翟善住、十将康文胜、长行王养养、安再
> 晟。一十六人灵州勒住：衙前兵马使杨再晟、十将段英贤、邓
> 海君、索赞忠、康叔达、长行一十一人。一、上四相公书启各一
> 封、信二角。王相公、卢相公不受，并却分付专使阴信均讫。
> 郑相公就宅送受将讫。一厅阙，其书信元在阴信均处。一、奏
> 论请赐节事，正月廿五日奉。敕牒，宜令更详前后。诏敕处分
> 者其敕牒一封，谨封送上。一、贺正专使押衙阴信均、副使张
> 怀普等二人，正月廿五日召于三殿对设讫。并不赴对及在灵
> 州勒住军将长行等，各赐分物锦彩银器衣等。押衙三人：各十

五匹,银碗各一口,熟线绫绵衣各一副。军将十三人:各一十四,银屈厄各一枚,扬绫绵衣各一副。长行十三人:各五匹,绝绵衣各一副。一、恩赐答信及寄信分物等。尚书答信物七十四,寄信物五十四,衣一副,银檛一具,银盖碗一具,敕书一封。判官一人,都押衙一人,各物廿匹,衣一副,银碗一口。军将一十八人内,五人各一十五匹,衣一副。五人各一十四匹,衣一副。八人,各七匹。已上赐物二月十六日于客省请领到院元有皮袋盛,内记木牌子,兼有司徒重印记全。一、赐贺正专使阴信均等上下廿九人,驼马价:绢,每人各册三匹三丈三尺三寸,三月廿一日。请领讫。南公佐状一封。右谨具如前。其敕书牒并寄信匹段,并专使押衙阴信均等押领。四月十一日发离院讫。到日伏乞准此申上交纳,谨录状上。牒件状如前,谨牒。①

这件文书现存于法国巴黎图书馆,年代模糊不可辨识。张国刚根据王、郑、卢三姓宰相任职情况,将书写时间定为乾符五年,即公元878年。② 吴震进一步将时间界定在乾符四年末(877),归义军贺正专使抵达长安,并于五年(878)四月离开长安返回沙州。③ 该状的主要内容是沙州归义军派驻京城长安的进奏院向本道节度使张淮深奏论其所派遣的贺正专使阴信均等一行人在长安的具体活动情况。

第一,准备进奉所押表函、贡物是其进奉仪式的首要环节。P.

---

① 《法藏敦煌西域文献》,第 25 册,第 224—225 页。
② 张国刚:《唐代藩镇研究》,第 182 页。
③ 吴震:《P.3547〈沙州归义军上都进奏院上本使状〉试析》,载氏著《吴震敦煌吐鲁番文书研究论集》,上海:上海古籍出版社,2009 年,第 109 页。

3547 中提到贺正专使"进奉：表函一封、玉一团、羚羊角一角、犛牛尾一角"[①]。在归义军进贡物品的时候，是需要附上表状的。敦煌文书中没有此类完整的表状，但是相关的文书确有一些。P.4093《甘棠集》卷一中有《端午进马并鞍辔状》《寿昌节进马并鞍辔状》，内容有"轻渎宸扆，不任战越之至""轻渎宸扆，无任兢惶"[②]等语，宸扆乃帝廷代称，正是地方藩镇对皇帝四时进奉所上之状文。这些状文写作时间在大中八、九年前后，是刘邺代使主陕虢观察使高少逸所作。[③]赵和平认为这些表状存于藏经洞中表示当时敦煌人需要以其作为实用范本撰写表状。[④]表状形式又可见于宪宗元和年间（806—820）福建观察使裴次元所写《贺正进物状》：

> 右，臣伏以青阳发春，肇宝历于兹始；元穹降祚，仰圣寿而维新。正殿向明，班行承庆。顾臣等守土，列在东隅。空怀捧日之心，望云何及；独阙称觞之礼，鸣佩无因。瞻九重而在天，空倍情而增恋。前件物及衫段宣台卓座等，礼不惮轻，物斯展敬。节当有庆，用申致贡之诚；情苟为珍，愿比负暄之献。臣某不胜感恩，忭跃屏营之至。[⑤]

此类表状往往先从节气、祥瑞等方面称赞皇帝"天人合德"，进而称自己"瞻九重而在天，空倍情而增恋"，表达对皇帝的崇拜和感

---

① 《法藏敦煌西域文献》，第 25 册，第 224 页。
② 赵和平：《敦煌表状笺启书仪辑校》，江苏：江苏古籍出版社，1997 年，第 7 页。
③ 赵和平：《敦煌表状笺启书仪辑校》，第 53 页。
④ 赵和平：《敦煌表状笺启书仪辑校》，第 52 页。
⑤ （清）董诰等：《全唐文》卷六一一《裴次元》，北京：中华书局，1983 年，第 6174 页。

谢,接着介绍所进贡物的用意,最后表达自己诚挚的心意和对皇帝的祝福。

除礼节性公文外,使节还会为地方官员代上事务表文。如《宋会要辑稿》:"十月,延禄遣使上表,请以圣朝新译诸经,降赐本道。"①即使节替曹延禄上表祈求新经。P.3547 中谈到沙州贺正使此次进奉还有向朝廷奏论赐节事宜的重要目的。那么进奉使节相应地应该携带有敦煌归义军节度使的奏论表文。可见进奉礼仪也是地方官员上达天听的途径之一。文书中称进奉使节带回"敕牒一封",正是中央关于赐节之事的最新指示。

至于贡品的选择,自然是精挑细选。归义军地处西域边陲之地,物资匮乏,P.4638V《权知归义军节度兵马留后守沙州长史曹仁贵状》所记:"伏以碛西遐塞,戎境枯荒;地不产珍,献无奇玩。前物等并是殊方所出,透狼山远届敦煌;异域通仪,涉瀚海来还沙府。"②说明其贡物多来自异域。因此归义军的进奉物品常常也见于回鹘及其他西部蕃国进贡的物品中,同具河西、西域特色。其贡品大致可以分为四类(表 2-1):

表 2-1　归义军进奉物品一览

纺织类	药物类	动物类	实用类
波斯锦、茸褐、安西白氎、毑褐、宝毡、褐斜、花蕊布	羚羊角、碙砂、金星矾、生黄、雄黄、胡桐泪、大鹏沙、琥珀、乳香	名马、橐驼、甘峻山青岐鹰	玉团及玉质饰品(玉鞍鞴、白玉符、白玉狮子环、玉带、玉碗、玉圭、玉挝等)、真珠、犛牛尾、波斯国红地松树、金刚杵、舍利

---

① (清)徐松:《宋会要辑稿·藩夷五》,第 7767—7768 页。

② 《法藏敦煌西域文献》,第 32 册,第 235 页。

余欣指出,河西的玉产地主要是于阗,碙砂则来自龟兹,犛牛尾可能来自吐蕃或吐谷浑。[①] 其他的诸多贡品如波斯锦、安西白氎、波斯国红地松树等物均由外地转运而来,考其来源地,一般认为来自西域、中亚及欧洲各地,因此,此时的敦煌可能已经成为了丝路贸易的中转站。

第二,向朝官赠送物品,进行政治沟通,寻求政治支持。除向皇帝表示敬意之外,进奉过程中接触到的朝官权要,也是归义军使节疏通关节的重要对象。如前引 P. 3547 中"上四相公书启各一封、信二角"[②],这里的书启当为张淮深向宰相所上之贺正启,信则指礼品、礼物。[③] S. 1156《光启三年(887年)沙州进奏院上本使状》中也提到张淮深派出的三般专使"(二月)廿日,参见四宰相、两军容及长官,兼送状启、信物"[④]。再如 S. 4398《后汉天福十四年(949)五月曹元忠献碙砂状》记:"碙砂壹拾斤,右件砂,诚非异玩,实愧珍纤,冒渎台严,无任战越之至。"[⑤]从状文的内容来看,"台严"应该是指中原王朝宰相或者某节度使。[⑥] 这反映出归义军使节在进奉过程中往往赋有拉拢中央朝臣关系的政治使命。

中央朝臣对归义军请求旌节的政治目的肯定具有支持作用。P. 3547 中进奉使节还携带回"南公佐状一封"[⑦],张国刚认为南公

---

① 余欣:《中古异相:写本时代的学术、信仰与社会》,第278—292页。
② 《法藏敦煌西域文献》,第25册,第224页。
③ 张小艳:《敦煌书仪语言研究》,北京:商务印书馆,2007年,第367页。
④ 唐耕耦、陆宏基编:《敦煌社会经济文献真迹释录》第4辑,第370页。
⑤ 《英藏敦煌文献(汉文佛经以外部分)》,第6册,第55页。
⑥ 杨宝玉、吴丽娱:《归义军入奏活动中的贡品进奉与礼物馈赠》,黄正建主编《隋唐辽宋金元史论丛》,上海:上海古籍出版社,2013年,第86页。
⑦ 《法藏敦煌西域文献》,第25册,第225页。

为复姓，所指为归义军派往长安的进奏官。[①] 但吴震认为，南公指当时的宰相王铎，南公佐即王铎属吏，而南公佐状则是王铎属吏就请赐旌节一事给归义军节度留后张淮深的书状。[②] 如果吴震所论正确，那么归义军进奉时送给王铎的礼虽然被拒，但是却疏通了王铎属吏，获取了朝廷内部的政治情报，是此次进奉的重要收获。

第三，归义军使节远道而来，皇帝往往会安排奏对，以示恩渥。P.3547 描述了在进奉之后，归义军使节获得与皇帝奏对的殊荣："贺正专使押衙阴信均、副使张怀普等二人，正月廿五日召于三殿对设讫。"[③]对，为引对；设，为设宴。三殿为唐代大明宫麟德殿[④]的别名。皇帝常在麟德殿召见和赐宴地方使者，如大和九年（835）正月，文宗"对贺正使于麟德殿。既退，复召诸道判官孔温质、李暨、苗恽等九人，问以出身所繇，词学所工，德音诲勉至于再三，各别赐綵绢十匹"[⑤]。

使节见到皇帝时需先问起居。P.3961《新集书仪》中有《奉差入奏及诸道充使》，即为藩镇使人入奏的口头用语。其中《初对圣

---

① 张国刚：《唐代藩镇研究》，第 183 页。

② 吴震：《P.3547〈沙州归义军上都进奏院上本使状〉试析》，第 109 页。

③ 《法藏敦煌西域文献》，第 25 册，第 224 页。

④ 《南部新书》卷三记："麟德殿三面，亦谓之三殿。"麟德殿位于大明宫太液池之西的高地上，是唐朝皇帝赐宴群臣的重要场所，《长安志》载"凡内宴（宴）多在于此殿"。这里既是皇帝宴见群臣、外国及少数民族使者，也是皇帝观看乐舞百戏、做佛事、办道场的重要场所。参见（宋）钱易撰，黄寿成点校：《南部新书》，北京：中华书局，2002 年，第 36 页；（宋）宋敏求撰，辛德勇、郎洁点校：《长安志》卷六《宫室四》，西安：三秦出版社，2013 年，第 241 页。

⑤ （宋）王钦若等：《册府元龟》卷一百五十八《帝王部·诚励三》，第 1912 页。

人起居》载："臣等起居圣躬万福。"并同时附上《本道节度使起居》："臣离本道日，厶州厶军节度使某甲。附臣起居圣躬万福。"①可见使人还需代长官节度使敬问皇帝，道祝福语。

其后，皇帝会问使人一些关于当地的问题，并给予相应的赏赐。如《续资治通鉴长编》记载："戊午，甘州回鹘可汗与于阗国王及瓜、沙州皆遣使来贡方物。先是，沙门道圆出游西域二十余年，于是，与于阗朝贡使者俱还，献贝叶经及舍利。癸亥，上召见之，问其山川道路及风俗。一一能记，上喜，赐以紫衣及金币。"②皇帝问道圆其所经过的山川道路及风俗，并赐物奖赏。敦煌文书 P.3718《梁幸德邈真赞》中也记载皇帝赏宴归义军使的事件："故得皇王畅悦，每诏内燕而传杯；宜依复还，捧授奇琛而至府。"③是说归义军使者梁幸德面奏皇帝之时，因表现出色而获得赐宴与奖赏。

最后，使节辞别皇帝有一套赞拜之仪。P.3449＋P.3864《刺史书仪》中有《朝见记事》一首："初拜，两拜，拜后舞蹈，舞蹈后又三拜，拜后不出班。圣躬万福，又两拜出班。致词：臣厶等得替归阙，获面天颜，臣无任瞻天荷圣激切屏营之至。致辞后又拜，三拜便出。"④

第四，进奉贡品之后，归义军使节需领取中央回赐的物品。P.3547 中写道："已上赐物二月十六日于客省请领到院，元有皮带盛，内记木牌子，兼有司徒重印记全。"⑤地方进奉使节的回赐在中央由客省负责发放，《职官分纪》称："五代，梁有客省使，国朝因之，掌四

---

① 周绍良主编：《全唐文新编》第 5 部第 1 册，长春：吉林文史出版社，第 12297 页。
② （宋）李焘：《续资治通鉴长编》卷六《太祖》，北京：中华书局，1979 年，第 161 页。
③ 郑炳林：《敦煌碑铭赞辑释》，第 450 页。
④ 赵和平：《敦煌表状笺启书仪辑校》，第 197 页。
⑤ 《法藏敦煌西域文献》，第 25 册，第 225 页。

方进奏及四夷朝贡,牧伯朝觐,赐酒馔、饗饩,宰相、近臣、禁将、军
校节仪、诸州进奉使赐物、回诏之事。"①进奏院是藩镇设在京城的
办事处,负责领取赐物。张国刚对唐代进奏院的职能进行了概括:
第一,是地方政权的各类使者的落脚点。第二,是中央和地方政令
的中转站。第三,朝廷和地方的各类情报信息由它收集和传递。
第四,诸如上交贡赋、经营汇兑等各种业务,由进奏院办理。到了宋
代,朝廷以京官为进奏官院监官,隶属于给事中,后隶属于门下后省,
使其被控制在中央手中,成了一个纯粹的传递公文的机关。②

　　唐朝对进奉使团的回赐,一般按照其职级的高低排定。如 P.
3547 的《上都进奏院状》记录了以阴信均为首的贺正使团 29 人的
活动,使团由押衙 3 人、军将 13 人、长行 13 人组成。所赐绢物之等
差为:押衙 15 匹,军将 10 匹、长行 5 匹,由高到下排列,显示出回赐
与受物者的政治地位和权力的相关性。

　　另外,又赐予前来进奉人员"驼马价绢",每人"三匹三丈三尺
六寸",估计是给地方使者来朝所骑驼马的购买、磨损或者死亡的
价值补偿。

(三)进奉的政治目的

1. 四节进奉

　　唐代以降,中央要求地方藩镇在元正、端午、冬至、降诞四个重
大的节日向中央进奉财物以示孝敬之心,合称为四节进奉。其名
始于永泰二年(766)十月诸道节度为唐代宗祝贺生日,"进献珍玩、

---

① 　(宋)孙逢吉:《职官分纪》卷四四《客省使、副使》,北京:中华书局,1988 年,
　　第 815 页。
② 　张国刚:《唐代藩镇研究》,第 128 页。

衣服、名马二十余万计,以陈上寿。自是岁以为常"①。胡三省注称:"自代宗迄于五代,正、至、端午、降诞,州府皆有贡献,谓之四节进奉。"②

咸通七年(866)唐懿宗诞节之时,归义军节度使张议潮进奉"甘峻山青骹鹰四联、延庆节马二匹、吐蕃女子二人"③。正是遵守唐中央四节进奉的规定。前引 P.3547《唐乾符四、五年(877—878)归义军上都进奏院状》中称归义军遣往中央的使者为"贺正专使",实际是借贺正之名前去申请旌节的授予,利用了贺正礼仪所含有的"臣属"的政治意义,不失为一种良好的政治策略。这也表明归义军政权虽然在政治上处于割据状态,但是并不能完全摆脱中央权威而存在,如李德裕所言:"河朔兵力虽强,不能自立,须借朝廷官爵威命以安军情。"④

五代时期,归义军采取了灵活的多边进奉策略。一方面向中原王朝行贺正之仪。检索史籍,归义军分别于同光四年(926)正月⑤、长兴二年(931)正月⑥、长兴三年(932)正月⑦以及应顺元年(934)正月⑧向后唐进奉,从时间上来看,归义军应该是行使了贺正

---

① (宋)王钦若等:《册府元龟》卷二《帝王部·诞圣》,第 22 页。
② (宋)司马光编著,(元)胡三省音注:《资治通鉴》卷二二六《唐纪四十二》,第 7280 页。
③ (宋)王钦若等:《册府元龟》卷一六九《帝王部·纳贡献》,第 2034 页。
④ (宋)司马光编著,(元)胡三省音注:《资治通鉴》卷二三八《唐纪六十四》,第 8010 页。
⑤ (宋)王钦若等:《册府元龟》卷一六九《帝王部·纳贡献》,第 2036 页。
⑥ (宋)薛居正等:《旧五代史·唐书十八·明宗纪第八》,北京:中华书局,1976 年,第 575 页。
⑦ (宋)王钦若等:《册府元龟》卷九七二《外臣部·朝贡五》,第 11423 页。
⑧ (宋)王钦若等:《册府元龟》卷九七二《外臣部·朝贡五》,第 11423 页。

之仪。另一方面,由于与中原王朝道途阻隔,难以通使,归义军又不得不与强大的辽朝建立联系,以保太平。《辽史》记载了归义军曾于永宁节和端午节向辽朝进奉,"冬十月庚辰朔,皇太后永宁节,晋及回鹘、敦煌诸国皆遣使来贡"①、"五月庚午,以端午宴群臣及诸国使,命回鹘、敦煌二使作本俗舞,俾诸使观之"。② 正是通过多方的进奉,归义军稳固了自身的政治地位。

2. 易代进奉

易代进奉指节度使权力更迭之时,继任节度使将之前的税收收入纳入朝廷内库的一种进奉形式。《旧唐书》载:"节度观察交代,或先期税入以为进奉。然十献其二三耳,其余没入,不可胜纪。此节度使进奉也。"③可见,节度使发生更换的时候,以向中央进行进奉来表示新政治节点的开始,但是节度使不会将之前的税收收入都纳入中央,而是自己留存极大的部分,是其政治独立性的展现。

前代节度使去世后,归义军也会向中央告哀,同时进奉。如 P. 3827＋P. 3660《权归义军节度兵马留后曹延禄上表》正是曹延禄向宋朝廷的上表:"开宝七年六月六日,臣父薨亡。臣兄瓜州防御使、金紫光禄大夫、检校司徒、兼御史大夫、上柱国、谯县开国男、食邑三百户恭,充归义军节度兵马留后。寻便差臣权知瓜州军州事,充归义军节度副使。至 _____。"④此表是曹延禄遣使向中央告知其父兄薨逝的表状。其中曹延禄称自己为"归

---

① (元)脱脱:《辽史》卷三《太宗本纪上》,北京:中华书局,1974 年,第 41 页。
② (元)脱脱:《辽史》卷四《太宗本纪下》,第 47 页。
③ (后晋)刘昫等:《旧唐书》卷四十八《食货志》,第 2088 页。
④ 唐耕耦、陆宏基编:《敦煌社会经济文献真迹释录》第 4 辑,第 412 页。

义军节度兵马留后"而不是之前的"归义军节度副使"，可见已继任曹延恭之位。[①]

以不正当手段取得节度使继任权的曹宗寿也曾遣使入贡汇报政权变更，并请旌节。[②]《续资治通鉴长编》记载："宗寿遣牙校阴会迁入贡，上表言延禄等谋害臣，臣奔瓜州。缘军民苦延禄之政，遂相率围沙州，延禄、延瑞即自杀。众迫臣统领兵马，权留后事及遣弟宗文权知瓜州，求赐旌钺。朝廷以其地本羁縻，务在抚怀，乃授宗寿归义节度使。"[③]这一记录显示曹宗寿用托词掩饰自己杀害曹延禄与曹延瑞的事实，但宋廷昏弱，无暇西顾，只能无奈任命其为节度使。

3. 求、谢赐旌节

皇权统摄下的地方藩镇隶属于中央，各个藩镇的节度使需要得到中央的认可，才能够被视为"正统"，得到庇护的藩镇权力才能正常运行，同时藩镇也需向皇权履行义务。那么这一权力合法性授予的关键性象征，就是旌节。如《旧唐书》记载："天宝中，缘边御戎之地，置八节度使。受命之日，赐之旌节，谓之节度使，得以专制军事。行则建节符，树六纛。外任之重，无比焉。"[④]

P. 3547 中提到押衙阴信均等人于正月献贡物，明确说明其任务是"奏论请赐节事"[⑤]。由于处于四面环敌的不利地理区位，归义

---

① 荣新江：《归义军史研究——唐宋时代敦煌历史考索》，上海：上海古籍出版社，1996 年，第 124 页。

② 宋咸平五年(1002)，曹氏政权内部发生政变，曹宗寿推翻了归义军节度使曹延禄和其弟瓜州防御使曹延瑞的统治，宗寿权知留后，其弟宗允权知瓜州，并向宋廷进奉请求旌节。参见冯培红：《敦煌的归义军时代》，第 426 页。

③ (宋)李焘：《续资治通鉴长编》卷五十二《真宗》，第 1147 页。

④ (后晋)刘昫等：《旧唐书》卷四十四《职官三》，第 1922 页。

⑤ 《法藏敦煌西域文献》，第 25 册，第 224 页。

军对旌节所象征的地方统治合法性非常看重。因此,奏请旌节是归义军使节前往中央的重要政治任务,而进奉则是达成该任务的重要政治手段之一。又如《宋会要辑稿·藩夷五》记:"议全(金)遂领州务,后唐同光年中又来修贡,即授归义军节度。议全(金)卒,子元忠嗣,周显德二年来贡,自称留后,世宗命以节度使检校太尉同中书门下平章事铸印赐之。"①可见,归义军政权在发生易代后进奉,也是为了求赐旌节。

在得到中央授予的旌节之后,归义军往往会继续进奉以感谢中央,以期建立一个长久的政治关系网络。如《册府元龟》记:"沙州节度使曹议全(金)进谢赐旌节官诰,玉鞍马二、玉团、碙砂、散玉鞍辔、铰具、安西白氎、胡锦、雄黄、波斯国红地树、眊褐、胡桐泪、金星举、大鹏沙。"②

4. 经济贸易往来

进奉带给藩镇的利益远高于自身付出的财富,若将藩镇进奉视为投资行为,其热衷进奉的原因不难理解,即在于其高性价比。前述 P.3547 中归义军带往中央的只有"玉一团、羚羊角一角、牦牛尾一角",但是却得到了中央给节度使和归义军高级官员的"恩赐答恩及寄信分物等"、使团成员的"驼马价绢"、"军将、长行等各赐分物锦彩银器等"。③ 而藩镇节度使的贡物经常是通过权力的便利攫取的,如 P.3440《丙申年三月十六日见纳贺天子物色历》详细地记载了归义军节度使曹延禄为了向皇帝进奉而收受地方官员丝织品的情况,据前贤研究,这些丝织品是为了筹办贺天子活动而缴纳

---

①　(清)徐松:《宋会要辑稿·藩夷五》,第 7767 页。
②　(宋)王钦若等:《册府元龟》卷一六九《帝王部·纳贡献》,第 2036 页。
③　《法藏敦煌西域文献》,第 25 册,第 224 页。

的资费。① 节度使自身的利益未受到较大损害,却可以通过进奉获取额外的经济价值。

归义军往往会主动乞要皇帝可能施加的赏赐,可见其进奉的经济目的性之强。《宋会要辑稿》载:"宗寿遣瓜沙州节度上司孔目官阴会迁等三十五人诣阙,贡玉团、玉印、乳香、碙砂、骆驼、名马。诏赐锦袍、金带、器币酬其直(值)。仍降敕书示谕所乞药物、金箔量赐之。"②"酬其值"证明进奉和回赐已有物资交换之意,而归义军的求乞超过了进奉的价值,所以只能"量赐之"。收到赐物后需上表谢恩,并进谢赐物、旌节的贡品。如《宋史》记载归义军曹贤顺:"乞金字藏经洎茶、药、金箔,诏赐之。至天圣初,遣使来谢,贡乳香、碙砂、玉团。"③

除了通过回赐得到中原的物资之外,归义军似还通过中央设置的"和市"与中央朝廷进行贸易。《册府元龟》记同光四年"二月,沙州曹议全(金)进和市马百匹、羚羊角、碙砂、犛牛尾,又进皇后白玉符、金青符、白玉狮子指环、金刚杵。瓜州刺史慕容归盈贡马"④。其中"和市"⑤二字,指唐朝时朝廷设置了专门主管对外贸易的机

---

① 杨宝玉、吴丽娱:《归义军入奏活动中的贡品进奉与礼物馈赠》,第 82 页。

② (清)徐松:《宋会要辑稿·藩夷五》,第 7768 页。

③ (元)脱脱等:《宋史》卷四九〇《外国六》,第 14124 页。

④ (宋)王钦若等:《册府元龟》卷一六九《帝王部·纳贡献》,第 2036 页。

⑤ 《通雅》:"唐百官志,金部掌和市之事。"金部源于三国魏国所置尚书金部郎,唐朝则隶属于户部,《旧唐书》称其掌"天下库藏钱帛出纳之事,颁其节制而司其簿领"。《旧唐书》中有:"回纥恃功,乾元之后,屡遣使以马和市缯帛,仍岁来市。以马一匹,易绢四十匹,动至数万马。""和市"是说回纥用马匹与唐换取缯帛,唐朝不堪其扰之事。参见(明)方以智:《通雅》,北京:中国书店,1990 年,第 331 页;(后晋)刘昫等:《旧唐书》卷四三《职官二》,第 1827 页;卷一九五《回鹘》,第 5207 页。

构,由金部负责,而诸军州也于此与中央朝廷进行贸易。荣新江认为,曹议金在征服甘州后,马上派出了两批带着奇珍异宝的使团入使中原,表明了位于丝绸之路上的沙州归义军政权希望与中原王朝进行贸易的愿望,出兵甘州,也具有争夺丝路上中转贸易权的意义。①

　　综上所述,归义军政权虽然在政治上处于割据状态,但是并不能完全摆脱中央权威而存在,尽管其与中央王朝在地理位置上相距较远、道路难通,但是在政局变动异常的时代,归义军却始终保持着与中央政权的进奉关系,重视人员的选派,履行了作为地方政府的礼仪责任,并在整个礼仪过程中,明确了地方政权与中央政权之间的君臣关系,维护了相应的政治秩序。

　　同时,这种有规律的进奉关系,能够使归义军政权获得许多经济以及非经济的利益(如"权力""地位""社会声望"等),其带来的政治意义远大于内部的经济损耗。特别是政治合法性的授予,一方面是由于归义军内部矛盾重重,骄兵悍将随时威胁着节度使的生存。如得不到中央政府的"官爵威命",节度使的统治就名不正,言不顺,这时往往会发生兵变,节度使或被杀,或被囚,或被逐。要维持自身的统治,藩镇节度使必须获得中央政府的认可,给自身的统治披上合法的外衣。另一方面,归义军周边强敌林立,又曾与于阗和回鹘发生过较大规模的战争,需要中央王朝作为其政治靠山,保证其政局的稳固。

　　此外,归义军政权在维持与中央王朝的礼仪交往,上表忠心的同时,积极地采取各种政治活动,在进奉过程中不忘拉近与周边少数民族政权、其他藩镇、中央权臣和皇帝的关系,特别是采取了灵

---

① 荣新江:《华戎交汇——敦煌民族与中西交通》,兰州:甘肃教育出版社,2008 年,第 133 页。

活的多边交往策略，既臣服于宋，也进奉于辽，使其在波谲云诡的政治局势中获得了较好的生存环境。相对于前期注重政治回馈而言，归义军后期的进奉活动更加偏向于经济目的，这说明归义军政权的进奉活动保有非常强烈的政治独立性。

二、归义军接待"天使"仪礼

"天使"是地方政权对中原朝廷使者的称谓，缘何会被称作"天使"，据《资治通鉴》胡三省注云："朝廷所遣，谓之天使。盖谓君，天也；君之所遣，犹天之所遣也。"①君王谓之天，君王所遣使者即谓之天使。天使代表的是君王的意志，因此，如何处理接待天使的问题，也就是如何维护与中央王朝政治关系的问题。特别是归义军政权成立于晚唐，通过奉中原正朔来维持自己的政治势力，到五代之时，因地盘蹐促、强邻环视，加之张承奉成立金山国之举，促成了后期曹氏归义军"上奉朝旨"的地区治理方略。独特的地理环境、复杂的民族关系和时代特性，促成了归义军政权的政治性格。从敦煌文书中大量的遣使进奉记录可以看出，归义军对旌节求之若渴，而天使西来不管是否授予旌节，也往往会通过各种宣传成为其节度使更改称号、稳定政局的政治手段。

对归义军政权的研究，学界多侧重于政治结构、民族宗教、军事体制、社会民俗等方面，但是对其政治合法性的来源及宣示的研究并不多见，管见所及，有余欣对归义军时期符瑞与政治关系的系统研究，他认为符瑞集中出现于归义军史上四个起承转合的关键

---

① （宋）司马光撰，（元）胡三省音注：《资治通鉴》卷二三〇《唐纪四十六》，第7406页。

阶段,发挥了塑造权力正统、强化内部政治结构、凝聚族群认同的重要作用。① 另外聂顺新以张氏归义军为考察中心,阐述了藩镇如何利用唐朝原设官寺的政治象征意义以及举行国忌行香仪式来构建自己统治的合法性。②

　　本节以 P.3773V《凡节度使新受旌节仪》为分析主体,该文书所记为唐、五代节度使受旌节仪式之制,③以时间为顺序,完整地叙述了当时节度使出迎天使、受旌节、相识天使的仪式流程,极具价值。该文书内容因正史中记载较少而敦煌文书所记又较零散,所以并未得到相应重视。学界往往将此仪式同莫高窟第 156 窟《张议潮统军出行图》作比较研究,例如陈祚龙《敦煌古钞〈凡节度使新授旌节仪〉残卷校释》④、暨远志《张议潮出行图研究——兼论唐代节度使旌节制度》⑤、李正宇《归义军乐营的结构与配置》⑥、朱晓峰《〈张议潮统军出行图〉仪仗乐队乐器考》⑦、陈明《张议潮出行图中的乐舞》⑧等,

①　余欣:《符瑞与地方政权的合法性构建:归义军时期敦煌瑞应考》,《中华文史论丛》,2010 年第 4 期,第 326—378 页。

②　聂顺新:《佛教官寺与中晚唐半独立藩镇的政治合法性构建——以田氏魏博和张氏归义军为中心的考察》,《西北民族论丛》,2018 年第 1 期,第 111—129 页。

③　暨远志:《张议潮出行图研究——兼论唐代节度使旌节制度》,《敦煌研究》,1991 年第 3 期,第 31 页。

④　陈祚龙:《敦煌古钞〈凡节度使新受旌节仪〉残卷校释》,载氏著《敦煌学海探珠下》,台北:台湾商务印书馆,1979 年,第 246—268 页。

⑤　暨远志:《张议潮出行图研究——兼论唐代节度使旌节制度》,第 28—40 页。

⑥　李正宇:《归义军乐营的结构与配置》,《敦煌研究》,2000 年第 3 期,第 73—79 页。

⑦　朱晓峰:《〈张议潮统军出行图〉仪仗乐队乐器考》,《敦煌研究》,2015 年第 4 期,第 25—34 页。

⑧　陈明:《张议潮出行图中的乐舞》,《敦煌研究》,2003 年第 5 期,第 51—54 页。

均认为两个仪式有相通之处。诚然，在这两个仪仗中有一些元素相同，但是由于两者的政治目的不同，应属于两种不同的仪式。因此本节拟在梳理归义军时期相关史料的基础上，结合正史中关于天使到诸州宣抚、慰劳等仪式的记载，展开对地方政权接待天使仪程的史实研究，从地方政权的视角分析该仪程的政治意义，或许能够在一定程度上弥补宏观认识的不足。

（一）P.3773V《凡节度使新受旌节仪》内容考析

敦煌写本 P. 3773V《凡节度使新受旌节仪》（以下简称 P. 3773V）为我们提供了天使西来归义军的迎接过程，与正史的记载相互补足，可以大致描绘出其仪式面貌。兹录原卷如下：

> 天使押节到界，节度使出，先引五方旗，后鼓、角、六纛，但有旗、幡，不得欠少弓箭。衙官三十，银刀官三十，已上六十人，并须衣服鲜净，锦落（络）缝褊子，卢白（帕）头。五十大将引马，主兵十将，已上并须袴奴（帑）、袜（抹）额、玲珑、缨弗（拂）、金鞍鞯，鲜净，门枪、豹尾。梻车、鼓架。马骑、射鹿子人，并须奴（帑）、末（抹）、婴弗（缨拂）、玲珑、珂佩。州府伎乐队舞，临时随州府见（现）有，排比一切，像出军迎候。其六纛，从城卧擎，见旌节后，扶立。前引旗幡队遥见旌节，并须避道卧擎，走马过节后，一齐扶立，不得人马旗纛，当头偅①着旌节。使出不过三十里，七（？）十五。见天使之时，先问来日，圣人万

---

① 陈祚龙按："'偅'者，重也。此作'偅'，如无错讹，乃是因为当时其意已由'重'而引申至'撞'之含义。"参见陈祚龙：《敦煌古钞〈凡节度使新受旌节仪〉残卷校释》，第 260 页。

福,后序(叙)寒冷。便抵邑,并马作乐入城,在路不得下马,旌节断入城门中,门交头相覆。到毬场,宣付之时,三交三捧,不得交错,左旌右节。宣付了,相识天使,便令军将参天使,一件①参贺序答。便抵邑,天使上亭子。排比　　　　　　就毬场断一　　　　　　②

1. 仪仗的组成及排列

文中记载节度使先出,后为五方旗、鼓、角、六纛、旗、幡、弓、箭。其中鼓③、角④指军队中的鼓吹队伍,《宋书》卷十九《乐一》:"鼓吹,盖短箫铙哥。蔡邕曰:'军乐也,黄帝岐伯所作,以扬德建武,劝士讽敌也'"⑤,"有鼓角者为横吹,用之军中,马上所奏者是也"⑥,起

---

① 陈祚龙按:"一件由'一千'或者'一仟'彼此音近而误,然'一千'又复与'一干'常经通借,愚意原词实当作'一干',意即军将与天使也。"参见陈祚龙:《敦煌古钞〈凡节度使新受旌节仪〉残卷校释》,第262页。
② 《法藏敦煌西域文献》,第28册,第9页。
③ 《唐六典》载:"凡军鼓之制有三:一曰铜鼓,二曰战鼓,三曰铙鼓。"《太白阴经》:"严警鼓一十二面,大将军营前左右行列各六面,在六纛后。"参见(唐)李林甫等撰,陈仲夫点校:《唐六典》卷十六《武库令》,第460页;(唐)李筌:《太白阴经》,南宁:广西民族出版社,2003年,第59页。
④ 《晋书》载:"胡角者,本以应胡笳之声,后渐用之横吹。"《宋书》:"角,书记所不载。或云:出羌胡,以惊中国马。或云:出吴越。"参见(唐)房玄龄等:《晋书》卷二十三《乐志下》,第715页;(南朝梁)沈约:《宋书》卷十九《乐一》,北京:中华书局,2000年,第559页。
⑤ (南朝梁)沈约:《宋书》卷十九《乐一》,第558页。
⑥ (宋)郭茂倩:《乐府诗集》卷二一《横吹曲词》,北京:中华书局,1979年,第309页。

到威仪军容和导引出行的功能。五方旗①、六纛②都是军队专用的旗帜,居则建于中营,出则随军。旗③和幡④,前者用来跟随在六纛之后,夹引旌节,后者的作用是引导仪式中的刀、楯、弓、箭、槊等。而后的弓⑤、箭⑥为仪卫所佩,在西安南郊杨思勖墓出土的唐白石执弓刀武弁雕像以及敦煌榆林窟第16窟曹议金身后侍从画像上,均怀抱有弓箭和箭囊(图2-1)。

后跟衙官、银刀官。衙官,又作牙官,唐代藩镇使府、州府及军队皆有设置,任职衙前,为衙前驱使官,其重要职责是传达政令。⑦

---

① 《太白阴经》:"五方旗五面,各具方色,大将军中营建,出随六纛后,在营亦于六纛后建。"P.3773V中五方旗位于六纛之前,未遵循唐制,应为地方仪制。参见(唐)李筌:《太白阴经》卷四《战具·器械篇》,第59页。

② 《太白阴经》:"纛六面,大将军中营建,出引六军。古者,天子六军,诸侯三军。今天子一十二卫,诸侯六军,故有六纛以主之。"《新唐书》记述节度使的礼仪,"行则建节、树六纛",用以展示威严及军事专杀之权。参见(唐)李筌:《太白阴经》卷四《战具·器械篇》,第59页;(宋)欧阳修、宋祁:《新唐书》卷四十九下《百官志四下》,第1309页。

③ 旗即门旗,指立于军门之外的旗帜,出行时随六纛之后,而居旌节之前,起夹引旌节的作用。《宋会要辑稿》:"《乾道会要》:凡命节度使,有司给门旗二,旌一,节一,麾枪二,豹尾二,旗以梅红绢,上设耀镴蓪铁钻,并用镴,摆黑漆杠。"参见(清)徐松:《宋会要辑稿·舆服六》,第1836页。

④ 《新唐书》:"次绛引幡六,分左右,横行,以引刀、楯、弓、箭、稍。……凡幡皆绛为之,署官号,篆以黄,饰以鸟翅,取其疾也,金涂钩,竿长一丈一尺,执者服如夹稍,分左右。"此为亲王卤簿,幡为绛,一品以下未说明其颜色和图案。参见(宋)欧阳修、宋祁:《新唐书》卷二十三《仪卫下》,第505页。

⑤ 《唐六典》:"弓之制有四……今长弓以桑柘,步兵用之;角弓以筋角,骑兵用之;稍弓,短弓也,利于近射;格弓,綵饰之弓,羽仪所执。"参见(唐)李林甫等撰,陈仲夫点校:《唐六典》卷十六《武库令》,第460页。

⑥ 《唐六典》:"箭之制有四:一曰竹箭,二曰木箭,三曰兵箭,四曰弩箭。"参见(唐)李林甫等撰,陈仲夫点校:《唐六典》卷十六《武库令》,第461页。

⑦ 冯培红:《敦煌归义军职官制度——唐五代藩镇官制个案研究》,第125页。

图 2-1　敦煌榆林窟第 16 窟　曹议金像(《中国敦煌壁画全集》第 9 册图 114)

银刀官,又叫银装仪刀,有时也简称仪刀。《唐六典》载:"刀之制有四,一曰仪刀,二曰鄣刀,三曰横刀,四曰陌刀。"并注:"今仪刀盖古班剑之类,晋、宋已来谓之御刀,后魏曰长刀,皆施龙凤环,至隋,谓之仪刀,装以金银,羽仪所执。"①仪刀完全用于仪仗队,没有实战功能。

　　紧接着的大将与十将是军队将领。在唐代前期的军队中就已设置十将之职,职级较低,其主要职守是训练军队和带兵打仗。②十将之上还有身份较高的高级将领,如闫英达为"元戎大将"③,曹良才"荣登上将,陈王珪十在之能"④。郑炳林认为:"归义军时期节

---

① (唐)李林甫等撰,陈仲夫点校:《唐六典》卷十六《武库令》,第 461 页。
② 冯培红:《敦煌归义军职官制度——唐五代藩镇官制个案研究》,第 191 页。
③ 郑炳林:《敦煌碑铭赞辑释》,第 160 页。
④ 郑炳林:《敦煌碑铭赞辑释》,第 255 页。

度衙设右厢十将,左厢十将,置衙前正十将,设大将统领,或沿袭吐蕃旧制。"①

之后为㭊车、鼓架。以往学者对此校录多有不同,②均未说明其含义。㭊疑为"棚"之讹,《一切经音义》释义为:"棚车,是楼车也,今时俗多行用之,施朱于车上,以五綵缠结为棚,以载乐人,导引于前也。"③又《唐音癸签》曰:"李阿八善鼓架,凡棚车上打鼓,非《火祆》,即《阿辽破》也。"④鼓架⑤,源于汉代"军中行伍所奏"的鼓吹乐,主要负责"戏"("百戏")的伴奏。⑥《乐府杂录》即有《鼓架部》,其中"乐有笛、拍板、答鼓,即腰鼓也,两杖鼓",随即又叙述了此部的相关"乐"目。⑦

马骑、射鹿子人。马骑,可能指进行马骑表演的士兵。《宋史》

---

① 郑炳林:《敦煌碑铭赞辑释》,第 236 页。

② 陈祚龙录为㭊车、皷架,并按"㭊"或系"彭"之讹,意为"彭旁"。暨远志录为彭排、载架。冯培红录为㭊排、皷架。朱晓峰录为彭排、载架。参见陈祚龙:《敦煌古钞〈凡节度使新受旌节仪〉残卷校释》,第 258 页;暨远志:《张议潮出行图研究——兼论唐代节度使旌节制度》,第 30 页;冯培红:《唐五代归义军节院与节院使略考》,《敦煌学辑刊》,2000 年第 1 期,第 49 页;朱晓峰:《〈张议潮统军出行图〉仪仗乐队乐器考》,第 26 页。

③ (唐)释慧琳、释希麟:《一切经音义》,台北:大通书局,1985 年,第 1767 页。

④ (明)胡震亨:《唐音癸签》,上海:上海古籍出版社,1981 年,第 157 页。

⑤ "鼓架"二字因年代久远字迹涣散,陈祚龙将此字认为"皷架",并按:"今通做'鼓'架"。暨远志则录为"载架"。冯培红录为"皷架"。朱晓峰录为"载架"。参见陈祚龙:《敦煌古钞〈凡节度使新受旌节仪〉残卷校释》,第 258 页;暨远志:《张议潮出行图研究——兼论唐代节度使旌节制度》,第 30 页;冯培红:《唐五代归义军节院与节院使略考》,第 49 页;朱晓峰:《〈张议潮统军出行图〉仪仗乐队乐器考》,第 26 页。

⑥ 周华斌:《散乐中的单杖细腰鼓》,《音乐传播》,2015 年第 4 期,第 28 页。

⑦ (唐)段安节:《乐府杂录》,北京:中华书局,1985 年,第 12 页。

卷一百一十一《册命亲王大臣仪》就言"马技骑士五十人"①。射鹿
子人,唐代武举考试中有"马射"一科,其中的靶子被称作"鹿子",
需要用"七斗"以上的弓"弛马射之"。② 或与《张议潮出行图》的最
后部分(图 2-2)所反映的射猎骑队追逐小鹿含义相同,暨远志认为
反映出归义军的长行官健制以及练兵制度。③

图 2-2　敦煌莫高窟第 156 窟《张议潮出行图》(局部)(《中国敦煌壁画全集》第
8 册图 5)

　　最后伎乐队舞应该是隶属于节度府下乐营机构的人员。据李
正宇考证,敦煌乐营设置包括归义军乐营和瓜州乐营,各县府也常

---

① （元）脱脱等:《宋史》卷一一一《礼十四》,第 2669 页。
② 杨祥全:《中国武术思想史》,太原:山西科学技术出版社,2017 年,第 149 页。
③ 暨远志:《张议潮出行图研究(续)——论沙州归义军的长行官健制及蕃汉
　兵制》,《敦煌研究》,1992 年第 4 期,第 78 页。

备官乐,为节度使和官府公事服务,其职能类同于中央的太常。"乐营所掌,兼有雅乐(包括法部乐)、俗乐二部。中央太常寺太乐署、鼓吹署及宫廷梨园、教坊之所掌,在地方州镇则由乐营综于一身。"①

2. 仪仗的衣着与装饰

P.3773V 所记仪式中表现出了对衣着、装饰的较高要求。《金史》卷四十三《舆服》:"古者车舆之制,各有名物表识,以祀以封,以田以戎,所以别上下、明等威也。"②也就是说社会秩序的维护首先要求统治阶层在礼仪活动中通过车旗服御来体现其等差秩序。

迎接天使之仪对衙官和银刀官仪仗服饰的要求是"锦落(络)缝褶子",参《宋史》卷一百一十一《册命亲王大臣仪》中衮官身着"锦络缝紫緂宽衣"③,应为一种仪式用服。服饰在敦煌多以麻布、棉布及毛织品为主要面料,丝织品虽然当地有产但是主要来自内地,除生绢这种较为普通的丝织品大量出现在民间交易中外,锦则并不多见。正因如此,中央王朝对归义军的回赐之物中常见锦,如《册府元龟》卷九七六《外臣部·褒异三》:"闰正月,瓜州入贡牙将唐进、沙州入贡梁行通、回鹘朝贡安摩诃等辞,各赐锦袍银带物有差。"④因此锦应该还是属于上层阶级使用,并未成为大规模流通商品。联系敦煌莫高窟第 156 窟《张议潮统军出行图》内,前部仪卫队也绘有穿团窠锦袄子者,沈从文认为团窠锦美观而不

---

① 李正宇:《沙州归义军乐营及其职事》,载《敦煌吐鲁番研究》第五卷,北京:北京大学出版社,2001 年,第 218 页。

② (元)脱脱等:《金史》卷四十三《舆服上》,北京:中华书局,1975 年,第 969 页。

③ (元)脱脱等:《宋史》卷一一一《礼十四》,第 2669 页。

④ (宋)王钦若等:《册府元龟》卷九七六《外臣部·褒异三》,第 11469 页。

能作战。①

　　而大将、十将、马骑、射鹿子人的服饰要求都是"袴奴、抹额"。
"袴奴"即"袴袴","袴"为本字。黄正建在唐代军队服装的研究中
指出,"袴奴"是一种男服且主要为军人所服用。② 叶娇则详细考证
其是直接贯穿、紧缚于膝下足上,以麻布制成的便于跳腾远行之
物,做工精致者即为军礼仪仗用服。其形制见新疆吉木萨尔县高
昌回鹘佛寺配殿的《王者出行图》,画中王者和武士小腿处的束缚
物,可能就是袴奴。在莫高窟 285 窟西魏壁画《五百强盗成佛图》
中,兵士膝下足上缚扎的亦是类似的东西(见图 2-3、2-4)。"抹额"
是军人扎在额头上的头巾,多为红色。"袴奴""抹额"配合使用,就
叫"具袴抹",这在唐代文献中多有体现,特别是要求节度使初授之
时作为其兵仗服装。③《新唐书》卷四十九《百官四下》:"节度使掌
总军旅,颛诛杀。初授,具袴抹兵仗诣兵部辞见,观察使亦如之。"④
又《旧唐书》卷一七二《令狐楚传》:"诸道新授方镇节度使等,具袴
抹,带器仗,就尚书省兵部参辞。"⑤诸例均说明"具袴抹"是戎服中
的盛装,是一种军礼用服,表现出藩镇在军事上接受指挥、礼敬
朝廷

---

① 沈从文:《中国古代服饰研究》,上海:上海书店出版社,2011 年,第 415—
　　418 页。
② 黄正建:《敦煌文书与唐代军队衣装》,《敦煌学辑刊》,1993 年第 1 期,第
　　14 页。
③ 叶娇:《唐代文献所见"袴奴"形制考》,《中国国家博物馆馆刊》,2012 年第
　　1 期,第 83—89 页。
④ (宋)欧阳修、宋祁:《新唐书》卷四十九《百官四下》,第 1309 页。
⑤ (后晋)刘昫等:《旧唐书》卷一七二《令狐楚传》,第 4463 页。

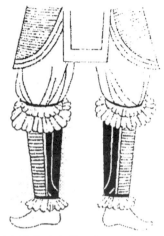

图 2-3　高昌回鹘佛寺壁画中的武士装（《中国西域民族服饰研究》第 185 页图 341）

图 2-4　莫高窟第 285 窟西魏壁画《五百强盗成佛图》(局部)(《中国敦煌壁画全集》第 2 册图 111)

的内涵。马饰也配合仪仗身份高低而有不同。虽然都有玲珑①和缨拂②，但是大将与十将马上所配为金鞍鞯③，而马骑、射鹿子人为珂佩④。

3. 仪仗的注意事项

迎接天使仪式过程中有明确的注意事项。

首先，全文中四次出现了"不得"："不得欠少弓箭""不得人马旗矗""在路不得下马""不得交错"。这四次"不得"意为"千万勿要"，语气强硬，且强调内容多与天使的行进和旌节的交付有关联，表现出地方政权对皇权的象征物所表现出的力量的敬畏。

---

① 《宋史》描述马鞍勒时，记有"胸前及腹下皆有攀，缀铜铃"。同书又记"攀胸铃拂"，自马鞍向前绕过马胸的带子为"攀胸"，因此在攀胸上应系有铃。参见(元)脱脱等：《宋史》卷一四八《仪卫六》及卷一四九《舆服一》，第 3470 页、第 3480 页。

② 一种饰带，挂自鞍下一侧绕过马尻拴到鞍的另一侧的带上。《隋书》记载："第一团，皆青丝连明光甲、铁具装、青缨拂，建狻猊旗。第二团，绛丝连朱犀甲、兽文具装、赤缨拂，建貔貅旗。第三团，白丝连明光甲、铁具装、素缨拂，建辟邪旗……"参见(唐)魏征等：《隋书》卷八《礼仪三》，第 160 页。

③ 鞍为马鞁具，鞍下有鞯，多为毡子制成。金鞍鞯，在当时应该非常贵重，《新唐书》载突厥可汗派人求亲，唐睿宗许金山公主下嫁，赐以金镂鞍具。另外，官职的高低，影响鞍鞯的使用规格。《宋史》："鞍勒之制。宋以赐群臣，其非赐者皆有令式，而不敢逾越焉。……紫罗绣瑞草方鞯，油画鞍，陷银衔镫，以赐使相，枢密副使，参知政事，宣徽使，节度使，宫观使，殿前马军步军副都指挥使、都虞候。"参见(宋)欧阳修、宋祁：《新唐书》卷一二三《和逢尧传》，第 4378 页；(元)脱脱等：《宋史》卷一五○《舆服二》，第 3511 页。

④ 《西京杂记》卷二记载汉代盛饰鞍马："以南海白蜃为珂。"即指白色贝壳做成的装饰。参见(汉)刘歆撰，(晋)葛洪辑：《西京杂记》，北京：中华书局，1985 年，第 10 页。

其次,文中还有四个"并须":"并须衣服鲜净……""并须袴奴(袼)……""并须奴(袼)……""并须避道卧擎"。并须之意为"一齐须要",可见是对迎接队伍集体行为之规范。其强调的两个方面,一是服饰、装饰作为政治"视觉性权威外观"的展示,用显性的形式强化了地方政权的综合实力和政治主张;同时,符合礼仪制度的着装象征着仪式参与者的身份、地位,凸显出对君臣秩序的维护。二是身体及其行动的连续性和稳定性构成政治仪式操演的基本单元,显示出政治统治者对参与人员的身体规训技术,实际上是中央集权社会政治形态的一种反映。

最后,对仪式流程的把控。P.3773V 中还有很多细节内容,包括六蠹何时扶立,旗幡队见旌节后如何行动,见天使时的话语顺序等都有相应的注意事项,既体现了归义军对迎接天使仪式的重视,也有助于规范仪式过程,为仪式参与人员的行为提供参照意见,强调行事的准则,规避未出现的风险,从而达到社会控制的效果。整齐有素的欢迎队列能够凸显出归义军的政治管理能力,也是地方军事实力的展现,增强了百姓的自信心,为政权的稳定打下基础。

(二)与《张议潮统军出行图》的比对

学界常将 P.3773V《凡节度使新受旌节仪》与敦煌莫高窟第156窟的《张议潮统军出行图》(图 2-5,以下简称"出行图")进行对比,这是将前者也认为是节度使的出行仪式,而此仪式实际上应归为中央遣使诸州时的迎接仪式。理由如下:

1. 仪仗排列顺序不同。

首先,节度使在迎接天使仪式中"先出"于前列,强化的是以天子为核心的执政理念,将天使与旌节作为皇权的象征物,置于仪式

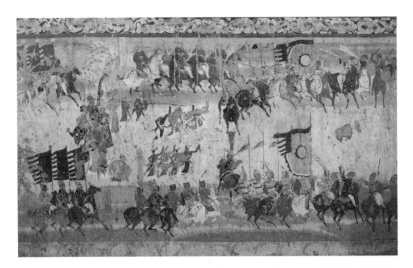

图 2-5　敦煌莫高窟第 156 窟《张议潮出行图》(局部)(《中国敦煌壁画全
集》第 8 册图 2)

前方的中心位置上,利用既定的仪式流程塑造忠诚,获取地方政权
的合法性。而在出行图中,节度使位于仪仗后方的中心位置,凸显
的是归义军统治者的政治权威。此外,出行图还多出了少数民族
骑队和后勤运输骑队,暨远志认为其体现了归义军政权对少数民
族杂居的蕃汉兵制的适应和完善的出征运输方式。[①] 因此,出行仪
仗展现的是军事实力的强大和地方统治的兴盛。

　　其次,六纛作为节度使军权的象征物,在迎接天使仪式中跟随
节度使出于前列,并强调"其六纛,从城卧擎,见旌节后,扶立",喻
示着只有受节之后才能树六纛、立仪仗,体现出对天使与旌节所象
征的皇权之臣服,强调出虽然行事在藩镇,但是见在外等同在内,
对朝廷礼数基本如一。在出行图中,六纛则居仪仗中间,旌节之

---

① 暨远志:《张议潮出行图研究(续)——论沙州归义军的长行官健制及蕃汉
　兵制》,第 82—86 页。

前,此种排列方式见于白居易《送令狐相公赴太原》："六纛双旌万铁衣,并汾旧路满光辉。"①可见为当时的出行仪制。

最后,乐、舞的位置不同。迎接天使之仪的乐、舞分为三部,前有鼓、角,中后方有鼓架、棚车,最后为伎乐队舞,且伎乐队舞在队列最后,在等候之时要求"像出军迎候",给人一种整齐肃穆之感,符合迎接天使与旌节的仪式特点。相较出行图又多出鼓架部,P.3773V言"并马作乐入城"②,行进之时较多的乐舞也容易烘托出较为热烈的气氛。而出行图中的乐舞排列顺序为鼓吹前导—衙官—伎乐队舞,只有二部,并属于前部仪卫序列,突出了军乐的地位,其作用应该是开道和牵引。

2. 仪仗类目规格不同

如果二者都属于出行仪仗,又为授节前后,仪仗相同类目的人数应该在授节后增加。出行图中银刀官八人,且为步骑,与当时四品、五品的出行仪制"仪刀八（人）"③相吻合,或为当时节度使仪刀之制。再对比同为节度使出行仪式的莫高窟第100窟《曹议金出行图》,曹议金最高授官中书令,官阶二品,图中仅存左边银刀官七人,理应在右边亦配置相同数目的银刀官,共有仪刀十四,也符合唐制二品"仪刀十四"④的典制。表现为授节之前的迎接仪式中,银刀官却有三十人,倍多于出行仪式之制。

此外,出行图中前有鼓吹前导八人,后又有舞者八人,操乐｜

① （唐）白居易：《白居易集》,北京：中华书局,1979 年,第 599 页。
② 《法藏敦煌西域文献》,第 28 册,第 9 页。
③ （宋）欧阳修、宋祁：《新唐书》卷二十三下《仪卫下》,第 506 页。
④ 《新唐书》记载："二品,信幡四,诞马四,仪刀十四,革路驾士十四人。"参见（宋）欧阳修、宋祁：《新唐书》卷二十三下《仪卫下》,第 506 页。

二人,而迎接天使仪式中州府乐营中的人员须"临时随州府见(现)有",李正宇据乐营所拥有的技艺门类推断,估计在 50—100 人之间。① 当然受绘画面积限制,出行图上的人数可能有所省略,但加上迎接天使仪式之前的"衙官三十""五十大将",整体推测迎接天使之仪人数较多。又《蛮书》卷十有记载中央遣使册封南诏之事,"二十三日,到云南城",节度使带领"马军一百队、步军三百人,夹道排立,带甲马一十队引前,步枪五百人随后"②出城迎候,也说明迎接天使仪仗人数众多,表现出当地的热情和军队检视之感。

(三)天使西来仪程

接下来进一步分析归义军接待天使的仪程,P.3773V《凡节度使新受旌节仪》仅表现其中部分环节。归义军作为偏居西陲的地方政权,与中原道路时常阻隔,甚至有十数年未曾通使,因此接待天使对奉中央正朔的归义军而言,是非常重要的仪典,必须符合时代的规制。

1. 迎接之仪

①前一日确认天使平安到达。P.3625《五代中期敦煌书仪》中有很多关于天使的记载如《或差出迎天使辞语》《见天使问道途苦辛》《谢见天使》《谢天使留坐茶酒》《先辞归州》。赵和平据文指出:"这个写本有一点应予足够的重视,《或差出迎天使辞语》以下五条,给我们留下了五代时节镇迎接天使的程序或过程。即节镇要派出高级官员去出境迎接,看来要走相当远的路程;见天使问道途

---

① 李正宇:《归义军乐营的结构与配置》,《敦煌研究》,2000 年第 3 期,第 73 页。
② (唐)樊绰:《蛮书》卷十,北京:中国书店,1992 年,第 91 页。

辛苦,留坐茶酒之后,要先辞归州,去通知节度使安排郊迎。这种详细的情节,传世文献并不多见。"①据《通典》记载:"前一日,本司设使者次于大门外道右,南向。又设应集之官次于大门外,文官道东,武官于使次西,俱南向,相对为首。"②将此与敦煌文献相互补足,可以推测出,唐、五代时期,天使未到之时,先派专人去面见天使,问其道途辛苦,确认其平安到达。而州内大门处有应集之官面向南面,从而表现出对天使到来的尊敬与期待。

②迎接当日,城外列队迎接。天使押节到界,P. 3773V 中记载:"使出不过三十里。"③《通典》也记载了迎接天使的过程:"其日,使者将至,刺史出城,迎于一里外。相去九十步许,刺史于路左下马,使者下马,皆少进,使者命刺史乘马,使者与刺史俱乘马而行。使者至镇及县,其镇将与县令迎,与刺史同。若使者五品以上,镇将、县令六品以下,则使者不下马,命镇将、县令乘马而已。"④由此推测出节度使作为当地的最高统治者应该出城迎接天使,而迎接仪仗为表示对天使的恭敬,于马下站立。P. 3773V 中亦有"大将引马"之句。接到天使后,天使再命迎接人员上马前进,并且 P. 3773V 中要求"在路不得下马"。具体的迎接仪仗如前所述,兹不赘述。

③天使在毬场宣敕、授旌节。P. 3773V 载:"到毬场,宣付之时,三交三捧,不得交错,左旌右节。宣付了,相识天使,便令军将参天使,一件参贺序答。便抵邑,天使上亭子。"⑤毬场在唐代除用于打马球外,还有其他方面的用途。如迎接检阅、接待天子使者、

① 赵和平:《敦煌表状笺启书仪辑校》,第 340 页。
② (唐)杜佑:《通典》卷一百三十《皇帝遣使诣诸州宣诏书劳会》,3340 页。
③ 《法藏敦煌西域文献》,第 28 册,第 9 页。
④ (唐)杜佑:《通典》卷一百三十《皇帝遣使诣诸州宣抚》,第 3338 页。
⑤ 《法藏敦煌西域文献》,第 28 册,第 9 页。

举行重大仪式等。《新唐书》卷二一二《藩镇卢龙·李载义传》："(李)载义宴天子使者鞠场。"①而授予节度使旌节作为一项重要的仪典,在毬场这一公共空间内,体现出一种"剧场国家"②的政治戏剧表演形式,展现的是皇权授予地方政权合法性权力的过程。P. 3451《张淮深变文》中也说到:"诏赐尚书,兼加重锡,锦绣琼珍,罗列毬场,万人称贺。"③由此可知,事先清理布置毬场,是为锦绣琼珍的铺排,以及受敕书、旌节的环节做准备。唐代对宣读敕书等皇帝诏令有明确的仪式步骤,对引导者、接受者的身体行为皆有规定,《通典》载:"赞礼者入门而左,持案者从之。使者诣阶间就位,南向立。持案者立于使者西南,东面。行参军引刺史,赞礼者引应集之官以次入,就位。立定,持案者进使者前,使者取制书,持案者退,复位。使者称:'有制。'刺史等再拜。宣讫,又再拜。行参军引刺史进诣,使者前,北面受制书,退立于东南,西面。赞礼者次引应受制者别受制,如上仪。凡同制者皆同宣拜。"④授旌节的仪式则见于《宋史》卷一百一十一《册命亲王大臣仪》:"诸王、宰相朝谢,前一日,内降官告,从内出东上阁门外宣词以赐,授节者,仍交旌节。授者俯伏,执旌节交于颈上者三。"⑤接下来是官员参拜天使环节,一一"参贺序答"。

后续,"天使上亭子,排比▢▢▢▢就毬场断一▢▢▢▢", 此卷后面部分虽缺,但仍可得见大概流程。亭子是球场边辅助看

① (宋)欧阳修、宋祁:《新唐书》卷二一二《藩镇卢龙·李载义传》,第5979页。
② [美]克利福德·格尔茨著,韩莉译:《文化的解释》,南京:译林出版社,1999年。
③ 《法藏敦煌西域文献》,第24册,第253页。
④ (唐)杜佑:《通典》卷一百三十《皇帝遣使诣诸州宣诏书劳会》,第3341页。
⑤ (元)脱脱等:《宋史》卷一一一《礼十四》,第2668—2669页。

球或者阅兵的建筑,经过繁缛交接之后,天使可能上球场边亭子(看台),观看军事操练或者马骑技士等表演。①

2. 天使驻留沙州仪程

天使在册封完毕或者授予旌节之后,往往不会马上启程回归,例如光化三年(900)八月,唐中央政府任命张承奉为归义军节度使之后,天使于次年二月到达敦煌并逗留两月余。此除因车马劳顿需要休整之外,也承担着巡视当地政务的政治安排。为表示对天使接待的重视,张承奉特设"天使院"这一临时机构处理天使驻留期间的文书往来。② 此类文书比较有代表性的有 S. 3399《杂相贺》和 P. 2652V《诸杂谢贺》,前者为曹氏归义军前期撰成,后者写在开运三年(946)或以后;前者出现天使的称谓是"常侍",后者则是"尚书"。③ 两次不同时间的接待仪式中却含有极为相似的程序,均有参起居、谢贺和宴请天使的内容,体现出天使与地方官员之间的官场仪节。同时,敦煌文书中还有一些其他的文书展现出天使驻留的仪程:

①恩赐例物。天使代表帝王前来颁发诏敕,除了赐予地方节度旌节及官职之外,还需要给地方官员赐物表示对其工作的认可。P. 2652V《诸杂谢贺》中《谢分散例物自(目)》:"厶乙等军中贱品,未由犬马之劳;尚书鸿恩,颁赐荣例之物,自体功寡,难当宠酬,(?)之诚,奉报威严之至,下情无任惶惧。"④而受到赐物的官员也应该向天使表达感激之情。有时虽然是天使前来分散例物,但是贺谢的

---

① 李金梅:《中国马球史研究》,兰州:甘肃人民出版社,2002 年,第 165 页。
② 魏睿骜:《敦煌文书所见"天使院"考》,《河西学院学报》,2018 年第 6 期,第 53—56 页。
③ 赵和平:《敦煌表状笺启书仪辑校》,第 305—320 页。
④ 赵和平:《敦煌表状笺启书仪辑校》,第 316—317 页。

对象则变成了归义军节度使。例如 S.3399《杂相贺》中《赐物谢语》:"天庭念边为重,土不产蚕,特降丝纶,兼之锦帛。此皆尚书功庸所及,某乙等忝事旄麾,下情无任感荷。"①

　　②宣赦仪式。S.3399《杂相贺》中有《贺赦文》:"圣朝恤物,远访安危;〔□□〕赦书,恩霑圄圉。某乙等忝〔伏〕事旄麾,下情无任庆抃。"②唐制:"赦日,武库令设金鸡及鼓于宫城门外之右,勒集囚徒于阙前,挝鼓千声讫,宣制放。其赦书颁诸州,用绢写行下。"③皇帝的赦书到达地方,也会广泛宣传。《通典》有皇帝遣使去诸州宣赦的记载:"本司录州见囚,集于州门之外,北面西上。"④借助城门高大的门楼和宽敞的街道共同构建出一个开阔的政治空间,容易得到高度的聚焦和关注。归义军政权也借此机会,宣传自己的政治权力合法性。

　　③参加宴饮、马球等活动。P.3160《辛亥年(951)押衙知内宅司宋迁嗣破柽用状历并判凭》:"设天使、看于阗使煮肉造食等。"设,最早为"陈设",因为古代常设祭、设供、设馔,后遂引申为肴馔和设宴。⑤P.3451《张淮深变文》也记载:"安下既毕,日置歌筵,球乐宴赏,无日不有。是时也,日藏之首,境媚青苍,红桃初熟,九酝如江。"⑥

　　④巡礼莫高窟、开元寺等政治景观。P.2032V《后晋时代净土寺诸色入破历算会稿》:"天使上窟去时造食用。"此外,归义军时期

---

①　赵和平:《敦煌表状笺启书仪辑校》,第306页。
②　赵和平:《敦煌表状笺启书仪辑校》,第305页。
③　(唐)杜佑:《通典》卷一六九《刑七》,第4373页。
④　(唐)杜佑:《通典》卷一三〇《皇帝遣使诣诸州宣赦书》,第3343页。
⑤　高启安:《旨酒羔羊——敦煌的饮食文化》,兰州:甘肃教育出版社,2007年,第86页。
⑥　《法藏敦煌西域文献》,第24册,第253页。

的敦煌保留了唐代先后设立的官寺灵图寺、大云寺、龙兴寺和开元寺。在开元十六年(728),唐宣宗下令每州立开元寺为官寺,天使来敦煌之后,亦须参观此类政治景观。P. 3451《张淮深变文》中记载:"即引天使入开元寺,亲拜我玄宗圣容。天使睹往年御座,俨若生前。叹念敦煌虽百年阻汉,没落西戎,尚敬本朝,余留帝像。"①为了表明地方政权与中央朝廷的政治联系,将天使引入当地与朝廷相关的地点参观,以表归义军的忠心。

⑤接受归义军赠物。P. 2438V《沙州官告国信判官将仕郎试大理评事王鼎状》是王鼎致归义军节度使曹议金的谢状,②共四状,其中第二状中写道:"今则伏蒙太保迥开府库,特惠琼瑶,睹美玉而如窥秋月,视润色而室内生光。谅兹皎洁,实谓国珍。辞让既以不敢,即捧当而合惧。寻依台旨只授讫,谨修状启闻陈谢。"③表明王鼎在敦煌受到了归义军的款待并收受了礼物,这对于加强归义军与中央朝廷的关系,不失为一种特别的投资。

⑥参加国忌行香。P. 2854V《正月十二日先圣恭僖皇后忌辰行香文》中称"有谁施之?"④以下依次提到"先圣皇后""使臣常侍大夫""我仆射",据荣新江考证,此处仆射应指张淮深,而文书则是唐朝使臣来沙州之时,归义军节度使为唐朝皇后举行国忌行香时写成的,⑤表达出其利用佛教仪式结好唐朝、倚靠中央的政治心态。文中"伏持胜善,次用庄严我仆射贵位:伏愿万佛回光,百神障卫,

---

① 《法藏敦煌西域文献》,第 24 册,第 253 页。
② 杨宝玉、吴丽娱:《归义军入奏活动中的贡品进奉与礼物馈赠》,黄正建主编《隋唐辽宋金元史论丛》,第 85 页。
③ 唐耕耦、陆宏基编:《敦煌社会经济文献真迹释录》第 5 辑,第 45 页。
④ 《法藏敦煌西域文献》,第 19 册,第 129 页。
⑤ 荣新江:《归义军史研究——唐宋时代敦煌历史考索》,第 86 页。

紫绶与紫莲齐芳,金章与金刚不坏。然后天下定,海内清;群凶扫荡而兵戈冥,五谷丰稔而万人乐"一段,也显示出张淮深乘此机会大肆宣扬自己加官晋爵,凸显政治功绩的考虑。

⑦参加祈福法会。S.1164《回向发愿文》:"次用庄严当今大唐圣主,伏愿圣寿克昌,皇风永采……次用庄严安、姚二御侍,伏愿耸琼台于天外,飞紫盖于云衢,命与天长,福将地远,保离凶寇,动止获安,往回清吉。"①此为大中年间归义军为到达沙州的使者安、姚二御侍所作的祈福法会,从文中内容来看,应该是天使临行前,节度使张议潮为保其归途平安所举行。

除此之外,S.3399《杂相贺》中还有《城中有祥瑞贺语》:"常侍理化精明,潜通神道;忽降祥瑞,来临郡城。某乙等忝伏事旌麾,下情无任欢抃。""国之将兴,必有祥瑞"②,依然是百姓熟识的政治哲学,天使的到来与祥瑞降临事件的连接,饱含政治的和谐、清明之意。P.2940《斋琬文》是僧人用于佛教祈愿斋会的斋文文范,其中的《嘉祥荐祉》指的就是专门为祥瑞而举办的庆贺佛斋。因此,归义军政权可能利用这一当时的普遍观念,以佛教斋会扩大天使到来之事的影响。

3. 送别之仪

P.3451《张淮深变文》:"天使以王程有限,不可稽留。修表谢恩,当即进发。尚书远送郊外,拜表离筵,碧空秋思,去住怆然,踌躇塞草,信宿留连,握手途中,如何分袂,若为陈说。"③《蛮书》卷九:"朝廷差使到云南,南诏迎接远送。"④天使要归王庭之时,节度使本

---

① 黄征、吴伟:《敦煌愿文集》,第367页。
② 赵和平:《敦煌表状笺启书仪辑校》,第306页。
③ 《法藏敦煌西域文献》,第24册,第253页。
④ (唐)樊绰:《蛮书》卷九,第43页。

人不仅需要修表谢恩,由天使携带至中央,并且要将天使远送至郊外,还要留宿两夜,流连徘徊,以示不舍;在天使离去之后,同时还有可能派人护送天使回程,根据 P. 3101《归义军书状集》的记载:"天使进发,已达五凉,道路无危,关河安静。皆是长史司马神谋以被,早达天庭。厶乙无任庆抃。"①这应当就是派遣出去送行的官员向归义军"长史司马"汇报天使行进路程及具体情况的书状。这种送别仪式,一方面展示了对天使以及地方管辖区域治理两方面安全的高度关注和负责,另一方面则是对中央王权及其遣使的重视与认同。

通过以上梳理,概括出了地方政权接待中央来使的过程,体现出的是王朝秩序下的君臣关系,以及当时地方民众对皇权的遥远想象,凸显了地方政权在这一传播过程中的政治文化权威。通过这一壮丽的仪式,归义军政权的权势在公众面前表露无遗,目睹此事的当地官民口耳相传,与大赦、法会等仪式的相互结合,亦可进一步发酵天使西来的政治效应、彰显权力合法性来源、形塑以中央为正朔的政治认同,从而巩固自己在地方的政治地位。

尽管归义军内部的政治统治需要接受和利用中央的合法授权,但是内政毕竟保有独立性。面对天使西来事件,P. 3554V《谨上河西道节度公德政及祥瑞五更转兼十二时共一十七首并序》却载:"迁任尚书河西节度,拣择专使,计日星奔,令向沙州,殷勤宣赐者,则我尚书之德政也。"②所用语气重在歌颂张议潮之德政,相比面对天使之时隆重的仪式排场,表明了不同权力面向之间的微妙关系。

---

① 《法藏敦煌西域文献》,第 21 册,第 310 页。
② 《法藏敦煌西域文献》,第 25 册,第 235 页。

第三章
敦煌归义军与周边政权的交往仪式

　　归义军政权建节敦煌,位处西陲,周边环绕着的许多少数民族部族,或建立政权,或集聚势力,如吐蕃、于阗、回鹘、达怛、南山、吐谷浑、嗢末、龙家、羌等,时与归义军发生矛盾、战争,民族关系异常复杂。[①] 因此,如何处理好与周边关系,赢得和谐安宁的生存环境,对归义军自身的生存、发展具有关键性作用。除了少数民族政权之外,归义军周边还存在着一些地方藩镇政权。归义军与中央相距较远,时常因被其他少数民族政权阻隔难以通使,周边的其他藩镇政权则为归义军与中央的交往起到了联络之用,可以说,归义军与其他藩镇交往的政治仪式是关乎归义军合法性授予的重要关节。因此,归义军非常重视与其他少数民族政权的外交仪式及与其他藩镇政权的交往仪式,这是归义军稳定周边关系,实现与周边政权和谐相处的政治目标的必要方式。

---

① 李冬梅:《唐五代归义军与周边民族关系综论》,《敦煌学辑刊》,1998 年第 2 期,第 43 页。

一、归义军与少数民族政权的外交之仪

如前所述,归义军政权周边地区诸族林立。为了获得良好的生存环境,保证自身生存,归义军非常重视与周边民族政权的邦交活动,不仅积极遣使交往,也在衙府中设置了专门用于接待使节的职能机关,且有一套完整的接待使节仪式流程,以达通欢结好之目的。这些归义军接待使节的记录,大都保存在归义军衙府的破用历以及状、牒之中,以往学者均利用其研究了民族关系[1]、归义军设置的诸司及其职员[2]、归义军举行的赛神等活动[3]。对归义军接待外来使者仪式流程的研究主要集中在迎来送往的礼制[4]、供食标准和宴设活动[5],对此外的其他方面关注较少,也为此问题的进一步研究留下了空间。故此本节在前贤研究的基础上,整理出归义军

---

[1] 参见米德昉:《曹议金秉政敦煌与莫高窟第 100 窟之营建》,载氏著《敦煌莫高窟第 100 窟研究》,第 49 页;荣新江,朱丽双:《开于阗——敦煌与于阗重新交往的开始》《于阗与沙州归义军的交往》,载氏著《于阗与敦煌》,第 109—149 页;冯培红:《曹氏政权的多变外交》,载氏著《敦煌的归义军时代》,第 307—378 页;等等。

[2] 参见冯培红:《敦煌归义军职官制度》,兰州大学博士学位论文,2004 年;郑炳林、冯培红:《唐五代归义军对外关系中的使头一职》,载《敦煌归义军史专题研究》,第 48—69 页;高启安:《归义军的宴设司》,载氏著《唐五代敦煌饮食文化研究》,第 182—190 页;等等。

[3] 参见荣新江:《华戎交汇——敦煌民族与中西交通》,第 80 页;余欣:《敦煌的博物学世界》,兰州:甘肃教育出版社,2013 年,第 107—120 页;姚崇新、王媛媛、陈怀宇:《敦煌三夷教与中古社会》,兰州:甘肃教育出版社,2013 年,第 147—153 页;等等。

[4] 施萍婷:《本所藏〈酒帐〉研究》,《敦煌研究》创刊号,1983 年,第 150 页。

[5] 高启安:《信仰与生活——唐宋间敦煌社会诸相探》,第 237—292 页。

政权为接待外来使客所设职能机构的具体外事功能、食宿的安排地点和整体接待仪式流程。

(一)外交机构的设置和具体职能

归义军内部设置了一套用来接待外来使者的机构,有些机构专为接待使客设置,如客司,也有一些机构发挥其特长,相互配合完成归义军政权接待使客的职责功能,如宴设司、酒司、柴场司等。本节主要是讨论这些机构在外交仪式中的功能和作用。

1. 孔目司

晚唐五代宋初归义军时期,在藩镇节度、观察等使府及所辖各州府中,皆置孔目司,以孔目官为其都级长官。[①] 敦煌文书中称孔目官所在的机构为"上司院",当即孔目院或者孔目司[②],如敦煌莫高窟第 128 窟东壁门上方南向第一身供养人画像题记云:"归义军节度押衙银青光禄大夫检校国子……上柱国知上司院孔目官,□辛光子一心供养。"又 P. 3718《管内释门僧政张喜首写真赞并序》署云:"都头知上司孔目官兼御史中丞上柱国杜太初撰。"[③]其主要职能是负责财计、征收赋税、点检土地、户口及兼任一些勾押事务。[④]

孔目司具有对外的职能,主要是负责书写带给少数民族政权统

---

① 冯培红:《敦煌归义军职官制度》,第 89 页。
② 《全唐文》卷八○六蔡词立《虔州孔目院食堂记》即称孔目院,是天下州府中设立的曹属,证明院、司可以通用。参见周绍良主编:《全唐文新编》第 4 部第 2 册,第 9864 页。
③ 《法藏敦煌西域文献》,第 27 册,第 97 页。
④ 冯培红:《敦煌归义军职官制度》,第 88—92 页。

治者的书信状稿。由于其专修文字的工作特性,又被称作"案司"。①
敦研 001+敦研 369+P. 2629《归义军衙府酒破历》记载了多条与
孔目官相关的活动:

> 十九日,孔目官修西州文字酒贰斗;去五月贰拾捌日,供
> 修于阗文字孔目官逐日[酒]壹斗,至陆月伍日夜断,除月小
> 尽,中间柒日,计用酒壹瓮壹斗;十七日,延朝等酒壹斗,案司
> 修甘州文字酒壹角;廿二日,看甘州使及于阗使酒半瓮,供修
> 甘州文字孔目官,中间陆日,给酒肆斗;七日……案司修西川
> 文字酒壹斗。②

荣新江语:"沙州案司孔目官所修西州或甘州文字,即指回鹘
文无疑,于阗文字则指于阗语。"③如引文中所述,周边少数民族政
权使节来访之后,归义军衙府需要让其带回书信,孔目官则在这个
时期负责修撰,时间有时是六日、有时是七日,如此长的时间体现
出其对外交辞令书写的慎重和严谨。

在节度使府中的地位和专修文字的工作特点,使孔目官成为对
外互动交往的重要人员。胡三省注《资治通鉴》曰:"孔目官,衙前吏
职也。唐世始有此名。言凡使司之事,一孔一目,皆须经由其手也。"④

---

① 季羡林《敦煌学大辞典》郝春文撰"案司"条:"案司:又称孔目司。归义军
节度使所属机构。见 P. 4640 背。掌文案,主事者称都孔目官。"参见季羡
林主编:《敦煌学大辞典》,上海:上海辞书出版社,1998 年,第 383 页。
② 唐耕耦、陆宏基编:《敦煌社会经济文献真迹释录》第 4 辑,第 272—275 页。
③ 荣新江:《辨伪与存真——敦煌学论集》,上海:上海古籍出版社,2010 年,
第 22 页。
④ (宋)司马光编著,(元)胡三省音注:《资治通鉴》卷二一六《唐纪三十二》,
第 6905 页。

可见孔目官的重要性。《宋会要辑稿·蕃夷五》载："(景德)四年五月,宗寿遣瓜沙州节度上司孔目官阴会迁等三十五人诣阙。"①即孔目官代表归义军政权出使中原,其原因除了孔目官对归义军政权的内部事务相对熟悉之外,也与沿途需要经过少数民族政权,便于结好周边有关。

2. 客司

唐代各道藩镇及州府中,均设置客司这一机构,其主要职能是接待使者以及外出奉使。② 客司同样是归义军使府中诸司机构之一。P. 4640V《己未至辛酉年(899—901)归义军军资库司布纸破用历》记载："十三日,都押衙罗通达传处分,支与客司押衙吴元信细纸三帖。"③说明其长官由押衙兼任。客司下设官职都客将,即客司的长官,总领其务;客将,又称知客、典客,员额较多,承担出使、接待的工作;使头,按照出使对象的不同,分为西州使头、伊州使头、甘州使头、于阗使头等,是归义军外交使团的首领,分管各地的邦交事宜;通引,是掌管引导的礼仪官员。④

值得注意的是,归义军政权的客司在金山国时期发生了变化,更名为鸿胪寺,直到曹氏归义军时期才恢复如常。⑤ P. 4623＋P. 4631《西汉金山国圣文神武白帝敕宋惠信可摄押衙兼鸿胪卿知客务》云："前散兵马使兼知客将宋慧信,右可摄押衙兼鸿胪卿知客务

① （清）徐松:《宋会要辑稿》第一九八册《蕃夷五之三》,第7768页。
② 冯培红:《敦煌归义军职官制度》,第97页。
③ 唐耕耦、陆宏基编:《敦煌社会经济文献真迹释录》第3辑,第267页。
④ 冯培红:《敦煌归义军职官制度》,第97—101页。
⑤ 冯培红:《客司与归义军的外交活动》,《敦煌学辑刊》,1999年第1期,第75页。

仍旧。"①说明金山国是将原归义军政权中的客司升级成为鸿胪寺,而在其中任职的客将改为鸿胪卿。这反映出在三省六部制并不完善的金山国中,外交是一个极为重要的事务。从宋惠信的官衔上可以看出,其名称混杂中央、地方官名,说明从藩镇到王国的改换未彻底进行。

在对外接待使者的过程中,相关的食宿宴设等事,都由客司负责安排。P.2641《丁未年(947)六月都头知宴设使呈设宴账目》载:"当直(值)都头并知客细供两份,贰胡饼(饼),灌肠面三升。"②正是客司设宴款待于阗使的记录,客将还会负责祝酒、劝酒等主持的工作,胡三省注《资治通鉴》曰:"今府州军皆有客将,主赞导宾客。"③对外出使的过程中,客司人员也能够完全地代表归义军政权的态度。如 P.3272《丁卯年(967)正月廿四日甘州使头阎物成去时书本》是客司递交给甘州回鹘的书信,内容一是对其宰相保证甘州回鹘内部"贼行"之事不再发生的回应,二是请甘州回鹘协助处理归义军使节遭受劫掠之事。④ 说明客司的官员主要负责在对外邦交中维护归义军的政治利益。作为归义军治下极为重要的部门,客司来往使用的马匹,也由归义军负责支出,只需要向归义军统治者上状申请,就可以使用公家的马匹,P.4525《辛巳年(981)八月都头吕富定为乘骑死亡请赐公凭状》即是此例。

---

① 唐耕耦、陆宏基编:《敦煌社会经济文献真迹释录》第 4 辑,第 291 页。

② 《法藏敦煌西域文献》,第 17 册,第 62—63 页。

③ (宋)司马光编著,(元)胡三省音注:《资治通鉴》卷二六四《唐纪八十》,第 8610 页。

④ 郑炳林、冯培红:《唐五代归义军政权对外关系中的使头一职》,《敦煌学辑刊》,1995 年第 1 期,第 22 页。

3. 宴设司

归义军衙府中设置宴设司,主要为招待外来使者的宴设活动造食。如 S. 6577V《归义军曹元忠时期宴设司面破历状》中就有记载:"宴设司,伏以今月二日,公主……"①其前身是唐代前期州府中设立的"宴设厨",见 P. 2862V＋P. 2626V《唐天宝年代敦煌郡会计牒》。② 宴设司在归义军时期也被简称为"设司",如 S. 2214《纳支黄麻地子历》:"黄麻官计十一驮半二斗,外支设司一驮。"③其负责人为都头知宴设使,如 P. 3800V《都头兼知管内都宴设使某乙状稿》中称"某乙奉牒补充都头兼知管内都宴设使"④,都头加于都宴设使之前,是为了表示其与节度使的亲从关系。⑤ 在宴设司中服役的厨务人员,称为"设司汉"及"设司女人",如敦研 001＋敦研 369＋P. 2629《归义军衙府酒破历》:"支设司汉并女人酒一斗。"⑥

宴设司在归义军政权进行对外接待时所进行的饮食活动有:1. 迎接外来使者,S. 3728《乙卯年(955 年)二三月押衙知柴场司安祐成状》:"十八日,迎甘州使付设司柽剌叁束。"⑦2. 招待外来使者,如 S. 3728《乙卯年(955 年)二三月押衙知柴场司安祐成状》:"三日看南山付设司壹束,看甘州使付设司柽剌两束。"⑧3. 外来使者进行赛神等活动时供食。如 S. 3728《乙卯年(955 年)二三月押衙知柴

① 《英藏敦煌文献(汉文佛经以外部分)》,第 11 卷,第 127 页。
② 冯培红:《敦煌归义军职官制度》,第 103 页。
③ 《英藏敦煌文献(汉文佛经以外部分)》,第 3 卷,第 133 页。
④ 《法藏敦煌西域文献》,第 28 册,第 90—92 页。
⑤ 郑炳林、冯培红:《晚唐五代宋初归义军政权中都头一职考辨》,郑炳林主编《敦煌归义军史专题研究》,第 89 页。
⑥ 唐耕耦、陆宏基编:《敦煌社会经济文献真迹释录》第 3 辑,第 272—275 页。
⑦ 《英藏敦煌文献(汉文佛经以外部分)》,第 5 册,第 152 页。
⑧ 《英藏敦煌文献(汉文佛经以外部分)》,第 5 册,第 152 页。

场司安祐成状》："二十四日于阗使赛神付设司柴壹束。"①4.送别外来使者时也有宴饮活动。敦研001＋敦研369＋P.2629《归义军衙府酒破历》记载："[六月]廿二日，使出马圈口，酒一壶。"②

4. 酒司、肉司、柴场司

如上所云，宴设司是接待外来使客的造食机构，而宴设所需要的酒、肉及燃料则分别由归义军使府下设的酒司、肉司及柴场司提供。

酒司是归义军政权专门设立的为其提供酒类的部门。P.2937《唐光启三年(887)十一月酒司曹文晟状并归义军节度使张淮深判凭》中有四件记载了酒司官员曹文晟上状给张淮深，希望其批准酒司接待来自各地使者时用酒的请求。从 P.3569V《唐光启三年(887)官酒户马三娘龙粉堆支酒本牒》中可知，酒司并不直接酿酒，而是由酒司控制的官酒户马三娘、龙粉堆酿制，用瓮盛装，再缴纳给酒司供使客使用。酒司在这一过程中主要负责分配酒本、算会及供酒等事宜。③ 前引 P.3569V 酒户牒中酒司的官员称"押衙阴季丰"④，可见是由押衙兼任。

肉司是归义军政权中负责肉类加工、为其宴设活动提供肉类食品的部门。与其他都司一样，其长官同样是由押衙兼任，如 P.3501V《后周显德五年(958)押衙安员进等牒》中记载肉司官员"勾当肉司翟都衙"。在招待外来使客时，肉应该是一种上好的食物，在 P.3160《辛亥年(951)六月押衙知内宅司宋迁嗣桩破用历状》就有归义军政权招待来自中原王朝的天使和于阗使者时

---

① 《英藏敦煌文献》(汉文佛经以外部分)》，第 5 册，第 152 页。
② 唐耕耦、陆宏基编：《敦煌社会经济文献真迹释录》第 3 辑，第 272—275 页。
③ 冯培红：《敦煌归义军职官制度》，第 107 页。
④ 唐耕耦、陆宏基编：《敦煌社会经济文献真迹释录》第 3 辑，第 622 页。

用肉的记录："廿八日,设天使煮肉造食玖束"、"廿日看于阗使煮肉两束"。①

柴场司是"归义军衙门下属机构,为供应柴火薪炭之部门"②。S.3728《乙卯年(955)二三月押衙知柴场司祐状》是柴场司供给宴设司柽刺、柴等物用来招待外来使节的记录,署有"押衙知柴场司安祐成"③,可知柴场司长官由押衙兼任,也被称作某柴场,见 P.3440《丙申年(966)三月十六日见纳贺天子物色人绫绢历》:"张柴场白绢壹匹。"④在柴场司之下,还设有枝头、刺头等役职,如罗振玉旧藏《沙州枝头白刺头名簿》中载有"枝头阴润子、白刺头程保住"⑤等,以五人或三人为一小组,外出为柴场司砍伐树枝、刈割柽刺。

5. 乐营

归义军时期,藩镇使府、州府两级皆置乐营,在县府则有官伎乐。⑥ 乐营的长官叫作乐营使,见 P.4640《归义军军资库司布纸破用历》载"乐营使张怀惠"⑦;其副贰为副乐营使,敦煌绢画 EO.1143《南无延寿命菩萨图》中记载"故父节度押衙知副乐荣(营)使阎□□一心供养";都史,即为乐营中的吏员,负责召集乐人,如 P.2842

---

① 《法藏敦煌西域文献》,第 22 册,第 67—68 页。
② 卢向前:《关于归义军时期一份布纸破用历的研究——试释 P.4640 背面文书》,《敦煌吐鲁番文书论稿》,南昌:江西人民出版社,1992 年,第 126 页。
③ 唐耕耦、陆宏基编:《敦煌社会经济文献真迹释录》第 3 辑,第 618 页。
④ 唐耕耦、陆宏基编:《敦煌社会经济文献真迹释录》第 4 辑,第 17 页。
⑤ 雷绍锋:《P.3418 背〈唐沙州诸乡欠枝夫人户名目〉研究》,《敦煌研究》,1998 年第 2 期,第 113 页。
⑥ 李正宇:《沙州归义军乐营及其职事》,荣新江主编《敦煌吐鲁番研究》第 5 卷,第 217—225 页。
⑦ 唐耕耦、陆宏基编:《敦煌社会经济文献真迹释录》第 3 辑,第 255 页。

《归义军乐营都史严某转帖》载"五月八日都史严宝□(帖)"①。除了行政人员之外,据李正宇研究,在归义军乐营中还有若干被称为"后座"的后台编撰工作者,以及被称作"音声博士"的高级技艺人员,又有乐伎、歌伎、舞伎、杂伎及作语人等诸色伎艺。以上这些人员是构成归义军政权乐营的主要人员。②

归义军乐营在宴设司招待外来使者的时候,会设乐娱乐。如P.2641《丁未年(947)六月都头知宴设使呈设宴账目》载:"东园音声设看后座,细供柒分,贰胡饼(饼)。廿三日,大厅设于阗使,用细供贰拾捌分,内三分贰胡饼。音声作语,上次料两分,又胡饼贰拾捌枚。""音声作语"所指即乐营的音声人在城东园及大厅表演节目。在敦煌莫高窟第14窟中有乐舞伎的相关图像(图3-1)。

图 3-1　敦煌莫高窟第 14 窟　乐舞伎(《中国敦煌壁画全集》第 8 册图 111)

---

① 《法藏敦煌西域文献》,第 19 册,第 82—83 页。
② 李正宇:《归义军乐营的结构与配置》,《敦煌研究》,2000 年第 3 期,第 78 页。

综上,归义军政权的府衙中设有孔目司来书写带给少数民族政权首领的书状信稿,设客司负责外来使者的接待活动安排,设宴设司负责外来使者的招待造食,设柴场司、肉司、酒司作为宴设司的后勤机构,为招待外来使者做准备工作,设有乐营负责外来使者在宴设之时的娱乐欣赏事宜。这套机构基本涵盖了归义军政权外交仪式的方方面面,为归义军在外交仪式中塑造一个强盛的政府形象和运用良好的外交手段打下了坚实的基础。

(二)外交接待的食宿地点

藩镇接待外来使客的记录在正史中鲜见。从中央来看,西周时天子就向来访使客"赐舍""宴饮"[1]。住宿和宴会地点可以彰显出接待方的世界秩序观和来使国在这一秩序中的地位。[2] 敦煌文献中有大量归义军衙府破用历记载了接待外来使客的情况,学界多用来讨论归义军与周边少数民族政权之间的关系,并未有专文阐释食宿地点的安排。

1. 驿

敦煌文书 S.3728《乙卯年(955)二三月押衙知柴场司安祐成状》载"就驿柴两束""就驿下檐椽刺伍束""就驿送盘设司椽刺叁束"[3],可知归义军应有驿站用于接待使者。P.2005《沙州都督府图经卷第三》记载有"一十九所驿并废"之事,但实际上录有二十一

---

① 《周礼》中记载了掌管外交事务的官员怀方氏:"掌来远方之民,致方贡,致远物,而送逆之,达之以节。治其委积、馆舍、饮食。"参见(清)阮元校刻:《十三经注疏·周礼注疏》,第864页。
② 王贞平:《唐代宾礼研究》,上海:中西书局,2017年,第27—49页。
③ 《英藏敦煌文献(汉文佛经以外部分)》,第5册,第152页。

驿，此是因"瓜州捉"的新井、广显、乌山三驿被并数为一驿。"并废"则是指包括州城驿在内的沙州之驿全部被废弃了。废弃时间在武周万岁登封元年（696）二月二十七日之后。[①] 而归义军时期驿站的重新出现，则体现出其可能继承了唐朝的驿站制度，兼为往来客使供食。

2. 家

敦煌文献 S.2474《庚辰—壬午年（980—982）归义军衙内油面破历》："支索都衙家住达坦身故助葬，细供十分，胡饼三十枚，用面三斗四升，油八合。"[②] 及 S.3728《乙卯年三月柴场司判凭》记载："供索县令家南山付设司柴壹束。"[③] 均提及使者居住在家中。"家"，如 P.4640V《己未年至辛酉年（899—901）归义军军资库司布纸破用历》："康家娘子葬支粗纸壹束。"[④] 是家庭、家族之意。如有使者住在太子宅中（见下文），那么索都衙家、索县令家也可能作为外来使者的接待地。

3. 园

晚唐五代敦煌城的四周，有很多被称为园的村落。[⑤] P.2005《沙州都督府图经卷第三》载："州城四面水渠侧，流觞曲水，花草果园，豪族士流，家家自足。"[⑥] 城东园和城南园是归义军政权安置外来使者的两处代表性场所。如 S.2472《庚辰—壬午年间（980—982）

---

① 卢向前：《唐代政治经济史综论——甘露之变研究及其他》，北京：商务印书馆，2012 年，第 305 页。

② 唐耕耦、陆宏基编：《敦煌社会经济文献真迹释录》第 3 辑，第 279 页。

③ 《英藏敦煌文献（汉文佛经以外部分）》，第 5 册，第 152 页。

④ 《法藏敦煌西域文献》，第 32 册，第 259—267 页。

⑤ 郑炳林：《晚唐五代敦煌村庄聚落辑考》，第 105 页。

⑥ 李正宇：《古本敦煌乡土志八种笺证》，第 46 页。

归义军衙内面油破历》:"去三月廿四日,使出城南园及城东园住。沿佐衙前子弟等逐日早夜面二斗,胡饼三十六枚,至三月五日早上吃料断,除月小尽,中间十一日,内二日午食不供,计给面三石五斗四升。"①据郑炳林研究,城东园是敦煌粟特人居住的中心②,因此在这里接待周边少数民族使者会使其更感亲切。归义军还在园内举办宴设招待外来使者。如 P.2629《归义军衙府酒破历》:"南城设伊州使酒贰斗伍升。"③在 P.3644《类书习字》中有:"沙州东水池神庙西水池神庙北水池神庙孔子文王庙堂衙内甲丈库军资库宴设库烟火仓司军粮大仓九眼仓衙厅中馆横园。"④此处"横园"与"衙厅""中馆"并列,显然也是一个举办宴会的场所。⑤

4.厅

敦煌文献中有在"大厅"宴设使客的记载。如 S.3728《乙卯年(955)二三月押衙知柴场司祐状》:"大厅设使客,付设司柽剌拾束。"⑥在城南园有"厅舍",P.2642《某寺诸色斛斗破历》记载:"十月一日,粟八斗,沽酒城南园泥厅舍用。"⑦由于南园是外来使团的常住地点,这些"厅舍"可能具有举办宴会的功能。"厅"在归义军衙府之中也有设置,称为"衙厅"。P.336《年代不明麦粟入破历》:"吴判官对寺家设衙厅孤(沽)酒粟三驮一,砲家纳。"⑧判官为节度使府

---

① 《法藏敦煌西域文献》,第 4 册,第 86 页。

② 郑炳林:《晚唐五代敦煌村庄聚落辑考》,第 106 页。

③ 《法藏敦煌西域文献》,第 16 册,第 362—363 页。

④ 《法藏敦煌西域文献》,第 26 册,第 200—202 页。

⑤ 高启安:《信仰与生活——唐宋间敦煌社会诸相探》,第 90 页。

⑥ 《英藏敦煌文献(汉文佛经以外部分)》,第 5 册,第 152 页。

⑦ 《法藏敦煌西域文献》,第 17 册,第 73 页。

⑧ 唐耕耦、陆宏基编:《敦煌社会经济文献真迹释录》第 3 辑,第 132 页。

的文职僚佐,地位颇高,权职重要,①表明衙厅具有对公的性质。S.2649《太平兴国九年甲申岁(984)三月廿二日归义军节度使曹延禄祭宅文》中记载:"厅馆衙府,每望善神潜守。"②可相印证。

5. 仓

P.2049V《后唐长兴二年(931)正月沙州净土寺直岁愿达手下诸色入破历》:"六日,供衙前仓住南山逐日酒贰斗。"③证明归义军时期有利用仓库接待使节。P.2942《唐代河西官文书》中记载有"管内仓库设宴给纳馆递搏节事"④的字样,这件官文书是永泰元年(765)至大历元年(766)朝廷所派河西巡抚使批复的公文。⑤结合前述归义军政权经常在使节居住之处设宴的情况,其可能也会在衙前仓内为使节提供酒食。归义军的仓储管理机构被称作"仓司",P.4640《己未年至辛酉年(899—901)归义军军资库司布纸破用历》有如下记载:"支与仓司索文楚粗纸两帖,细纸壹帖。"⑥主管官员为仓曹,这一官职在吐蕃时期就有,如P.2763V(3)《午年(790)三月沙州仓曹杨恒谦等牒》中载:"辰年十二月已前给宴设厨造酒斛斗卅二石二斗四斗……仓曹杨恒谦。"⑦沙州仓曹将官仓中一定数量的粮食和酒曲交付宴设厨造酒,供应官方宴饮。这一称谓沿袭至归义军时期,如S.8448B《某年归义军紫亭镇羊数名目》中记载

---

① 冯培红:《归义军职官制度》,第 58 页。
② 余欣:《唐宋敦煌醮祭镇宅法考索》,《敦煌研究》,2006 年第 2 期,第 62 页。
③ 唐耕耦、陆宏基编:《敦煌社会经济文献真迹释录》第 3 辑,第 272 页。
④ 周绍良主编:《全唐文新编》第 4 部第 4 册,第 11395 页。
⑤ 安家瑶:《唐永泰元年—大历元年河西巡抚使判集研究》,《敦煌吐鲁番文献研究论集》,北京:中华书局,1982 年,第 232—264 页。
⑥ 唐耕耦、陆宏基编:《敦煌社会经济文献真迹释录》第 3 辑,第 259 页。
⑦ 唐耕耦、陆宏基编:《敦煌社会经济文献真迹释录》第 1 辑,第 487 页。

的羊主人中就有何仓曹,文书背面也有羊主人何仓曹之名。在《唐六典》中有对"仓曹"职能的介绍,并强调"职同诸州司仓":"仓曹掌仪式、仓库、饮膳、医药、付事勾稽、省署抄目、监印给纸笔,市易公廨之事。"①可见,仪式、饮膳均为仓曹的工作内容。

6. 衙

在归义军时期,节度使的衙府具有接待外来使客的功能。P.2744《食物账》:"廿四日,衙内看汉僧及于阗僧细供六分,有□饼,小食子两枚、□头子两枚,用面一斗五升、油九合二勺。西衙看四道使客用细供五十八分,□饼四枚,灌肠面六升,用面一石一斗七升八合、油四升八合。"②衙即指归义军节度使府驻地官署,也被称为西衙,是归义军进行重大政治活动的场所。③ 文中"汉僧"带有官方色彩,应为内地派来的僧使,故归义军在衙府进行接待,是一种较高接待规格的体现。P.3569V《唐光启三年(887)官酒户马三娘龙粉堆支酒本牒》记载了西州回鹘三十五人来敦煌,并逗留月余,在这期间就在"西衙设回鹘使用酒三瓮已上诸处供给"④,这显然是正规的外交使团,来敦煌进行政治上的外交通使,故而归义军在西衙设酒接待。

7. 庄

归义军时期的庄在性质上分为两种,一是居民聚落,二是地主、官僚的田庄。⑤ P.2629《归义军衙府酒破历》载:"四日,支太子

---

① (唐)李林甫等撰,陈仲夫点校:《唐六典》卷三十《三府都护州县官员吏》,第755、756页。
② 《法藏敦煌西域文献》,第18册,第53页。
③ 张春燕、吴越:《西衙考》,《敦煌学辑刊》,1997年第2期,第121页。
④ 唐耕耦、陆宏基编:《敦煌社会经济文献真迹释录》第3辑,第624页。
⑤ 郝二旭:《唐五代敦煌农业专题研究》,兰州:甘肃文化出版社,2017年,第272页。

庄麦酒壹瓮。"①施萍婷认为这里的太子即于阗太子。② 杨森认为太子庄是归义军曹氏节度使为于阗从德太子修建的宅院别墅,可能位于城南园或城东园。③ 荣新江与朱丽双则将建造时间具体到曹元德一辈任归义军节度使时,认为太子庄是敦煌官府为于阗太子所建,是于阗太子在城外的一所庄园。④

8. 宅

归义军给周边少数民族使客的最高礼遇,是专门在敦煌为其建造宅舍。S.2474《庚辰—壬午年间(980—982)归义军衙内面油破历》载有:"十二日,太子宅于阗使一人,用面七斗。"⑤杨森、沙武田和赵晓星都将"太子宅"与"太子庄"混同,⑥基本认为二者是一回事。荣新江与朱丽双则提出不同看法,认为太子宅是于阗太子在敦煌城内的府邸,是于阗使臣更方便的落脚点,类似敦煌城内于阗王国的"大使馆",⑦可以信从。于阗太子负责接待于阗使者,其身份类似于于阗驻敦煌大使的身份,其宅邸也用于接待于阗使者之用。

据谭蝉雪研究,达怛也在敦煌修建了宅舍作为"接待办事处"。P.2629《归义军衙府酒破历》有如下记载:"十六日达爰垒舍酒壹

---

① 唐耕耦、陆宏基编:《敦煌社会经济文献真迹释录》第3辑,第274页。
② 施萍婷:《本所藏〈酒帐〉研究》,《敦煌研究》创刊号,1983年,第150页。
③ 杨森:《五代宋时期于阗皇太子在敦煌的太子庄》,《敦煌研究》,2003年第4期,第40—44页。
④ 荣新江、朱丽双:《于阗与敦煌》,第175—181页。
⑤ 《英藏敦煌文献(汉文佛经以外部分)》,第4册,第87页。
⑥ 参见杨森:《五代宋时期于阗皇太子在敦煌的太子庄》,第41页;沙武田、赵晓星:《归义军时期敦煌文献中的太子》,《敦煌研究》,2003年第4期,第46页。
⑦ 荣新江、朱丽双:《于阗与敦煌》,第179页。

瓮。廿四日达家小娘子发邑酒五升。十二日千渠送达家娘子酒壹瓮。"①文中的"垒舍酒"与"发邑酒"正是归义军政权以酒致礼祝贺达怛公主,表明君者在敦煌修建了常住宅舍,标志着达怛与归义军正式建立友好关系。② 这一住宅的建成也方便了达怛使者的往来住宿。

　　总的来看,归义军在接待使客的过程中,对食宿地点做出了一定规格的区分。一般来敦煌的使者普遍居住在家、驿站、城外园内,并在居住地或者专设的大厅接受归义军的宴饮招待。而较为重要的使者则可能居住在归义军的衙府之中,或者是由归义军为其建造专门的庄园、宅舍作为对其接待的办事处。

(三)外交接待的主要仪程

1. 迎接仪式

　　归义军时期,往往要提前于沿途迎接外来使者,以示尊重。P. 2641《丁未年(947)六月都头知宴设使呈设宴账目》载:"十九日,寿昌迎于阗使,细供陆拾分,壹胡并,又胡并壹伯枚,油胡并子肆伯枚,海面贰斗,入油壹升。廿日,太子迎于阗使,油胡并子壹伯枚,每面贰斗,入油壹升。廿一日,马圈口迎于阗使,用细供叁拾分,壹胡并,又胡并贰拾枚,灌肠面叁升。城下迎于阗使,细供贰拾分,壹胡并,灌肠面三升。于阗使迎于闽使,细供拾分,壹胡并,中次料拾分。"③其中,

①　《法藏敦煌西域文献》,第 16 册,第 362—363 页
②　谭蝉雪:《〈君者者状〉辨析——河西达怛国的一份书状》,《1994 年敦煌学国际研讨会文集纪念敦煌研究院成立 50 周年下宗教文史卷・下》,兰州:甘肃民族出版社,2000 年,第 100—114 页。
③　《法藏敦煌西域文献》,第 17 册,第 62—63 页。

寿昌位于敦煌城西南一百二十里,[①]马圈口则在敦煌西南二十五里处,[②]可见使者需要出城远迎。

迎接使者时会举行宴饮活动,常称为"迎顿"。如 S.1366《归义军衙内面油破用历》:"迎甘州使顿。"[③]"顿"字最早为以首叩地之意,后来又引申为聚会、宿食所需之物。敦煌的"顿"是指某项活动结束后,大家在一起置酒、聚会。[④] 前引 P.2641《丁未年(947)六月都头知宴设使呈设宴账目》中记载设宴所用饮食多以细供为主,盛朝晖指出"细供是招待吃用档次最高、待遇最为隆重的一种"[⑤],可见归义军对迎接使者活动极为重视,并且想要给使者留下良好印象。有时这一活动也在窟上举行,S.1366《归义军衙内面油破用历》中就有:"西州使与伊州使上窟迎顿,细供二十五分,中次料十五分,用面六斗五升五合,油二升六合。"[⑥]这与敦煌佛教的繁盛不无关系。

迎接使者完毕,就需要安排其住宿歇脚,这一活动称为"下檐"。"檐"是一种代步工具,[⑦]"下檐"即可引申为车马休顿,如《太平御览》所记:"今广州诸郡牧守初到任,下檐皆有油画抱木履也。"[⑧]在

---

① 冯培红:《归义军镇制考》,《敦煌归义军史专题研究四编》,第 139 页。

② P.2005《沙州都督府图经卷第三》:"马圈口堰,右在州西南廿五里,汉元鼎六年造,依马圈山造,因山名焉,其山周回五十步。自西凉已后,甘水湍激,无复此山。"

③ 郝春文主编:《英藏敦煌社会历史文献释录》,第 5 卷,第 417 页。

④ 高启安:《唐五代敦煌饮食文化研究》,第 192 页。

⑤ 盛朝晖:《"细供"考》,《敦煌学辑刊》,1996 年第 2 期,第 99—102 页。

⑥ 郝春文主编:《英藏敦煌社会历史文献释录》,第 5 卷,第 415 页。

⑦ 《新唐书》记载:"开成末,定制:宰相、三公、师保、尚书令、仆射、诸司长官及致仕官,疾病许乘舆,如汉、魏载舆、步舆之制。"参见(宋)欧阳修,宋祁:《新唐书》卷二四《车服志》,第 532 页。

⑧ (宋)李昉:《太平御览》卷二二《时序部七》,北京:中华书局,1960 年,第 106 页。

《演繁露》中有更详细的介绍:"介父《送王介知湖州诗》曰:'遥想郡人迎下檐',下檐,犹古之下车也。"①S.3728《乙卯年(955)二三月押衙知柴场司安祐成状》载:"十八日,迎甘州使,付设司椟刺叁束。下檐,付设司柴两束。""迎西州使付设司椟刺叁束,下檐付设司柴叁束,就驿下檐椟刺伍束。"②可以看出,"下檐"这一活动往往是在迎接之后进行的,又称为"就驿下檐",说明发生场所是在居住处。P.3569V《唐光启三年(887)官酒户马三娘龙粉堆支酒本牒》:"又凉州温末及肃州使,从四月一日到,下檐酒壹瓮,料酒从四月二日至四月十五日发,中间壹拾肆日,上下壹拾壹人,每一日供酒贰斗肆胜,计供酒伍瓮半陆胜。"③这里供应给使者的料酒只从二日开始,而使节到日的一日则有酒一瓮(等于六斗),数量较大,加之前引宴设司也有参与"下檐",可见"下檐"这一活动包含宴饮。又 S.1366《归义军衙内面油破用历》中记载:"又下檐甘州使细供三分,中次料□分,下次料十七分。"④可为佐证。S.5713《僧人谢物状》和 P.3691《新集书仪》中均有《谢下檐》的实用书状,证明下檐是一种仪式活动。

2. 活动安排

①礼佛上窟。敦煌文书中的破用历记载了节度使府衙经常设酒、支油面来招待外来使客赴莫高窟礼佛等事。前引 S.1366《归义军宴设司面、破油历》即记录了"甘州使""狄寅及使"来沙州并巡礼

---

① (宋)程大昌撰,许逸民校正:《演繁露校正》,北京:中华书局,2018 年,第 1483 页。

② 《英藏敦煌文献(汉文佛经以外部分)》,第 5 册,第 152 页。

③ 唐耕耦、陆宏基编:《敦煌社会经济文献真迹释录》第 3 辑,第 623 页。

④ 郝春文主编:《英藏敦煌社会历史文献释录》,第 5 卷,第 417 页。

莫高窟之事，①其中有"窟上迎甘州使细供十五分，又迎狄寅及使命细供十分"。

又如曹元忠统治时期，于阗三位太子来敦煌礼佛，正是归义军与于阗友好关系的表现。P. 3184V 记载："甲子年八月七日，于阗太子三人来到佛堂内，将《法华经》第四卷。"②施萍婷认为这里的三位太子指从德、从连和琼原，他们于乾德二年（962）六月来敦煌，八月七日巡礼佛堂，然后从德入中原朝贡，另外两位巡礼莫高窟，并在莫高窟第 444 窟东壁留下他们的题记："南无释迦牟尼佛说妙法华经，大宝于阗国皇太子从连供养；南无多宝佛为听法故来此法会，大宝于阗国皇太子琼原供养。"③

②赛神。在敦煌文书中有许多外来使者出使敦煌赛神的记录。如 S.3728《乙卯年（955）二三月押衙知柴场司安祐成状》载有云："二十四日于阗使赛神，付设司柴壹束。"④姜伯勤认为此处具有使臣身份的"于阗使"所赛之神当为于阗民族早期信仰之神，颇疑即祆神。⑤ 在莫高窟的佛教绢纸绘画中，姜伯勤发现了一幅应属于祆教的图像（图 3-2），它可能是归义军官民赛神活动的遗物。⑥ P. 4640《己未年至辛酉年（899—901）归义军军资库司布纸破用历》记辛酉年三月十一日"支与于阗使张良真画纸一帖"、十二日"又都押衙罗通达传处分，支与于阗使梁明明一行画纸一束八帖"。⑦ 这些在

① 杨富学：《敦煌民族史探幽》，兰州：甘肃文化出版社，2016 年，第 197 页。
② 《法藏敦煌西域文献》，第 22 册，第 104—105 页。
③ 施萍婷：《本所藏〈酒帐〉研究》，第 150 页。
④ 《法藏敦煌西域文献》，第 27 册，第 154—155 页。
⑤ 姜伯勤：《中国祆教艺术史研究》，北京：生活·读书·新知三联书店，2004 年，第 175—176 页。
⑥ 荣新江：《华戎交汇——敦煌民族与中西交通》，第 80 页。
⑦ 唐耕耦、陆宏基编：《敦煌社会经济文献真迹释录》第 3 辑，第 268 页。

图 3-2　P.4518(24)祆教女神图像(国际敦煌 IDP 数据库)

归义军衙府的支出中画纸主要用来赛神。P.2641《丁未年(947)六
月都头知宴设使呈设宴账目》中也记载:"速丁公主赛神,细供伍
分,壹胡并(饼)。"①这里的"速丁公主",李正宇认为是于阗公主。②
此外敦煌文献中记载有譬如"东园赛神""南城赛神"(S.3728《乙卯
年(955)三月押衙知柴场司安祐成状》:"十九日,东园祭拜付设司
柴两束……十六日祭拜熟肉柴两束,南城上赛神付设司柴壹束。"③)
等,城东园与南园均属于外来使节驻足休息的馆驿之地,④可见归

---

① 《法藏敦煌西域文献》,第 17 册,第 62—63 页。
② 李正宇:《俄藏中国西北文物经眼记》,《敦煌研究》,1996 年第 3 期,第
　36—42 页。
③ 唐耕耦、陆宏基编:《敦煌社会经济文献真迹释录》第 3 辑,第 620 页。
④ 赵贞:《归义军史事考论》,第 136—137 页。

义军政权对其他民族使者的宗教信仰极为尊重，为其提供相应的祭祀用品。

③宴饮活动。如前所述，使者来到敦煌，先有迎顿之仪，紧接着有下榻之仪。此后使者居住敦煌，归义军节度使需有"看"或"设"，即宴饮招待仪式。"看"指去看望使节并招待，如故宫博物院藏《己巳年（969）二、三月酒户樊定延酒破历》云："廿一日，衙内看达怛使酒半瓮。"①而"设"则是在使者居住地外的场所招待，如P.2641《丁未年（947）六月都头知宴设使呈设宴账目》："大厅设于阗使。"②还有"屈"，如P.2641《丁未年（947）六月都头知宴设使呈设宴账目》："太子屈于阗使。"③屈是邀请他人来自己所设之局席，显示出主卑客尊的礼仪文化。在P.3961《新集书仪》中有大量的如《暖房相屈》《屈客饮酒书》《屈僧》等，都提到在自己的宅舍请他人赴宴，如《屈朝友及诸旧相识》："来日就某乙弊居。"④或者请某人在某处相聚，如《又寒食相迎屈上坟书》："空携渌酒，野外散烦。愿屈同飨先灵。"⑤

值得注意的是，归义军每次款待外来使者吃用，分"细供""上次料""中次料""下次料"四种，"细供"常与前三种并列出现。对此高启安已有深入研究，细供属于最为精美的食物，是在供食三等原则下额外增加的部分，并且是一组食物的总称。次料也是成品的食物，是以每人每餐的供食标准作为参考来分配数量的，从敦煌文献考察，不同次料之间至少有量的区别。而吐鲁番文书的记录则

① 冯培红：《敦煌的归义军时代》，第382页。
② 《法藏敦煌西域文献》，第17册，第62—63页
③ 《法藏敦煌西域文献》，第17册，第62—63页。
④ 周绍良主编：《全唐文新编》第5部第1册，第12298页。
⑤ 《法藏敦煌西域文献》，第26册，第321页。

说明,上中下的供应标准和使者的身份等级有很大关系。食物等次的不同是等级观念在饮食上的体现,也是政权与政权之间亲疏关系的表征。①

④物品贸易、交换活动。归义军与周边少数民族政权会通过使者的来往进行官方贸易活动。如 S.2009《沙州官衙交割什物点检历》中记载:"又达怛铤、杂箭三十四只。"②即达怛人锻造钢铁兵器出售给了归义军。归义军与达怛之间的贸易以交换畜产品、钢铁兵器为主。P.2826《于阗王致沙州令公书》云:"白玉一团。赐沙州节度使男令公,汝宜收领,勿怪轻鲜,候大般次,别有信物汝知。其木匠杨君子千万发遣西来,所要不惜也。凡书信去,请看二印:一大玉印,一小玉印,更无别印也。"③可见,于阗和归义军也通过使者往来交换各自所需。

3. 物品供应

①食物供应:使者到敦煌出使,归义军负责为其提供"逐日早夜面""午食"及"月面"。如 P.2641《丁未年(947)六月都头知宴设使呈设宴账目》:"瓜州来龙家一人,逐日午时下次料,早夜面壹升半,供拾壹日,食断。"④归义军政权为来到瓜州的龙家使者一人每日早晚供应面,可能需要其自己制作食物,中午则供应下次料一份。S.1366《归义军衙内油面破历》云:"甘州来波斯僧月面七斗,油壹升,牒密骨示月面七斗。"⑤"月面"即为按月分配的面粉食料,

---

① 高启安:《信仰与生活——唐宋间敦煌社会诸相探》,第 275—292 页。

② 《英藏敦煌文献(汉文佛经以外部分)》,第 3 册,第 192 页。

③ 《法藏敦煌西域文献》,第 19 册,第 9 页。

④ 《法藏敦煌西域文献》,第 17 册,第 62—63 页。

⑤ 《英藏敦煌文献(汉文佛经以外部分)》,第 2 册,第 277—278 页。

也需要使者自己造食。

②节日供应：归义军会为外来使者额外提供节日期间的用酒和用粮。S. 5728《壬申年（972）五月酒户曹流德牒》云："节酒壹斗，支独峰驼似月酒壹瓮甘州走米。"① 是归义军酒司中酒户为甘州回鹘使者来敦煌支出节日用酒。P. 2744《归义军宴设司面油破历》载："廿三日，支四道使客筹节料残。"②"节料"有时也叫"节粮"，是"节日支出的饮食原料"之意。③ 节日供应可以让外来使节感受蕴含文化内核的节日氛围，正是扩大自身文化影响力的关键途径。

③柴桯供应：S. 3728《乙卯年（955）二三月押衙知柴场司安祐成状》："公主四人共捌拾束，消醶柴伍束……准旧例，支太子桯捌车，各柒拾柒束，刺两车，各伍拾伍束……北宅桯拾车，各柒拾柒束。"④荣新江、朱丽双认为该文书中的公主不能确定是于阗或者回鹘的公主，但太子应该是指于阗太子。⑤ 归义军衙府的柴场司供应公主、太子柴与桯柳，可能是作为造食和取暖柴火之用。其数量与供应给"北宅"，即节度使府主夫人宅邸的数量一致，可见归义军政权极为重视对于阗太子的招待。

④助葬供应：为了保持与周边各种政治势力的关系，归义军对在境内死亡的使客有着助葬支出。S. 2474《归义军衙内面油破历》："支索都衙家住达怛身故，助葬细供十分。"⑥P. 2641《丁未年

---

① 《敦煌宝藏》，第44册，第407页。

② 《法藏敦煌西域文献》，第18册，第53页。

③ 高启安：《唐五代敦煌饮食文化研究》，第355页。

④ 唐耕耦、陆宏基编：《敦煌社会经济文献真迹释录》第3辑，第619页。

⑤ 荣新江、朱丽双：《于阗与敦煌》，第173页。

⑥ 《英藏敦煌文献（汉文佛经以外部分）》，第4册，第87—88页。

(947)六月都头知宴设使呈设宴账目》："付胡儿龙家身故,胡饼叁
拾枚,俘愉拾枚。"①S.1366《归义军宴设司面、破油历》："于阗罗阁
梨身故助葬细供十分,胡饼五十枚,用面四斗四升,油八合。"②这是
为了维护归义军政权的存在而采取的比较友好的外交政策。

4. 送路仪式

敦煌文书 S.2241《君者者状》,是达怛公主给曹元忠夫人所写
的一封感谢信,③感谢归义军对她归程的关心和爱护,所以在安全
抵达目的地的当天,写信致意。信中涉及了归义军对外来使客的
送别仪程,特抄录如下:

> 孟冬渐寒,伏惟北宅夫人、司空小娘子尊体起居万福! 即
> 日君者者人马平善而□□□,不用优(忧)心,即当妙矣。切
> 嘱,夫人与君者者沿路作福,袄寺燃灯,倘(?)切不坚。又嘱,
> 司空更兼兵士,远送前呈(程)。善谘令公赐与羊酒优劳,合有
> 信仪,在于沿路,不及晨(申?)送,谨奉状起居,不宣。谨状。
> 十月十九日公主君者者状上　北宅夫人状前。④

首先,引文中称"赐予羊酒优劳",即指归义军为君者者准备了
在行路过程中用来慰劳的饮食。因为外来使者到敦煌往往会给归
义军统治者准备礼物,如 P.4638《陈彦□献物牒》所记二位来敦煌
的办事人员献香料及酒:"前件馨香及酒等,贵府所出,愿献鸿慈,

---

① 《法藏敦煌西域文献》,第 17 册,第 62—63 页。
② 郝春文主编:《英藏敦煌社会历史文献释录》,第 5 卷,第 416 页。
③ 谭蝉雪:《〈君者者状〉辨析——河西达怛国的一份书状》,第 100—114 页。
④ 《英藏敦煌文献(汉文佛经以外部分)》,第 4 册,第 53 页。

诚非珍异。"①那么使客离开敦煌，归义军也会回赐物品。如 P.
4061V《都头知内库官某状》："伏以今月十七日支达怛大部跪拜来
大绵丝袄子叁领，胡□壹张。"②

其次，前引状文中称"切嘱，夫人与君者者沿路作福，祆寺燃
灯"即为"沿路在祆寺祈福"，礼拜圣火是祆教最重要的仪式，而早
在十六国时期，中国的祆教徒就已经按自己的理解方式将礼拜圣
火仪式改为燃灯仪式了。③ 小川阳一指出这是为旅途平安而在沿
途所作的祈福。④ 归义军在使客离开敦煌时，均会举行赛神仪式。
如 P.2641《丁未年(947)六月都头知宴设使呈设宴账目》载："廿四
日，使出赛马圈口，用神食拾贰分，灯油壹升，又胡饼伍拾枚。"⑤又
S.2474《庚辰—壬午年间(980—982)归义军衙内面油破历》："同
日，使出禄家泉赛神用细供四十分，胡饼一百一十五枚，用面一石
三斗三升五合，油三升两合。"⑥赛神的物品由归义军提供，因而具
有官方仪式的性质。敦煌莫高窟第 9 窟中绘有相关出行赛神的图
像(图 3-3)。

再次，归义军对使者会远送以示不舍。如前所述送路马圈口
就在敦煌城外，引文中也称"司空更兼兵士，远送前呈(程)"，即归
义军节度使派士兵远送君者者，表示对其外交行为的重视。

最后，归义军送别使者时往往会进行宴设活动。原董希文旧

① 《法藏敦煌西域文献》，第 32 册，第 238 页。
② 《法藏敦煌西域文献》，第 31 册，第 59 页。
③ 解梅：《唐五代敦煌地区赛祆仪式考》，《敦煌学辑刊》，2005 年第 2 期，第
146 页。
④ ［日］小川阳一：《敦煌における祆教庙の祭祀》，《东方宗教》第 27 号，1967
年，第 31 页。
⑤ 《法藏敦煌西域文献》，第 17 册，第 62—63 页。
⑥ 唐耕耦、陆宏基编：《敦煌社会经济文献真迹释录》第 3 辑，第 278 页。

藏、现敦研 369《归义军衙府酒破历》记载:"廿二日,使出马圈口,酒
一壶。"①P.2629《归义军衙府酒破历》载:"(七月八日供南山)送路
酒四斗。"②

图 3-3 敦煌莫高窟第 9 窟 出行祈赛(《敦煌石窟全集》第 25 册图 220)

综上,外来使者来到敦煌前,归义军就会派人前去接应宴饮,
称"迎顿"。使者到住宿地之后,归义军会供应酒食欢迎,称"下
檐"。在敦煌居住期间,归义军会安排使者进行礼佛、赛神、宴饮与
贸易的活动,其中所花费的纸张、柴梗、酒食均由归义军提供。此
外归义军还为使者提供日常饮食所需的食料、柴梗,在节日期间额
外供给酒粮,如有使者在出使期间去世,归义军还为其提供助葬物
品。使客回程之时,归义军会为其准备回赐物品,远送宴饮以示不
舍,并赛神为使客祈求行路平安。可见,外交仪式不仅是归义军政

---

① 《甘肃藏敦煌文献》,第 2 册,第 166—167 页。
② 《法藏敦煌西域文献》,第 16 册,第 364—366 页。

治伦理秩序的礼制化反映，也是笼络周边政权人心的有效统治手段。

二、归义军与其他藩镇的交往仪式

归义军统治敦煌的近二百年中，四面围蕃，与中央政权的交往困难，甚至有十数年未能通使。但是以藩镇名义存在的归义军，在遣使中原途中时常受到其他藩镇的照拂，其中比较突出的就是处于灵州的朔方军。早在归义军建立初期遣使向中央奏报时，就多经由灵州到达中央。从 P.2748《大中四年状》中明确记载"七人于灵州""六人奉河西地图"①来判断，大中二年（848）张议潮遣使绕道漠北，循回鹘旧路到达天德军，然后南下抵达灵州，继续前行至长安。②

朔方节度使作为中原王朝驾驭西北地区的根本依托，在归义军与中央交往的过程中时常起到调节关系的作用。如 P.3547《归义军上都进奏院状》记载乾符四、五年（877—878）间张淮深派遣使节请求旌节的情况，使团经过灵州时，"勒住军将长行等一十六人"，"十三人到院安下"③，表明真正到达长安进奏院的只有十三人，其他十六人都在凉州等待。这应与中央限制入朝人数有关。咸通八年（867）则有过相反的做法，朔方扣押归义军的使节不让其返回敦煌，见 P.4640《索法律窟铭》："臣子之礼无亏。回驾朔方，被

---

① 唐耕耦、陆宏基编：《敦煌社会经济文献真迹释录》第 3 辑，第 278 页。
② 赵贞：《敦煌所出灵州道文书述略——兼谈朔方韩氏对灵州道的经营》，《敦煌研究》，2003 年第 4 期，第 52 页。
③ 《法藏敦煌西域文献》，第 25 册，第 224 页。

羁孤而日久。"①这和归义军与中央之间矛盾加剧有关。②

　　朔方节度使也常常为归义军联系中央保驾护航。荣新江据《册府元龟》中记载："后唐同光中,长史曹议金者,遣使朝贡,灵武韩洙保荐之,乃授沙州刺史,充归义军节度使、瓜沙等州处置使。"③认为曹议金正是经由朔方节度使保荐而成功遣使到达后唐的。④这与韩洙充"灵、盐、威、警、雄、凉、甘、肃等州观察使"的职能是分不开的。⑤ 因此,归义军与其他藩镇交往的政治仪式是关乎归义军合法性授予的重要关节,故此试论。

(一)起居、贺谢之仪

　　传世典籍里,起居、贺谢之仪在君臣关系中占有比较重要的位置。而敦煌文献中也有关于归义军政权的起居、贺谢之仪,在其官场交往中大量出现。这与唐代社会的官僚化和后期政治结构由中央集权向藩镇体制过渡,导致礼仪的主体和重心转向了以藩镇为中心的官场酬应仪式有关。⑥ 在这样的变化中,原属于中央的礼仪制度下移并普及于地方,成为归义军与其他藩镇政治交往关系中

---

① 唐耕耦、陆宏基编:《敦煌社会经济文献真迹释录》第 3 辑,第 257 页。
② 郑炳林:《敦煌写本〈张议潮处置凉州进表〉拼接缀合与归义军对凉州的管理》,郑炳林主编《敦煌归义军专题研究三编》,第 492 页。
③ (宋)王钦若等:《册府元龟》卷九八〇《外臣部·通好》,第 11522 页。
④ 荣新江:《归义军史研究——唐宋时代敦煌历史考索》,上海:上海古籍出版社,1996 年,第 312 页。
⑤ 《旧五代史》记同光二年四月"己丑,以朔方、河西等军节度使韩洙依前检校太傅、兼侍中,充朔方、河西等军节度使,灵、盐、威、警、雄、凉、甘、肃等州观察使"。参见(宋)薛居正等:《旧五代史》卷三十一《庄宗纪第五》,第 433 页。
⑥ 吴丽娱:《敦煌书仪与礼法》,第 278 页。

不可或缺的礼仪形式。

起居仪起源于子女对父母的家内起居之仪,基本作用是表达日常的问候,在家族内部则指子女对父母的晨昏定省。①《礼记·曲礼上》所谓:"凡为人子之礼,冬温而夏清,昏定而晨省。"孔颖达疏曰:"应卧当齐整床衽,使亲体安定之后,退。至明旦,既隔夜,早来视亲之安否何如。"②此为孝子体亲之礼。此外,拜见尊长有问起居之规,司马光《书仪》载:"若卑幼自远方至见尊长,遇尊长三人以上同处者,先共再拜,叙寒暄问起居讫,又三再拜而止。"敦煌文书中也存有使用于家族内部的起居书仪,如 P. 3442《吉凶书仪·与外祖父母书外伯叔□附之》内有"不审翁婆尊体起居何如"③等语。S. 4362《肃州都头宋富怂家书》有:"仲春渐暄,伏惟兄宋都头、阿婆、阴家姨、阿师子、都头、法律、二娘子、八娘子、五娘子、苟奴,合宅大小尊体起居万福。"④此时的起居仪不只面向长辈,还包括全家老小。

从问安父母的孝顺之意顺延至朝廷和官场各个层面的起居仪,最早记载于《尚书·冏命》:"出入起居,罔有不钦;发号施令,罔有不臧。"⑤即指臣子对君王的出入起居有所恭奉,这与"以国为家"的思想有关。而起居仪作为一种典章制度,在秦汉时就已经产生。《文献通考》记载:"仆,秦官,汉因之。又有长、丞,主车马,后汉因之,而属少傅,职如太仆。太子五日一朝,其非太子朝日,即与中允入问起居。"⑥

---

① 吴丽娱:《敦煌书仪与礼法》,第 397 页。
② (清)阮元校刻:《十三经注疏·礼记正义》,第 1233 页。
③ 《法藏敦煌西域文献》,第 16 册,第 215—225 页。
④ 《英藏敦煌文献(汉文佛经以外部分)》,第 6 册,第 45 页。
⑤ (清)阮元校刻:《十三经注疏·尚书正义》,第 246 页。
⑥ (元)马瑞临:《文献通考》卷六十《职官十四》,北京:中华书局,1986 年,第 547 页。

是说太子仆与太子中允定期入宫问起居。《汉书·哀帝纪》中也有记载哀帝被成帝定为皇太子,谢语道:"臣愿且得留国邸,旦夕奉问起居。"①可见起居仪可以是下对上进行的一种问候之仪,表示尊崇之意。此外官场中亦有展现以上对下的问起居现象,以示关怀。②

　　起居仪既然在朝廷及家庭中广泛使用,自然也牵涉藩镇与藩镇之间的礼仪需求。P.3691《新集书仪》中有《每到州郡见节度使礼》,即遣使入京途中路过其他藩镇,使者都需要与其节度使"礼初到相见,起居某乙来日,本使某官附起居"③,代本道节度使问起居。实际上,藩镇之间相互的问候表示着亲和与礼貌。P.3151《沙州书状稿》中记载了曹议金向朔方节度使张希崇问候起居的内容:"伏蒙钧念,远辱笺章;涂路开通,尽因造化。贵府人使至,所示勾取弊藩入贡般次事,今差曹厶等一行上京进奉,克副来书,一则望圣泽以临边,一则感台情之重寄。经过贵道,希赐周旋。回复甘州,望获平善,今则黄梅叶落,懒鹰归晴之声。白帝辞秋,将迓玄英之候。更冀调护,别受天恩。厶夙忝殊私,倍深虔祝,仅专修书起居兼申陈谢。伏惟。"④这篇文书展示了朔方节度使派人前来共同商议入贡之事,归义军遣使在朔方节度使的保护下去进奉,并在途经灵武时,向其节度使修书问候起居及陈谢。

　　除了起居之外,藩镇与藩镇之间交往常会使用贺仪与谢仪。

①　(汉)班固撰,(唐)颜师古注:《汉书》卷十一《哀帝纪》,第333页。

②　杜文玉:《五代起居制度的变化及其特点》,《陕西师范大学学报(哲学社会科学版)》,2005年第3期,第102—103页。

③　周绍良主编:《全唐文新编》第5部第1册,第12297页。

④　赵和平考证书状的书写时间为公元10世纪30年代初,发件人是曹议金,而收件人应是朔方节度使张希崇。参见赵和平:《敦煌表状笺启书仪辑校》,第298页。

在敦煌的表状笺启书仪中,官场往来文范大量充斥着贺、谢一类的礼仪性书状,如从中原传入敦煌的 P. 4093《甘棠集》、P. 4092《新集杂别纸》和 P. 3723《记事备要》中有《贺官》《贺赦》《贺破贼》《谢冬衣表》《谢饭状》等。这些名目在归义军时期的敦煌同样有之。如 S. 3399《杂相贺》中有《贺赦文》《贺破贼》《贺雪》等,特别是作为显示国家昌盛的《城中有祥瑞贺语》,也都堂而皇之地搬到了归义军这样的边陲藩镇仪礼之中。据吴丽娱研究,此类书状的对象发生了从皇帝到长官的重心转移,反映出所谓官场之礼已经从朝廷到藩镇、从中央到地方,由内而外、自上而下地渗透到唐朝官僚社会的各个层次和环节,并被整个社会所接受采用,从而成为官场政务活动和日常生活中不可分离的一部分。[1]

正因为贺、谢之仪是为了维持某种政治关系,以达到相互提携或得到照拂的目的,因某事而贺的内容也会表达出感谢的意思,这两种文书在应用中并不显得泾渭分明。在 P. 2945 赵和平拟名《权知归义军节度兵马留后使曹元德致张希崇状》[2]的重叠别纸中第三纸有记载:

> 又贺别纸。□使西回,伏奉荣示,词旨稠叠,愧悚实深。某乙忝权留[后],暂总军戎,未奉奏闻天颜,岂忱(意)圣造,泽漏天西,诏[宣]遐外。此皆相公恩威,非次顾录,被受宠荣,悚[惕]就惶,不任感惧。碛漠纡回,未由拜谒,谨差节度押衙张进诚奉状陈谢,伏惟照察,谨状。权知归义军节度兵马留后使。[3]

---

① 吴丽娱:《敦煌书仪与礼法》,第 395 页。
② 赵和平:《赵和平敦煌书仪研究》,2011 年,第 313 页。
③ 《法藏敦煌西域文献》,第 20 册,第 188—189 页

　　别纸的本意即为另一张纸,同一书信之另纸。^① 其优点在于内容不必重复。重叠别纸更是将礼仪性的复书及请事申事的别纸功能结合了,其特点是"凡一事别一幅"。^② P.2945 共有七纸,第一纸是问候"相公尊体动止万福",第二纸是问身体且"伏愿精嘉(加)药膳",均属于礼仪性问候。第三纸才正式进入正题,称为"又贺别纸",显然属于贺仪,是贺归义军政权受到天恩的眷顾,但是内容上属于陈谢,认为"泽漏西天"是由于朔方节度使张希崇的"恩威",故"谨差节度押衙张进诚奉状陈谢"。可见,出于政治目的的考量,贺与谢的选择只是交往的名目和理由,其内容是视自身的政治需求而定。

　　这种多义化的书仪内容处理,还体现在起居与贺谢之仪的融合之中。如前所述 P.3151《沙州书状稿》中就记载"仅专修书起居兼申陈谢"^③的话语,实际上这属于曹议金对张希崇的问候起居之仪,但是内容中表达了自己对朔方节度使的感谢之情。在复杂的官场局势中,如何通过基本的仪节来最大化地表达自己对他人的敬意和感谢,并且构建起官场内相互帮助的关系,正是书仪内容走向多义化的背景和原因。P.2996《书仪》中的六首起居状中也对此有所体现。赵和平根据文书背面所写"天福八年弟子田大□启"判断,该文书的抄写年代应是五代,并且其书写风格具有较浓的文学性,推测是中原传入的某种书仪传抄本。^④ 其中的第二首和第三首分别写有"谨修状起居兼伸(申)陈贺""谨修状起居陈谢",就其内容而言,第二首是问候起居兼贺佳节来临,第三首是问候起居兼谢

①　陈静:《"别纸"考释》,《敦煌学辑刊》,1999 年第 1 期,第 113 页。
②　吴丽娱:《敦煌书仪与礼法》,第 264—268 页。
③　《法藏敦煌西域文献》,第 22 册,第 44 页。
④　赵和平:《赵和平敦煌书仪研究》,第 280 页。

对自己的调护。可见,问候起居附带着贺谢不止是一种简单的礼仪问候,更是书写人表达心意、歌功颂德的机会。

总之,起居仪和贺谢仪作为归义军政权维持与其他藩镇关系中的一种名目、由头,存在于晚唐五代宋初的政治交往之中。尽管起居与贺谢仪节原本是中央朝廷中臣子对皇帝的礼仪,但是随着官僚社会的膨胀和朝仪的下僭,变为藩镇可供借鉴利用的形式,成了其维护政治关系的表达,这些仪节体现出了以归义军自身为核心的政治圈的成立。如前所述,虽然受到天恩降旨,但归义军感谢的却是帮助其打点其中关系的人,这也从侧面反映出中央朝廷统治衰落后,藩镇权力僭越中央的普遍事实。

(二)送物、回礼之仪

礼物,又称为"信"或者"信物",备礼称为"具信"。礼物作为古今中外人们建立关系及表情达意的一种手段,在社交生活中不可或缺。地方藩镇除了定期向皇帝进奉物品之外,还要打点朝廷大僚、藩镇长官等。像 P. 2539V《灵武节度使书状集》的致书对象有"诸道及朝要"[①],可以说送礼是藩镇发展诸方关系的需要。如前所述,归义军因为与中央相隔遥远,中间盘桓着许多少数民族政权,时常劫掠其使人,因此处在中央与归义军中间的朔方节度使常常起到保护归义军使节的作用。关于归义军与朔方节度使的礼物往还,敦煌文书中的材料更多一些。

据材料,归义军和回鹘一样,途经灵武之时都需要向朔方节度使赠送礼物,说明朔方节度使在其进奉中原过程中所起到的特殊

---

① 赵和平:《敦煌表状笺启书仪辑校》,第 268 页。

作用。例如，P.4638V《权知归义军兵马留后沙州长史曹仁贵状》是写于曹议金时期的书状，内有书状两张，一纸为寒暄问候，另一纸为礼品单目。礼单不可能突兀地存在，而是与问候状一起，形式为一状两纸，杨宝玉、吴丽娱已对其作出说明①：

> 玉一团重一斤一两，羚羊角伍对，硇砂伍斤。伏以碛西遐塞，戎境枯荒，地不产珍，献无奇玩。前物等并是殊方所出，透狼山远届敦煌；异域通仪，涉瀚海来还沙府。辄将陈献，用表轻怀。干黩鸿私，伏乞检纳，谨状。权知归义军节度兵马留后守沙州长史银青光禄大夫检校吏部尚书兼御史大夫上柱国曹仁贵状上。
>
> 仲秋渐凉，伏惟令公尊体起居万福。即日仁贵蒙恩，未由拜伏，下情倍增瞻恋，伏惟鉴察。谨因朝贡使往，奉状不宣，谨状。八月十五日权知归义军节度兵马留后、守沙州长史、银青光禄大夫、检校吏部尚书、兼御史大夫、上柱国曹仁贵状上。②

这两纸上钤有"沙州朝贡使印"，应该是曹议金遣使中原所用，但是遣使未能成功，故返还沙州，状中所称的收件者"令公"，据杨宝玉、吴丽娱推测应为朔方节度使。③ 引文中即称曹议金所派出的使节途经灵武之时，向朔方节度使赠送玉团、羚羊角和硇砂作为礼物用来联络感情。

① 杨宝玉、吴丽娱：《归义军入奏活动中的贡品进奉与礼物馈赠》，载黄正建主编《隋唐辽宋金元史论丛》，第86—87页。
② 《法藏敦煌西域文献》，第32册，第235页。
③ 杨宝玉、吴丽娱：《归义军入奏活动中的贡品进奉与礼物馈赠》，第87页。

既然朔方节度使有保护归义军节度使进奉的作用，那么进奉成功后归义军节度使也会送物以致谢。P.3931《送物》曰：

> 右伏以厶乙，叨奉皇华，远赍紫诏，幸将庸末，获拜王庭。既知遭遇之荣，合贡献芹之礼。前件物，虽量轻寡，辄敢浼渎尊襟，下[情]无任惶惧。谨录状上。①

这是一件送物别纸，据杨宝玉、吴丽娱研究其发出者为归义军节度使曹议金，收状者为朔方节度使韩洙。其主要内容为归义军感谢韩洙在同光二年（924）成功帮助其进奉并获称节度使，向韩洙送上礼品。②

归义军与朔方的联系并不是单方面的。朔方节度使也积极主动联系归义军节度使，希望发挥归义军与于阗、回鹘之间关系良好的优势，从而架起少数民族政权与中央之间沟通的桥梁。P.2539V《灵武节度使书状集》中有朔方节度使写给归义军节度使的书信，由《沙州令公书》《具信》《又书》三纸组成：

> 沙州令公书。厶自守边藩，每惭拙政，既披云之莫逐，实仰德以空深。太傅令公每假隆移（私），曲垂异顾。继飞等（专）介，叠示华缄。襃称逾海岳之恩，信币比琼瑶之赐，永言戴佩，岂易书绅（申），感谢未期，徒申铭镂之至。今差押[牙]孟元立等，再申和好，复谐贵藩。有少情仪，具载别幅。伏惟俯赐，鉴察。

---

① 《法藏敦煌西域文献》，第22册，第44页。
② 杨宝玉、吴丽娱：《归义军入奏活动中的贡品进奉与礼物馈赠》，第87页。

　　具信。右件物等，诚非珍异，仍愧织微。况纴织以无功，在雕镌而是切。辄为浼渎，益所兢惶。伏惟台私，俯垂允纳，幸甚。

　　又书。右以太傅令公，名标三杰，价重四英，拥万里之山河，静之氛祲，以望信而远匡北阙，而恩威，而退伏。西戎何犷悍而不柔，何烟尘而敢勤？伏况圣上德惟怀远，义在吊民。每观贵道之使人，实以诸藩而复异。此际或闻西州天子、于阗大王咸慕北望令公司命，使人曲覃圣化，俾朝宗于洛汭，令供奉于天庭，岂惟达外国之梯航，实乃见贵藩之功业，光辉史册，千载一时。厶忝受眷，遐聆异政，辄贡管窥之恩，冀（冀）垂允诺之恩，倘不阻于启闻，固愿竭于丹赤。诸勒面启，伏惟深赐鉴详。幸甚幸甚。①

　　关于这件复书，赵和平推断的写作时间为后唐长兴三至四年（932—933），是朔方节度使张希崇给归义军节度使曹议金所写。②第一纸《沙州令公书》的内容是对曹议金的称赞与感念，"有少情仪，具载别幅"是指第二纸《具信》中的礼物是为了增加情感联系而送。当然这是含蓄的说法，此次送礼的真实原因在第三纸《又书》中，张希崇希望曹议金作为"梯航"，对西州天子和于阗大王施加影响，令其供奉于天庭。而在此之后，归义军确实发挥了自身在西域诸国中的作用与影响，《五代会要》载："晋天福三年九月，其王李圣文遣使马继荣，进白玉、白氎、犛牛尾、红盐、郁金、硇砂、大鹏砂、玉装、鞦辔等物。其年十月册圣文为大宝于阗国王，命供奉官张匡邺

---

① 赵和平：《敦煌表状笺启书仪辑校》，第266—268页。
② 赵和平：《敦煌表状笺启书仪辑校》，第267页。

为国信使,仍授入朝使马继荣为镇国大将军,扶风郡开国公。食邑二千户,副使黄门将军、国子少监张载通试卫尉卿,监使殿头承旨、通事舍人吴顺规试将作少监。"①由此可见,礼物在言事之前起到了融和感情的功能,推动了政治目的的实现。

　　归义军节度使在收到来自朔方的礼物之后,需要回赠礼物来维护彼此之间的关系。如前引由曹议金向张希崇发送的 P.3151《沙州书状稿》:

　　　　适奉书诲,深认台私。所谓前年中回沐钧恩,远差人使,特持礼币,迳届遐方;寻差使人专赴复礼,至于中路,逢回鹘大段般次,以兹人使却回,信物之属半遭蕃部偷劫,礼既不备,深若在怀。况忝殊休,合伸修书,谨专修书启闻陈谢,伏惟。②

　　书状中称因朔方节度使遣使送物,故归义军也遣使回礼,无奈受到回鹘半路劫掠,可见双方曾不顾回鹘的阻截密切往来。

　　关于送物的书仪形式,可作为范例的是 P.2621V《曹氏归义军书仪》,内有孟、仲、季不同时间的书状,其中第一首:

　　　　孟春犹寒,伏惟令公尊体动止万福。即日蒙恩,限以卑守边镇,不获拜伏,下情无任惶惧。厶乙谨启。
　　　　厶物色目具名。右伏以厶乙临陲小镇,无产孤城,辄献本

① (宋)王溥:《五代会要》卷二十九《于阗》,北京:中华书局,1998 年,第 355—356 页。
② 《法藏敦煌西域文献》,第 22 册,第 44 页。

镇土仪,用贺时陈之礼;前件轻妙,边城所出,聊表野芹。尘渎威严,伏赠战惧。伏乞仁恩,特赐留纳,谨状。[①]

此状与前述 P.4638V《权知归义军兵马留后沙州长史曹仁贵状》形式相同,为一状两纸,一纸叙节候问安,一纸专言送礼,内容不可分。送礼书的开头为"先陈节序"一类的寒暄话,紧接着问候起居,末属"厶乙谨启",体现了送物的郑重。后为色目具名表,即礼物单目,并陈述了送礼的心意,最后的"伏乞仁恩,特赐留纳"表明了官场中谦和谨慎的态度。

此外,书仪中除收录大量献物、送物书外,也有许多谢赐物书存在。这类回礼书往往为一状三纸,其形式在书仪 P.3931《送物》中有所体现:

> 谢马书。右伏蒙恩私,特此宠赐。远路既难于辞让,逸堤莫匪于权奇。收受之时,兢铭倍切。谨专修状陈谢。伏惟照察,谨状。
>
> 伏以厶乙,朔野名王,天朝贵戚。威声振于绝域,锐气耆于诸蕃。厶遥向风献,常倾钦瞩。猥蒙知眷,远叙欢盟,逾沙漠而专枉荣缄,随贡奉而别颁厚礼。仰认勤隆之旨,倍深欣愧之诚。
>
> 送谢物。右件物等,才(材)非丽密,色异鲜华,单微虽愧于轻尘,报复粗申于薄礼。幸希仁念,希赐检留。[②]

---

① 《法藏敦煌西域文献》,第 16 册,第 312 页。
② 《法藏敦煌西域文献》,第 30 册,第 219 页。

该状纸据吴丽娱研究是朔方节度使写给回鹘可汗的书状。[①]第一段先感谢了对方赠送马匹的事情,第二段则是称赞赠物者的名号、气度,第三段是向对方回赐礼物。一状三纸完整地构成了从接受、感谢、再到回赐礼物的礼仪程序,是谢礼书合回礼书的代表。可以想见,对方收到回礼之后会继续回礼,礼物的不断往还构成了不同政治势力之间的关系纽带。

总之,归义军与朔方节度使交往的过程中,无论是因受到朔方保护从而成功进奉还是进奉时途经灵武,归义军政权都会以赠物的形式维护彼此的关系。同时朔方节度使也会以礼物往还的形式作为政治交往的一种策略。二者在你来我往的赠物、回礼仪式中,提升了感情,成为关系良好的政治伙伴。正因为这种实际的政治需求,送物单和回礼单的书仪广泛地出现在敦煌一带,成为归义军与其他藩镇交往中微妙关系的见证。

---

① 吴丽娱:《敦煌书仪与礼法》,第 464 页。

第四章

敦煌归义军与地方佛教的应用仪式

　　敦煌位于丝绸之路的要冲,是佛教东传的重要一站,佛教文化十分发达。在长久的发展中,佛教在社会各阶层中都积累了广泛的信众,是当时不可忽视的一股力量。归义军首任节度使张议潮在抗蕃起义的过程中就联合了佛教僧侣,并取得了胜利。可以说,佛教势力是归义军政权的重要组成部分。

　　公元 9 世纪至 10 世纪,归义军统治者们已经深刻地认识到佛教信仰对维护其统治的巨大作用。事实上,此时的敦煌佛教僧团已完全受制于归义军政权,更加方便其管理和利用。据郑炳林研究,晚唐五代敦煌归义军政权对佛教僧团的控制表现在对僧官的任命、僧尼出家、教团各种活动内容及其过程等诸多方面,甚至佛教的清规戒律也受归义军行政法令的影响,结果使得佛教僧团几乎没有多少实际权力,完全成为归义军政权下辖机构,各级僧官也成为归义军的"释吏"。①

---

① 郑炳林:《晚唐五代归义军政权与佛教教团关系研究》,《敦煌学辑刊》,2005 年第 1 期,第 1 页。

而在政治上依附于归义军政权的佛教势力,只能尽力去迎合政权的政治需求,为其服务。这种服务既包括将自己的寺、窟作为政权的外交、政治、节日等礼仪的承接场所,也通过各种佛教斋会为皇帝、归义军、百姓祈福发愿。特别是相比中国儒家社会中传统的政治仪礼来说,佛教信仰所针对的范围更为广泛、形式更为亲民,佛教礼仪在中国化的过程中常常根据政治的需求而发生改变,更适合于地方政府作为政治统治的手段。在此基础上,本章试对敦煌佛教寺、窟的政治空间功能及佛教斋会仪式的政治功能作一探讨。

一、归义军时期寺、窟的政治空间功能

佛教寺、窟"除了它的宗教功能外还有着社会功能"[①]。关于敦煌归义军政权与佛教寺、窟关系的研究主要集中在张氏和曹氏归义军统治时期所营建和重修的寺、窟的时代分期、历史背景方面,其中以李正宇[②]、马德[③]、王惠民[④]所论为详,另马德、王祥伟[⑤]、郝春文[⑥]、陈大为[⑦]、沙武田[⑧]等对归义军时期僧寺、石窟营建的社会性功能有

---

① 严耀中:《中国东南佛教史》,上海:上海人民出版社,2005 年版,第 253 页。
② 李正宇:《敦煌地区古代祠庙寺观简志》,《敦煌史地新论》,台北:新文丰出版社,1996 年,第 76—82 页。
③ 马德:《敦煌莫高窟史研究》,兰州:甘肃教育出版社,1996 年。
④ 王惠民:《敦煌佛教与石窟营建》,兰州:甘肃教育出版社,2017 年,第 501—566 页。
⑤ 马德、王祥伟:《中古敦煌佛教社会化论略》,北京:中国社会科学出版社,2010 年,第 51—73 页。
⑥ 郝春文、陈大为:《敦煌的佛教与社会》,兰州:甘肃教育出版社,2013 年,第 266—307 页。
⑦ 陈大为:《唐后期五代宋初敦煌僧寺研究》,上海:上海古籍出版社,2014 年。
⑧ 沙武田:《归义军时期敦煌石窟考古研究》,兰州:甘肃教育出版社,2017 年。

所讨论。此节拟在前贤研究的基础上,集中讨论归义军统治者在寺、窟中所进行的政治仪式及其背后的政治意涵与功能。

(一)节度使营建与重修寺、窟的政治意涵

唐朝到北宋,是敦煌佛教最盛时期,佛教寺院、石窟众多。钢和泰所藏 925 年于阗文书《使河西记》载:"于阗贵人 Samdu 到全城(敦煌)一百二十一寺,施送 502 升油。"[①]这里所指一百二十一寺,当包括佛寺与石窟。[②] 在张、曹归义军统治时期,几乎每一任节度使都要营建属于自己的洞窟,也常有修建寺院的举动,这些行为与当时的政治背景有深刻联系。马德认为:"这时候的佛窟,实际上就是政治象征,佛教的作用则在其次。曹氏统治者们对佛窟的利用,已经完全是一种佛教以外的需要。"[③]沙武田也认为:"归义军时期佛教石窟的大规模建造是当时地方统治者活动的重要组成部分,这进一步表明归义军时期,佛教与兴建石窟活动的世俗化、社会化,而洞窟营建的利益私人化和政治色彩浓厚,是政治强烈参与佛教活动的例证。"[④]那么敦煌寺、窟的营建与重修,究竟在归义军政权的政治统治中起到了何种功能? 先对归义军执政者们营建或重修寺、窟事件作一整理(见表 4-1)[⑤]:

---

① 黄盛璋:《〈钢和泰藏卷〉与西北史地研究》,《新疆社会科学》,1984 年第 2 期,第 64 页。
② 黄盛璋:《〈钢和泰藏卷〉与西北史地研究》,第 65 页。
③ 马德:《敦煌莫高窟史研究》,第 237 页。
④ 沙武田:《归义军时期敦煌石窟考古研究》,第 180 页。
⑤ 相关研究参见贺世哲:《从供养人题记看莫高窟部分洞窟的营建年代》,载敦煌研究院编《敦煌莫高窟供养人题记》,北京:文物出版社,1986 年;马德:《敦煌莫高窟史研究》,1996 年。

表 4-1　归义军执政者营建或重修寺、窟事件一览

营建者	事件
张议潮	营建莫高窟第 156 窟①、重修张氏古刹②
张淮深	营建莫高窟第 94 窟、重修北大像、重修开元寺③、重修龙兴寺④
索勋	重修龙兴寺⑤
曹议金	营建莫高窟第 98 窟、重修开元寺⑥
曹元德	营建莫高窟第 100 窟⑦

① 李国、沙武田:《莫高窟第 156 窟营建史再探》,《敦煌研究》,2017 年第 5 期,第 50—55 页。

② 杨宝玉、吴丽娱:《P.3804 咸通七年愿文与张议潮入京前夕的庆寺法会》,《南京师范大学学报(社会科学版)》,2007 年第 4 期,第 71 页。

③ 冯培红:《敦煌的归义军时代》,第 99 页。

④ 聂顺新:《佛教官寺与中晚唐半独立藩镇的政治合法性构建——以田氏魏博和张氏归义军为中心的考察》,第 122 页。

⑤ 郑炳林:《〈索勋纪德碑〉研究》,《敦煌学辑刊》,1994 年第 2 期,第 73—74 页。

⑥ 郑怡楠、郑炳林:《敦煌写本〈曹议金重修开元寺功德记〉考释》,《敦煌学辑刊》,2017 年第 2 期,第 19—27 页。

⑦ 关于莫高窟第 100 窟的窟主身份,学界有一些不同看法,主要观点有两种,第一种观点认为窟主为天公主,建窟人曹元德。持此观点的学者有贺世哲、孙修身、金维诺、王惠民、马德等。第二种观点认为窟主为曹议金夫妇,持此观点的学者有史岩、谢椎柳、姜亮夫、宁强、米德昉等。不过此窟完成的时间应为曹元德时期(935—939),这是目前学术界的共识。参见贺世哲、孙修身:《〈瓜沙曹氏年表补正〉之补正》,《甘肃师大学报》,1980 年第 3 期;金维诺:《敦煌窟龛名数考》,《文物》,1959 年第 1 期;王惠民:《敦煌佛教与石窟营建》,第 400 页;马德:《敦煌莫高窟史研究》,第 127—129 页;史岩:《史岩文集》,杭州:中国美术学院出版社,2007 年,第 119 页;谢椎柳:《敦煌艺术叙录》,上海:上海出版公司,1955 年,第 82 页;姜亮夫:《瓜沙曹历年表补正》,《杭州大学学报》,1979 年第 1、2 期;姜亮夫:《姜亮夫全集》,昆明:云南人民出版社,2002 年,第 485—487 页;宁强:《曹议金夫妇出行礼佛图》,段文杰主编《1990 年敦煌学国际研讨会文集》,沈阳:辽宁美术出版社,1995 年,第 304—318 页;米德昉:《敦煌莫高窟第 100 窟研究》,第 60 页。

续表

营建者	事件
曹元深	营建莫高窟第 256 窟①
曹元忠	营建莫高窟第 61 窟、营建莫高窟第 55 窟、营建莫高窟第 261 窟②、营建莫高窟第 25 窟③、重修莫高窟第 96 窟、重修北大像前殿堂阁楼④、营建榆林窟第 19 窟⑤
曹延恭	营建 454 窟⑥
曹延禄	营建榆林窟第 6 窟⑦
曹宗寿	重修莫高窟第 130 窟,重修灵图寺、龙兴寺⑧

　　首先,寺、窟的营建与重修是节度使举行个人政治庆贺的礼仪活动。据学者研究,唐代前期的四次官寺设立均有重大的政治事件为背景,这些事件是官寺政治象征意义的来源。⑨ 归义军节度使也仿此路径。如张议潮收复瓜、沙、甘、肃、伊等州后,设立归义军,庆贺得到朝廷的旌节并任归义军节度使,是其营建莫高窟第 156

---

① 贺世哲:《再谈曹元深功德窟》,《敦煌研究》,1994 年第 3 期,第 33—36 页。

② 沙武田:《归义军时期敦煌石窟考古研究》,第 97—130 页。

③ 王惠民:《敦煌佛教与石窟营建》,第 553 页。

④ 郑炳林、郑怡楠:《敦煌碑铭赞辑释(增订本)》,上海:上海古籍出版社,2019 年,第 1343 页。

⑤ 荣新江:《归义军史研究——唐宋时代敦煌历史考索》,第 27 页。

⑥ 郭俊叶:《莫高窟第 454 窟窟主及其甬道重修问题》,《敦煌研究》,2014 年第 1 期,第 30—36 页。

⑦ 王惠民:《敦煌佛教与石窟营建》,第 531 页。

⑧ 《宋会要辑稿》藩夷五之三记载曹宗寿因"龙兴、灵图二寺修像,计金十万箔,愿赐予",向宋政府乞赐黄金。参见(清)徐松著,刘琳、刁忠民、舒大刚等校点:《宋会要辑稿》,第 9836 页。

⑨ 聂顺新:《佛教官寺与中晚唐半独立藩镇的政治合法性构建——以田氏魏博和张氏归义军为中心的考察》,第 114 页。

窟的主要动机。① 张淮深重修北大像及营建莫高窟第 94 窟即是为了庆贺对外征战的胜利和自己的加官晋爵。② 张淮深和索勋时期曾重修龙兴寺,是庆祝其统领归义军政权,并象征其具有政治正统性。③ 曹议金为了庆祝握有归义军实权这一功绩和政权初期迫切需要稳定政局的政治目的,兴建第 98 窟。④ 曹宗寿重修莫高窟第 130 窟的政治动因即北宋朝廷"授宗寿金紫光禄大夫,检校太保,使持节,沙州刺史兼御史大夫,归义军节度瓜沙等州观察处置押蕃落等使,封谯郡开国侯,食邑一千户,赐竭诚奉化功臣"⑤,为庆贺此殊荣故而重修石窟。⑥

其次,寺、窟的营建与重修亦是追念先祖,显耀族属、文化来源的政治礼仪。唐代的官寺中普遍供奉有皇帝塑像,敦煌开元寺就存有唐玄宗的塑像。P.3451《张淮深变文》记载了唐朝使臣参拜玄宗塑像的过程:"尚书授敕已讫,即引天使入开元寺,亲拜我玄宗圣容,天使睹往年御座,俨若生前。"⑦冯培红认为"俨若生前"的表述证明在此次天使到来之前,归义军政权为了迎接天使,重修了开元寺。⑧ 郑怡楠、郑炳林又对曹议金时期重修开元寺的事迹作出判断,是为了"让来敦煌的天使有看头和实际内容"⑨。因此,官寺的

---

① 陈明:《关于莫高窟 156 窟的几个问题》,第 93—94 页。
② 郑炳林:《张淮深改建北大像和开凿 94 窟年代再探》,《敦煌研究》,1994 年第 3 期,第 37—41 页。
③ 郑炳林:《〈索勋纪德碑〉研究》,第 74 页。
④ 邵强军:《敦煌曹议金第 98 窟研究》,第 47 页。
⑤ (清)徐松著,刘琳、刁忠民、舒大刚等校点:《宋会要辑稿》,第 9836 页。
⑥ 沙武田:《归义军时期敦煌石窟考古研究》,第 39 页。
⑦ 《法藏敦煌西域文献》,第 24 册,第 253 页。
⑧ 冯培红:《敦煌的归义军时代》,第 99 页。
⑨ 郑怡楠、郑炳林:《敦煌写本〈曹议金重修开元寺功德记〉考释》,第 21 页。

重修成了归义军政权构建政权合法性的政治资源,不失为一种与中央建立关系、凸显政治策略的较佳选择。此外,张议潮于咸通七年(866)之前,重修张氏古刹,称"河西节度使尚书公斄及宗人望族庆扬之作"(P.3770《张族庆寺文》),则是为了维护和稳固张氏一族在敦煌的势力。①

敦煌石窟则具有功德主家庙祠堂的性质。② 一方面用来显耀先人,如张议潮功德窟第 156 窟绘制了《张议潮统军出行图》及《宋国夫人出行图》,实际上是对其丰功伟绩的颂扬和纪念,增强张氏家族在敦煌民众心中的号召力和影响力。曹议金在功德窟第 98 窟的甬道北壁绘制与自己有姻亲关系的已故归义军节度使张议潮和索勋的画像,大有家族像谱的意味,用以表明他是张氏归义军的合法继承人,是张氏政权的延续。③ 另外,曹元德与其母天公主共同营建的第 100 窟,仿效莫高窟第 156 窟绘制了《曹议金出行图》(图 4-1)及《陇西李氏出行图》,用来增强曹氏一族在民众中的号召力。④ 另一方面,石窟各壁面往往绘满了归义军统治者家族的供养人像,详细写入各自的籍贯、辈分、官职等信息,等级排布森严。这些洞窟往往带有聚族性质,具有敬宗祭祖以加强家族观念的意义。

再次,寺、窟的营建与重修也是政治意义的生产仪式。敦煌寺窟中大量的图像、塑像是一种通过"像"进行意义编码的形式,形象的塑造、组合、大小、位置都会创造出观看者不同的视觉理解和体验。

---

① 杨宝玉、吴丽娱:《P.3804 咸通七年愿文与张议潮入京前夕的庆寺法会》,第 71 页。
② 段文杰:《晚期的莫高窟艺术》,《段文杰敦煌艺术论文集》,兰州:甘肃人民出版社,1994 年,第 234 页。
③ 王惠民:《敦煌佛教与石窟营建》,第 528 页。
④ 马德:《敦煌莫高窟史研究》,第 236 页。

图 4-1　敦煌莫高窟第 100 窟　曹议金出行图(局部)(《中国石窟:敦煌莫高窟》第 5 册图 30)

也就是说,这种"政治图像"体现了当时社会体制与实践的结构系统,借此,视觉经验和社会秩序的关系可以完好地确立起来。如荣新江指出,曹议金打破了只在洞窟绘入自家亲属画像的惯例,将归义军的文臣武将、僧官大德等绘入自己的功德窟,"反映了曹议金的良苦用心,实际上,这是他巩固政权的一项重要措施"[①]。曹宗寿主持重修的莫高窟第 130 窟中绘制了被他杀掉的叔父曹延禄及其夫人的供养像,实际上是为了笼络人心并掩藏自己的罪过。[②] 笔者认为这正是以视觉形象塑造意识形态并对社会产生影响的政治文化生产策略。

　　窟内壁画也常常绘制周边少数民族政权的统治者画像,在不同民族友好关系的建立、表达中起到了桥梁和纽带的作用,集中反映着佛教艺术为政治服务的功用。莫高窟 98 窟内绘有曹议金夫

① 荣新江:《归义军史研究——唐宋时代敦煌历史考索》,第 241 页。
② 贺世哲:《从一条新资料谈藏经洞的封闭》,《西北史地》,1984 年第 3 期,第 83—87 页。

人回鹘公主,并在东壁门南侧有绘有于阗国王画像(图 4-2),左侧
题名:"大朝大宝于阗国大圣大明天子……即是窟主。"还有于阗王
后曹氏供养像画像(图 4-3),其题名:"大朝大于阗国大政大明天册
全封至孝皇帝天皇后曹氏一心供养。"曹氏为曹议金之女。① 这些
绘像正是曹议金以和亲改变回鹘、于阗与归义军政治关系的有力
表现。

图 4-2　莫高窟第 98 窟　于阗国王供养像(《中国敦煌壁画全集》第 9 册图 5)

---

① 王使臻:《曹元忠、曹延禄父子两代与于阗政权的联姻》,《敦煌学辑刊》,
　2015 年第 2 期,第 28 页。

图 4-3　莫高窟第 98 窟　于阗皇后供养像(《中国敦煌壁画全集》第 5 册图 6)

又如曹元忠功德窟第 61 窟,东壁门南所绘依次是曹议金夫人,题名:"故母北方大回鹘国圣天的子敕授秦国天公主陇西李。"曹元忠姐姐,题名:"姊甘州圣天可汗天公主一心供养。"曹元忠另一姐,题名:"姊大朝大于阗国大政大明天册全封至孝皇帝天皇后一心供养。"曹元忠生母宋氏,题名:"故慈母敕授广平郡君太夫人宋氏一心供养。"[1](图 4-4)第一位是在光化年间得到唐朝承认的天睦可汗之女,常以"天公主""公主"甚至"天皇后""国母天公主"见称,在归义军政权中享有绝高的地位与特殊的身份。[2]　而应是曹议

---

[1]　胡同庆、王义芝:《美丽敦煌》,兰州:甘肃人民美术出版社,2014 年,第 153—154 页。

[2]　徐晓丽:《敦煌石窟所见天公主考辨》,《敦煌学辑刊》,2002 年第 2 期,第 78 页。

金原配、曹元忠生母的广平宋氏却排在第四位，站在两位联姻后辈之后，说明是按照政治身份来进行的排位，表明曹氏对待回鹘、于阗是尊敬、礼让的态度。

图 4-4　敦煌莫高窟第 61 窟　女供养像（局部）（《中国敦煌壁画全集》第 9 册图 64）

　　最后，寺、窟的营建不仅是统治者的"利政之行"，也是为地方百姓祈福发愿的政治礼仪活动。杨利民称："石窟的本质就是一种给予。"①归义军统治者通过建造寺、窟的方式将礼佛的精神传授于民，给整个敦煌创造了礼佛诵经、修持善果的场所，并且在寺、窟内进行供奉佛像、绘制经变画、组织燃灯、抄经等仪礼，目的就是祈愿佛教维护敦煌地区的政治安定、祈愿百姓幸福。在 P.3770《张族庆

———————

①　杨利民：《从敦煌石窟而来的哲学之事情》，载《敦煌哲学》第 3 辑，兰州：甘肃人民出版社，2016 年，第 21 页。

寺文》、P. 3720《张淮深造窟功德碑》、S. 4245《曹元德造窟功德记》、P. 3262《开窟发愿文》、P. 3781《河西节度使尚书造大窟功德祈愿文》等造窟、建寺发愿文中，均流露出归义军统治者们救人护国，祈求四方开泰、风调雨顺，消除灾难的执政愿望和政治理念。

（二）敦煌寺、窟的对外接待功能

处于晚唐五代宋初的归义军政权与中央王朝及周边政权之间交流频繁。如 S. 1366《庚辰（980）至壬午年（982）归义军衙内面油破历》记录了来自甘州、伊州、西州、肃州、凉州、于阗甚至印度、波斯等地来敦煌的使者。[①] 如何接待这些使者则成为归义军的重要外交问题。敦煌的寺、窟则在某种程度上协助官府承担了使客的接待事务。作出这样的选择，与佛教在当时作为民族共同信仰的社会背景是分不开的。此外佛教寺、窟往往环境优美、人少清净，是接待使客的优选之地。可以说，佛教曾经在归义军与中央王朝及周边政权之间的友好交流协作中起到过重要的历史作用。

1. 敦煌寺、窟迎接使客的功能

作为佛教高度盛行的地区，敦煌的寺、窟是使客必然朝圣的场所。因此，礼佛与设宴款待是迎接使客的首要活动。S. 1366《归义军衙府内面油破历》记载："面三升，西州使及伊州使上窟迎顿细供二十五分、中次料十五分，用面六五升五合油二升六合"，"面一升，窟上迎甘州使细供五分，又迎狄寅及使命细供十分，用面四斗七升五合油二升。"[②]说明归义军曾在敦煌窟上迎接、招待狄寅，即甘州

---

① 郝春文主编：《英藏煌社会历史文献释录》，第5卷，第414—418页。
② 郝春文：《英藏煌社会历史文献释录》，第5卷，第415页。

回鹘天睦可汗之子及使者。在敦煌文献中，"顿"是一种饮食活动，前后往往有修饰词，比如"迎顿""顿定""顿递"等，据高启安研究，顿是一种集体饮食活动。[①]

此外，敦煌寺、窟还负有迎接公差回来使客的功能。P. 2040V《后晋时期净土寺诸色入破历算会稿》载："粟贰斗，宋僧政东定城置道场了回日迎候用。"[②]即净土寺为安排道场归来的宋僧政举行接风仪式。

2. 敦煌寺、窟招待使客的功能

①作为居住场所。敦煌寺、窟承担了使客的食宿管理。如 S. 6452《某年（981—982?）净土寺诸色斛斗破历》载："十六日，于阗大师来，造饭面叁升。十七日，又造饭面壹斗。麸贰斗，于阗大师马吃用。"[③]证明于阗大师可能居住在净土寺内。S. 2474《庚辰年至壬午年（980—982）归义军衙内油面破历》："五日使出东窟上住，供沿佐祇门牵𬴂官等三十八人，逐日早夜共面二斗，午时共胡饼（饼）五十七枚，至九日早上吃料断，中间五日计给面两石四升。"[④]该使团人数较多，所居住的地方是榆林窟，可见石窟也具有归义军馆驿的功能。

②作为出巡、参拜场所。P. 4957《麦粟油面黄麻豆布等入破历》记载："粟参斗，充天使巡寺酒破用。"[⑤]P. 2049V《长兴二年（931）正月沙州净土寺直岁愿达手下诸色入破历算会牒》："面贰

---

① 高启安：《唐五代敦煌饮食文化研究》，第 192 页。
② 唐耕耦、陆宏基编：《敦煌社会经济文献真迹释录》，第 3 辑，第 417 页。
③ 唐耕耦、陆宏基编：《敦煌社会经济文献真迹释录》，第 3 辑，第 223 页。
④ 唐耕耦、陆宏基编：《敦煌社会经济文献真迹释录》，第 3 辑，第 278 页。
⑤ 《法藏敦煌西域文献》，第 33 册，第 305 页。

斗,汉大德巡窟时辈从二僧食料用。"①记载了使客到敦煌进行巡寺、巡窟的活动。

③进行看望、招待的礼仪。因为敦煌寺、窟具有馆驿的性质,归义军政府会去该处招待外来使者。S. 2474《庚辰年至壬午年(980—982)归义军衙内油面破历》:"窟上看于阗使细供十分,小食子十枚,用面二斗一升,油一升。"②"看"原意为礼节性的拜访,在敦煌文献中延伸出饮食活动的含义,相关内容施萍婷已做过考论。③同时,寺院也会出资招待使节。有属于平常社会性事务礼仪的招待,如 P. 2642《年代不明(10 世纪)诸色斛斗破用历》记载:"十七日,粟陆斗沽酒于阗使就寺来吃用。"④也有节日期间的特殊礼遇,如 S.4649《庚午年(970)二月十日沿寺破历》载:"五月五日,粟二斗,沽酒就寺看太子用。"⑤五月五日是端午节,敦煌某寺院特别去招待于阗太子。

④负担使客设斋等其他礼仪活动。P. 2032V《后晋时期净土寺色入破历算会稿》载:"面两硕壹斗参升,油壹斗壹升半,粗面贰斗伍升,天使造斋,众僧食用。"⑥罗彤华考证天使"到达或停留沙州的时间总在乙亥年(939)至甲辰年(944)间,天使除了拜会使府衙门,还到净土寺与窟上巡礼,并接受院招待,也造斋酬答众僧"⑦,并且净土寺还提供了天使造斋时的花费。

① 《法藏敦煌西域文献》,第 3 册,第 251 页。
② 唐耕耦、陆宏基:《敦煌社会经济文献真迹释录》,第 3 辑,第 278 页。
③ 施萍婷:《本所藏〈酒帐〉研究》,第 142—155 页。
④ 唐耕耦、陆宏基编:《敦煌社会经济文献真迹释录》,第 3 辑,第 209 页。
⑤ 唐耕耦、陆宏基编:《敦煌社会经济文献真迹释录》,第 3 辑,第 215 页。
⑥ 唐耕耦、陆宏基编:《敦煌社会经济文献真迹释录》,第 3 辑,第 480 页。
⑦ 罗彤华:《归义军期敦煌寺院的迎送支出》,《汉学研究》,2003 年第 1 期,第 193—224 页。

3. 敦煌寺、窟送别使客的功能

一方面,敦煌地区外地僧侣络绎不绝,敦煌寺、窟要负责在其离开时进行送路。P.3234V《年代不明(十世纪中期)净土寺西仓粟破》:"粟三斗,沽酒送路于阗僧用。"P.2040V《后晋时期净土寺诸色入破历算会稿》:"面壹斗伍升,造小食送路侯司空用。"①郑炳林、高伟指出:"归义军任司空者无侯姓,侯司空当是外地使者。"②另一方面,归义军政权自身的使客出使时,敦煌寺、窟也负责出资送路。P.2040V《后晋时期净土寺诸色人破历算会稿》:"粟一石二斗,沽酒高都头南山去时送路用。"③指归义军使客高都头出使南山部族时受到净土寺出资送路。④

敦煌寺、窟承担了敦煌归义军政权与中央和各民族政权之间往来接待的礼仪过程,在政治外交活动中起到了不可替代的作用。在接待的过程中佛教寺、窟不仅是作为馆驿,负责使者的食宿,同时也带有外事机构的性质,代表的是归义军政府的行政命令,其接待情况分为如下三种:

第一种即"比得官料",意味着官府以向寺院提供补助的方式让寺院替其接待使客。⑤ P.3234V《癸卯年(943)正月一日已后净土寺直岁沙弥广进面破》记载:"面贰斗伍胜,于阗僧来比得官料供助用。"⑥

---

① 唐耕耦、陆宏基编:《敦煌社会经济文献真迹释录》,第 3 辑,第 401 页。
② 郑炳林、高伟:《唐五代敦煌酿酒业初探》,《西北史地》,1994 年第 1 期,第 33 页。
③ 唐耕耦、陆宏基编:《敦煌社会经济文献真迹释录》,第 3 辑,416 页。
④ 陈大为:《唐后期五代宋初敦煌僧寺研究》,第 37 页。
⑤ 张小艳:《敦煌社会经济文献词语论考》,上海:上海人民出版社,2013 年,第 260 页。
⑥ 唐耕耦、陆宏基编:《敦煌社会经济文献真迹释录》,第 3 辑,第 447 页。

"比"为依照、遵循，"官料"为官方接待标准，"供助"应和"助供"一样，是敦煌寺院帮助官府出供的一种行为。因此从"比得官料"和所受殊遇可知净土寺院正是按照归义军官方的命令接待于阗僧使。

第二种即"纳官"，是一种以官府名义进行的造食活动，如 P.2049V《后唐同光三年（925）正月沙州净土寺直岁保护牒》记载："净土寺支油壹胜，纳官供肃州僧统用"，"面捌半贰胜，三件纳官供肃州僧统用。"①赵红、高启安认为："这种形式所造的食物以官府的名义充作供养，体现出佛教和政权之间的特殊关系。"②净土寺以归义军政权的名义接待肃州僧统，这与僧统在佛教教团管理制度中的级别有关。

第三种即寺院独自提供食宿。P.2032V《后晋时期净土寺诸色人破历算会稿》记载："面叁斗伍胜，油胜半，屈客僧及使客送路用。"③"屈"即邀请赴宴，客僧就是游方僧。与"比得官料"和"纳官"不同，这里净土寺接待游方僧及使客完全是独立进行的，不属于官府行为，但是仍然承担了官府的部分职能。

综上可知，敦煌寺、窟承担了归义军政权一些接待使客的政治职能。这一方面与佛教本身作为时代背景下共同信仰的形式有关，特别是佛教僧侣是各个权力结构之间时常派出的使客类型，以敦煌寺、窟为接待机构更加方便与合理。另一方面，也与佛教教团完全受制于归义军政权的行政命令有关，寺、窟肩负着邦交使客

---

① 唐耕耦、陆宏基编：《敦煌社会经济文献真迹释录》，第 3 辑，第 361 页。

② 赵红、高启安：《唐五代时期敦煌僧人饮食概述》，郑炳林，花平宁主编《麦积山石窟艺术文化论文集（下）——2002 年麦积山石窟艺术与丝绸之路佛教文化国际学术研讨会论文集》，兰州：兰州大学出版社，2004 年，第 299 页。

③ 唐耕耦、陆宏基编：《敦煌社会经济文献真迹释录》，第 3 辑，第 478 页。

的官方使命。可以说,敦煌的佛教寺、窟扮演着归义军馆驿的角色,同时协助归义军政权完成了接待使客的礼仪过程。

(三)敦煌寺、窟的节日娱乐功能

寺院本是佛教文化的物质载体,是宣法弘道的神圣场所,但随着佛教在民间的普及以及寺院优越的地理环境,渐成为人们休闲娱乐的理想场所,越来越具有世俗性特征。在唐代,佛教寺院专门设有用于表演的"戏场"。"戏场"一词最早出现于汉译佛典《修行本起经》,由东汉竺大力、康孟祥在献帝建安二年(197)合译。[①] 据学者研究,直到隋唐时期,戏场一词要么出自佛僧之手,要么用于指与佛教相关的演出场所。[②] 唐张固《幽闲鼓吹》中记载了万寿公主在其小叔有病时去万寿寺看戏的故事:

> 驸马郑尚书之弟颢尝危疾,上使讯之。使回,上问:"公主视疾否?"曰:"无。""何在?"曰:"在慈恩寺看戏场。"[③]

任半塘在《唐戏弄》中指出道场、歌场、变场、戏场并称唐代长安的四大娱乐场所。[④] 唐代长安的戏场几乎都与寺院有关。钱易《南部新书》载:"长安戏场多集于慈恩,小者在青龙,其次荐福、永

---

① (南朝梁)释慧皎撰,汤用彤校注,汤一玄整理:《高僧传》,北京:中华书局,1992年,第12页。
② 黄天骥、保成主编:《中国古代戏剧形态研究》,郑州:河南人民出版社,2009年,第366—369页。
③ (唐)张固:《幽闲鼓吹》,文渊阁四库全书第651册,上海:上海古籍出版社,2003年,第551页。
④ (唐)任半塘:《唐戏弄》,上海:上海古籍出版社,1984年,第717页。

寿。尼讲盛于保唐；名德聚之安国。"①慈恩、青龙、荐福、永寿、保唐、安国都是佛寺的名字，可见佛教寺院是唐代民间娱乐的中心。

敦煌也不例外。敦煌寺、窟承担了归义军政权举行节日礼仪的娱乐功能。这些在寺、窟举行的礼仪既有纯佛俗，如盂兰盆节，也有中国传统民俗，如寒食节、清明节，还有佛俗与传统民俗的结合，如正月十五燃灯节。以下就这几个节日分析敦煌寺、窟的节日娱乐功能。

1. 正月十五燃灯节

敦煌正月十五有燃灯的习俗。《太平御览》所载："《史记·乐书》曰：'汉家祀太一，以昏时祠到明。'今人正月望日夜游观灯，是其遗事。"②可见正月十五燃灯与西汉祭祀太一神颇有渊源。宋吕元明《岁时杂记》载："道家以正月十五日为上元。"③"上元节"与七月十五"中元节"、十月十五"下元节"合称"三元"，是道教重要的节日。《岁时广记》又称"唐以前岁不常设烧灯，故事多出佛书"④。可见上元燃灯是佛、道二教与儒家传统节日共同作用而成的节日形态。

一般正月十五期间，主要的活动就是燃灯，时间共三天。《宣和遗事》载："从十四至十六夜，放三夜元宵灯烛。"⑤张鷟《朝野佥载》云："先天二年，正月十五、十六夜于京师安福门外作灯轮，高二十丈……燃五万盏灯。"⑥敦煌同样燃灯三天。据马德研究，每年正月十五的燃灯仪式由敦煌地方最高统治者归义军举办，在活动期

---

① （宋）钱易撰，黄寿成点校：《南部新书》，北京：中华书局，2002 年，第 67 页。
② （宋）李昉等：《太平御览》卷三十《时序部一五》，第 140 页。
③ （宋）陈元靓：《岁时广记》，上海：商务印书馆，1939 年，第 95 页。
④ （宋）陈元靓：《岁时广记》，第 95 页。
⑤ （宋）佚名：《宣和遗事》，《四部备要·史部》，上海：中华书局，1924 年，第 24 页。
⑥ （唐）张鷟：《朝野佥载》，北京：中华书局，1979 年，第 69 页。

间,节度使及府衙内官吏大多要上窟。[①] P. 3461《河西节度使某官窟上燃灯文》记载了"燃灯千树,食献银盘,供万佛于幽龛,奉千尊于杳窟"的上窟燃灯节日活动及氛围。而施行这一切的就是敦煌归义军的执政者,文中又载:"有我归义军节度使某官……国母天公主……遂使年支一度,倾城趋赴于仙岩;注想虔诚,合郡燃灯于灵谷……是时也,初元顺节……"[②]说明正月十五日曹氏归义军节度使上窟燃灯献食,并且带动全城民众参与其中。马德认为:"应用于该节日的《燃灯文》都是为祈愿新的一年里能够国泰民安的内容,这正是归义军注重现世社会的表现,反映窟上燃灯活动更深层的人文和社会内涵。"[③]敦煌莫高窟第 146 窟中僧人燃灯的图像可作为此活动的注解(图 4-5)。

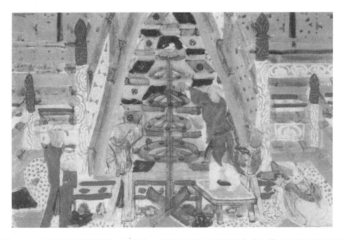

图 4-5　敦煌莫高窟第 146 窟　燃灯(《敦煌石窟全集》第 25 册图 179)

---

① 马德:《10 世纪敦煌寺历所记三窟活动》,《敦煌研究》,1998 年第 2 期,第 80—88 页。
② 《法藏敦煌西域文献》,第 24 册,第 277 页。
③ 马德:《敦煌的入世佛教及其社会实践》,载杨利民、范鹏主编《敦煌哲学(第一辑)》,兰州:甘肃人民出版社,第 62 页。

除燃灯外,还有很多其他的相关活动在窟上举行。入破历记载了正月十五窟上有堆园、下幡竿、撩治行像等活动。如 P.2032V《后晋时代净土寺诸色入破历算会稿》记载:"麦肆斗、粟六斗五升卧酒,正月十五日,窟上及堆园下蕃(幡)竿兼打索及撩治行像工匠诸杂吃用。"①还有赛天王仪式,见 S.1519《某寺账历》中:"壬子年正月……又面肆斗伍升、油壹升壹抄,酒半瓮,十五日东窟上燃灯及赛天王用。"②有见 S.2832《诸杂斋文范本》中载:"初入三春,新逢十五。灯笼火树,争燃九陌;舞席歌筵,大启千灯之夜。"③其间,歌舞、宴席等活动竞相举行。

由此可以想见,在敦煌窟上举行的上元灯节,一定是"火树银花""舞席歌筵",以敦煌归义军节度使为首的百官在窟上遍窟供养,百姓在其带领下"趋赴仙岩",共同庆祝,是敦煌全境百姓共同参与的一个重要的节日仪式。因此,沙武田在研究《莫高窟记》的书写时间时曾指出,选择上元燃灯之时书写《莫高窟记》于张议潮功德窟中,无疑是非常具有政治意味的。④

2. 寒食节、清明节

寒食与清明是我国农历三月两个重要的节日。寒食节的形成有两个源头:一是悼念介子推。《庄子·盗跖》记载:"介子推至忠也,自割其股以食文公,文公后背之,子推怒而去,抱木而燔死。"⑤ P.2721《珠玉抄》亦载此节日渊源:"寒食断火何谓? 昔介子推在覆

---

① 《法藏敦煌西域文献》,第 2 册,第 38 页。

② 《英藏敦煌文献(汉文佛经以外部分)》,第 3 卷,第 88 页。

③ 《英藏敦煌文献(汉文佛经以外部分)》,第 4 卷,第 242 页。

④ 沙武田:《归义军时期敦煌石窟考古研究》,第 65 页。

⑤ 陈永注解:《庄子素解》,广州:中山大学出版社,2017 年,第 494 页。

釜山中,被晋文公所烧,文公收葬,故断火,于今不绝。"①二是禁断
烟火。《荆楚岁时记》载:"今寒食准节气是仲春之末,清明是三月
之初,然则禁火盖周之旧制也。"②清明既是节气又是节日,与寒食
时间接近,因此人们往往将这两个节日连在一起。③

　　唐代寒食、清明有休假的规定。《唐会要》记载了唐代分别于
开元二十四年(736)、大历十三年(778)和贞元六年(790)下敕规定
寒食、清明放假时间分别为四日、五日及三日。④ 敦煌文献记载寒
食、清明休假时间共三日,见 S.5636《寒食相迎书》:"节名寒食,冷
饭三晨(辰)。"⑤

　　在吐蕃统治时期,寺院是寒食、清明节日仪式的承办方。例如
S.381《龙兴寺毗沙门天王灵验记》载:"大蕃岁次辛巳润(闰)二月
十五日,因寒食,在城官寮(僚)百姓,就龙兴寺设乐。寺卿张闰子
家人圆满,至其日暮间,至寺看设乐。"⑥可见寒食设乐是寺院活动
之一。归义军统治时期,也有于寺院举行寒食节活动的记载。S.
4705《某寺诸色斛破用历》载:"寒食踏歌羊价麦九斗,麻四斗……
又音声麦、粟二斗。"⑦是寒食节寺院设乐踏歌时,支予音声人麦、粟
的记录。

　　前引寒食节时,敦煌寺院会举行设乐、踏歌等活动。设乐,即
设置音乐。敦煌寺院的音乐主要由寺院音声人进行表演。P.4542

---

① 郑阿财、朱凤玉:《敦煌蒙书研究》,兰州:甘肃教育出版社,2002 年,第 172 页。
② (南朝梁)宗懔:《荆楚岁时记》,北京:中华书局,2018 年,第 30 页。
③ 谭蝉雪:《敦煌民俗——丝绸之路传风情》,第 73 页。
④ (唐)王溥:《唐会要》卷八二《休假》,第 1518—1519 页。
⑤ 《英藏敦煌文献(汉文佛经以外部分)》,第 8 卷,第 195 页。
⑥ 《英藏敦煌文献(汉文佛经以外部分)》,第 1 卷,第 166 页。
⑦ 《法藏敦煌西域文献》,第 6 册,第 245 页。

《某寺破历》中记载："十五日出粟肆斗充[与]音声。廿三日出麦贰斗、粟三斗充与音声。廿九日出粟肆斗充与音声，卅日出粟伍斗充与音声。二月一日出麦伍斗、粟伍斗充[与]音声。"①据姜伯勤推测，音声人主要参加诸如寺院节庆、祭祀、行像及宴饮等活动的任务。② 踏歌，是广泛流行于唐代民间的一种歌舞形式，以歌时踏地为节而得名。③ 敦煌文书中有寺院在举行宗教活动时表演舞蹈的记载，见 S.3929V《兰若功德颂》载："清风鸣金铎之声，白鹤沐玉毫之舞。果唇疑笑，演花勾于花台。"④又 S.2440V《太子成道因缘》有载："青一队，黄一队，态踏。"⑤"态踏"指舞蹈的样貌。饶宗颐指出："'尽情歌舞乐神祇''歌舞不缘别余事'，可见敦煌演奏佛曲时歌舞兼备情形。"⑥此外，S.6537V《大唐新定吉凶书仪》载有"寒食[赏]假花、龙球、镂鸡鸭、子推饼、鞭、秋迁、气球、饧粥、饼馇"⑦等球戏、宴席活动。

寒食节、清明节时，归义军政府还会主办宴设活动，见 S.1366《归义军衙内面油破用历》："廿七日寒食坐设用：细供一阡五百八分，胡饼二千九百一十四枚，胡䭔鎓八百八十六枚，饊饼二百五十枚，小食子面七斗，油五升，贴蒸饼面四石，馎饼面四斗，僧家饻饦面五斗，油一升，灌肠面八斗。赏散酒户胡饼一百四十枚、细供一分，赏设司女人汉七人各中次一分，十乡老面二斗，油一升。计用

① 《法藏敦煌西域文献》，第 32 册，第 36 页。
② 姜伯勤：《敦煌音声人略论》，《敦煌研究》，1988 年第 4 期，第 1—9 页。
③ （唐）顾况著，王启兴、张虹注：《顾况诗注》，上海：上海古籍出版社，1994 年，第 198 页。
④ 《英藏敦煌文献（汉文佛经以外部分）》，第 5 卷，第 214 页。
⑤ 《英藏敦煌文献（汉文佛经以外部分）》，第 4 卷，第 78 页。
⑥ 伏俊琏：《敦煌文学总论》，上海：上海古籍出版社，2019 年，第 214 页。
⑦ 《英藏敦煌文献（汉文佛经以外部分）》，第 11 卷，第 101 页

面五十三石三斗九升七合,油一石七斗三升四合四勺。"①按当时的
成人供粮标准计,这些面、油是 2669 人一天的食量;如果按寒食节
三天斋会计,每天也近 900 人。②而宴设活动中,饮酒自是必然,敦
研 001《归义军府衙酒破历》记载:"十九日,寒食座设酒叁瓮。"其中
一瓮为六斗,三瓮即是十八斗,折合大约相当于现代的三十六公
斤,可见此次宴会饮酒量很大,参与人士很多。③尽管上文并没有
记载设宴场所,但是载有"僧家锌饦面五斗",又有广泛的群众基
础,极有可能是在具有公共性质的寺院空间。

由上可知,在敦煌寒食、清明节日之时,敦煌寺院会以设乐、踏
歌等多种活动形式承载节日娱乐的功能,归义军政府也会在佛教
寺院内举行宴设,百姓则在三天的假期之中参与归义军政府和佛
教寺院共同举办的节日仪式。

3. 盂兰盆节

七月十五日是佛教的盂兰盆节,源于《盂兰盆经》中目连救母
的故事,其核心是超度亡灵。敦煌的各个寺院均会参与这一天的
仪式活动,见 P.2271V《甲寅年(954)七月十五日就大乘寺纳设
历》:"甲寅年七月十五日就大乘寺纳设历:龙,乾果食足酒一瓮;
开,果食足;酒一瓮;永,果食足;金,果食足,酒一瓮;图,果食足,酒
一瓮;界,果食足,酒半瓮;莲,果食足,酒[一瓮];土,果食足,酒半
瓮;恩,果食足;云,果食足,酒半瓮;修,果食足;国,酒一瓮;乘,果

---

① 郝春文主编:《英藏敦煌社会历史文献释录》,第 5 卷,第 415—416 页。
② 谭蝉雪:《敦煌岁时掇琐》,《九州学刊》,1993 年第 5 卷第 4 期。转引自郝
春文、陈大为:《敦煌的佛教与社会》,第 302 页。
③ 丛振:《唐代寒食、清明节中的游艺活动——以敦煌文献为中心》,《敦煌学
辑刊》,2011 年第 4 期,第 105 页。

食足;普,果食足;圣,果食足。"①可见,敦煌十六所寺院共同参与庆祝盂兰盆节。

敦煌寺、窟在节日期间举行的主要活动有:①造佛盆供养。见P.2032:"面贰硕叁斗,七月十五日造佛盆用。"②即用面、油制作食品装饰佛盆。②讲唱"盂兰盆经"。P.2040V《后晋时期净土寺诸色入破历算会稿》:"伍升卧酒,七月十五日晚讲纳官用。"如前所述,"纳官"即是以官府的名义造食,那么说明盂兰盆节的活动可能正是由归义军政权所举办。③节后破盆。见P.3234V:"十六日出白面叁硕,付金紫,充供养僧破盆日。"③即出酒食犒劳为盆节出力的僧人。据张弓研究:"敦煌每年的盆节活动,是由地方官府或都僧统司统一安排布置的:各寺照例'七月奉处分,当寺置道场'(P.2040V),作为盆节期间接待信众、供养、讲经的场所,造佛盆用的白面麻油以及破盆日酒食,也有都司参与备办。"④陈大为也指出在盂兰盆节期间:"衙府官员和僧徒都要上窟庆贺,伙食由各寺院共同提供。"⑤如P.2032V《晋时期净土寺诸色入破历算会稿》:"面两石肆斗五升油叁升半,粟两石六斗卧酒,造破盆,十四日上窟、十五日纳官等用。"⑥文中"纳官"及"造破盆"的记录同样显示出归义军政权对盂兰盆节的干预和控制。

寺院还有造花树、设乐等活动。梁朝宗懔的《荆楚岁时记》已

---

① 唐耕耦、陆宏基编:《敦煌社会经济文献真迹释录》第4辑,第2页。
② 唐耕耦、陆宏基编:《敦煌社会经济文献真迹释录》第3辑,第543页。
③ 唐耕耦、陆宏基编:《敦煌社会经济文献真迹释录》第3辑,第169页。
④ 张弓:《中古盂兰盆节的民族化衍变》,《历史研究》,1991年第1期,第142页。
⑤ 陈大为:《唐后期五代宋初敦煌僧寺研究》,第25页。
⑥ 《法藏敦煌西域文献》,第2册,第36页。

记述当时荆楚地区的盂兰盆节。按,《盂兰盆经》有:"七叶功德,并幡花、歌鼓、果实送之。"①可知盂兰盆节造花树、歌舞作乐的形式,在南北朝时期已经颇为流行。敦煌归义军时期也有造花树、设乐的习俗。如 P. 4640《己未年至辛酉年(899—901)归义军军资库司布纸破用历》记载了六月:"廿三日支与判官喜首造花树细纸壹束。"②P. 2629《衙府酒账》:"(七月)十日……支校花树僧酒壹角。六日,供造花树僧逐日酒壹斗,至十日夜断,中间五日,计给酒伍斗。"③由此可知,盂兰盆节的花树一般从六月下旬至七月上旬开始制作,制作十日左右,并且最后需要经过校正方可结束。盂兰盆节还有设乐活动,P. 2638《癸巳年至丙申年(933—936)僧团账目》记载:"七月十五日赏乐人……等用","七月十五日设乐……等用"。④

《盂兰盆经》所记:"年年七月十五,常以孝慈忆所生父母,乃至七世父母,为作盂兰盆施佛及僧,以报父母长养慈爱之恩。"⑤盂兰盆节所表达出的孝顺父母的思想与中国传统儒家孝道不谋而合,这恐怕就是官府对此节日积极倡导的原因。此外寺院还以设乐歌舞等活动吸引着敦煌百姓的参与,形成了一个公共的传播空间,利于孝道思想的传布。

综上,敦煌寺、窟所承载着归义军政权治下的多种节日形态,无论是正月十五的燃灯、寒食清明的设乐踏歌以及七月十五的欢乐盛会,无不反映出中古时期节俗以愉悦逸兴为主的特性。

---

① (南朝梁)宗懔:《荆楚岁时记》,第 61 页。
② 唐耕耦、陆宏基编:《敦煌社会经济文献真迹释录》第 3 辑,第 257 页。
③ 唐耕耦、陆宏基编:《敦煌社会经济文献真迹释录》第 3 辑,第 274 页。
④ 《法藏敦煌西域文献》,第 17 册,第 38 页。
⑤ 《大正藏》,第 16 册,第 779 页。

首先,这些盛大的节日是归义军政权权力的展示方式,通过对佛教教团的控制与节日资源任意的处理,让百姓深刻地体会到政权的强大和有力。

其次,节日仪式也被用来塑造归义军统治者个人的权力和形象。比如曹氏归义军节度使正月十五上窟供养斋文 P.3461《河西节度使某官窟上燃灯文》:"伏惟我厶官乃龙□挺特,膺文星统握河隍;风骨奇能,标□宿再清陇右。机行获泰,五郡复值而烟消;计动无亏,四疫休征而□□……伏愿威光胜、福力昌,四时无襄耗之忧,八节有康宁之乐;三边息浪,高烽永保于平安;五姓无危,境内咸称于清泰。"①文中既对其政治功绩进行了夸赞,也为合城黎庶发愿。此类文书还有 P.3263《令公窟上燃灯文》、P.3897 及 P.4514《七月十五发愿文》等,均是在节日期间为敦煌全境发愿的内容,有利于塑造归义军统治者慈悲为怀、心存百姓的形象。

最后,节日仪式还是归义军政权政治的"解压阀"和教化工具。节日提供给人们一个狂欢的环境,使人们将平时积压的不满进行释放,实际是给封建统治下的百姓一个"无穷劳碌的间歇,沉重跋涉的小憩,过量付出的些许补偿"②,正如巴赫金认为节日仿佛把整个带有所有禁忌的正规系统和等级限制在一定的时间内解除了效力。在一个短时间内,生活偏离了普遍存在的、法定的和神圣的轨道,进入了乌托邦的自由世界。③而在这一过程中,节日所蕴含的道学、儒学、佛学及其相应的伦理道德、价值观念等都通过欢度庆祝的方式投射入百姓的内心世界之中。

---

① 《法藏敦煌西域文献》,第 24 册,第 277 页。
② 张弓:《敦煌春月节俗探论》,《中国史研究》,1989 年第 3 期,第 121—133 页。
③ 〔俄〕巴赫金:《陀思妥耶夫斯基诗学问题》,《巴赫金全集》第五卷,石家庄:河北教育出版社,2009 年,第 175—176 页。

二、敦煌佛教斋仪的政治参与

作为一种外来宗教,佛教在传入中国之后,不断地进行着比附、迎合、改造等一系列本土化进程。作为佛教重要仪式之一的斋会,也相应地经历着变化与发展。湛如所称:"斋会的性质与印度乃至西域的佛教精神相去甚远,带有明显的国家佛教色彩,亦是佛教在中国传统儒家礼制下的实践。"①"国家佛教色彩"说明佛教的推广离不开世俗政权的支持,而世俗政权的宣传也离不开斋会的辅助。

晚唐五代敦煌每年与归义军政权有关的斋会类型很多。有的仅是官府参与或者出资,比如上元燃灯、二月八日行像、七月十五盂兰盆等。也有许多专门为官府的政治活动而设立的法会道场,由官方直接主持,如正月四门结坛、行军祈福、禳除灾异等。证明归义军统治者有着利用佛教斋会维持统治秩序的自觉意识。

关于敦煌斋会的研究,主要有郝春文②、陈祚龙③、王书庆④、张广达⑤、宋家钰⑥等对敦煌斋会的祈愿文进行的名称分类、结构分

---

① 　湛如:《敦煌佛教律仪制度研究》,北京:中华书局,2011 年,第 285 页。
② 　郝春文:《敦煌写本斋文及其样式的分类与定名》,《北京师范学院学报》,1990 年第 3 期,第 91—97 页。
③ 　王三庆:《敦煌佛教斋愿文本研究》,台北:新文丰出版社,2009 年。
④ 　王书庆:《敦煌寺庙"号头文"略说》,《社科纵横》,1994 年第 4 期,第 45—47 页。
⑤ 　张广达:《"叹佛"与"叹斋"——关于敦煌文书中的〈斋琬文〉的几个问题》,《庆祝邓广铭教授九十华诞论文集》,石家庄:河北教育出版社,1997 年,第 60—73 页。
⑥ 　宋家钰:《佛教斋文源流与敦煌本〈斋文〉书的复原》,《中国史研究》,1999 年第 2 期,第 70—84 页。

析；另外有黄征、吴伟①、赵鑫晔②等对敦煌斋会祈愿文进行的集中
释录，具有重要的文献参考价值。还有学者结合佛教斋会发愿文
进行了民俗、宗教方面的研究，如侯冲③、湛如④、吴丽娱⑤等。在此
基础上，有许多学者研究了斋会的政治参与，如郝春文⑥、谭蝉雪⑦、
冯培红⑧、马德、王祥伟⑨、聂顺新⑩等围绕着归义军政权所举行的
佛教斋会活动的类型、文本和政治功能做出了相关考述。不过所
论相对零散，本节即在前贤的基础上，对归义军治下的敦煌佛教斋
会政治参与进行研究。

（一）归义军的国忌斋仪

国忌斋仪是古代中国在已故皇帝、皇后的忌日进行的设斋行
香仪式。《云麓漫钞》记载："国忌行香，起于后魏及江左齐梁间，每
然香熏手或以香末散行，谓之行香。"⑪国忌行香是皇家祭祀和佛、

---

① 黄征、吴伟：《敦煌愿文集》，长沙：岳麓书社，1995 年。
② 赵鑫晔：《敦煌佛教愿文研究》，南京师范大学博士学位论文，2009 年。
③ 侯冲：《中古佛教仪式研究——以斋供仪式为中心》，上海师范大学博士学
   位论文，2009 年。
④ 湛如：《敦煌佛教律仪制度研究》，第 266—305 页。
⑤ 吴丽娱：《终极之典——中古丧葬制度研究》，北京：中华书局，2012 年，第
   222—229 页。
⑥ 郝春文：《唐后期五代宋初敦煌僧尼的社会生活》，北京：中国社会科学出
   版社，1998 年。
⑦ 谭蝉雪：《敦煌民俗——丝路明珠传风情》，2006 年。
⑧ 冯培红：《敦煌本〈国忌行香〉及相关问题》，第 223—265 页。
⑨ 马德、王祥伟：《中古敦煌佛教社会化略论》，2010 年。
⑩ 聂顺新：《佛教官寺与中晚唐半独立藩镇的政治合法性构建——以田氏魏
   博和张氏归义军为中心的考察》，第 111—129 页。
⑪ （宋）赵彦卫：《云麓漫钞》，北京：中华书局，1996 年，第 41 页。

道相结合的一项重要政治活动。《唐会要》卷五十载："（开元）二十七年五月二十八日敕，祠部奏，诸州县行道散斋观寺，准式，以同、华等八十一州郭下僧、尼、道士、女冠等，国忌日各就龙兴寺、观行道散斋，复请改就开元观、寺。"①至晚于开元十五年（727），国忌行香成为全国性的活动，②除了文宗末年曾废罢并持续至武宗朝外，一直沿用不断。

敦煌文献中存有多篇国忌行香仪式所用斋文，如 P.2815《张议潮国忌行香文式》、P.2854《国忌行香文》《先圣皇帝远忌文》、S.5637《国忌·睿宗皇帝忌六月二十日》、S.5709《太宗皇帝国忌行香文》、P.3545V《诸色篇第七·国忌睿宗大圣皇帝忌日六月廿日》、P.2854V《正月十二日先圣恭僖皇后忌晨（辰）行香》等，既有实用文书，也有斋会文范。写作时间多属于张氏归义军时期，可见在晚唐，国忌行香就已经在敦煌地区开展。这些文书为了解归义军统治时期国忌仪斋的政治参与提供了可供分析的内容。

首先，归义军统治者积极利用国忌行香以表达奉唐正朔、渴望中央庇护的政治理念，从而达到稳固统治的政治目的。

据《唐六典》所载，开元时期有资格举行国忌行香仪式的地方州府包括四辅、五府、六雄、十望等八十一州，沙州并不包含在内。③贞元五年（789），处州刺史齐黄奏："当州不在行香之数，乞伏同衢、婺等州行香。"后敕旨："其天下诸上州未有行香处，并宜准此，仍为

① （宋）王溥：《唐会要》卷五十《杂记》，第 879 页。
② 聂顺新：《河北正定广惠寺唐代玉石佛座铭文考释——兼议唐代国忌行香和佛教官寺制度》，《陕西师范大学学报（哲学社会科学版）》，2015 年第 2 期，第 75 页。
③ （唐）李林甫等撰，陈仲夫点校：《唐六典》卷四《祠部郎中员外郎》，第 127 页。

恒式。"①说明天下未行香的诸上州均被准以国忌行香资格。不过沙州应该仍未包含在其中，一方面此时沙州已被吐蕃占领，另一方面以归义军初期的户数作为参照，沙州人口在四千户左右②，也达不到唐代上州的标准③。

那么为何在归义军首任节度使上台之后，沙州便积极举行国忌行香仪式？冯培红认为有两方面原因：一是可能与沙州成为归义军节度使治所有关，提升了沙州的地位。二是归义军统治者用国忌行香来展示与唐朝的友好关系，是用以表达奉唐正朔和讨好中央的举措。并认为第二种可能性更大。④ 聂顺新支持此观点并认为："若沙州因地位上升获得国忌行香资格，则唐中央在敕许沙州国忌日设斋行香时无疑会颁赐相应制度。而沙州的国忌行香活动与内地诸州府相较，在国忌日数、行香地点和参与人员方面全不相同，可证明敦煌的国忌行香乃是张议潮归唐后自行模仿的。"⑤可见，作为晚唐的一个地方藩镇，举行国忌活动是归义军向朝廷表达忠心的一个重要途径。

在敦煌文书中，大量的国忌行香文中均表达了对皇帝的歌颂和祈愿，确立了归义军政权拥护和追随中央的政治理念。例如 P.2854 正面抄写的《国忌行香文》中，先是称颂"我国家有翼善传圣之勋，高步羲轩之首"，再是叙述某位先圣皇帝的功业："伏惟先圣皇

---

① （宋）王溥：《唐会要》卷五十《杂记》，第 879—880 页。
② 郝二旭：《唐五代敦煌农业专题研究》，第 238 页。
③ 《唐六典》载："四万户以上为上州。"参见（唐）李林甫等撰，陈仲夫点校：《唐六典》卷三《尚书户部》，第 73 页；郝二旭：《唐五代敦煌农业专题研究》，第 238 页。
④ 冯培红：《敦煌〈国忌行香文〉及相关问题》，第 255 页。
⑤ 聂顺新：《张氏归义军时期敦煌与内地诸州府国忌行香制度的差异及其原因初探》，《敦煌研究》，2015 年第 6 期，第 90 页。

帝瑶图缵绪,袭贞命于三微;瑞历符休,总文明于四海。穆清天下,大造生灵。咸遵复旧之业,广辟惟新之典。"再次对皇后称:"幽闲寂(淑)顺,《关雎》之德自天;明德连辉,《葛藟》之功成性。遽有绣衣之梦,掩(奄)同薤露之日希。"①甚至还有为当今皇帝高唱赞词的。如 P.3545V《诸色篇第七国忌睿宗大圣皇帝忌日六月廿日》中的"伏持胜因,次用庄严,当今皇帝贵位:伏愿皇图化镇,圣德长新。高居北极之仪,永固南山之寿"②。

其次,归义军政权利用国忌行香仪式来宣传自身权力的合法性来源及加官晋爵的政治事件。P.2854V《正月十二日先圣恭僖皇后忌晨(辰)行香》载:

> [前略]则有归义军节度使臣张仆射奉为先圣恭僖皇后远忌行香之福会也。……先用益资,先圣皇后灵识:伏愿足蹑红莲出三界,逍遥独步极乐乡;赡养世界睹弥陀,知足天宫遇弥勒。又持胜福,使臣常侍大夫遗(贵)位:伏愿昭昭佛日,独映心灵;宕宕(荡荡)法流,遍通意海。寿命遐长,沾香积无烦冲熟之因;衣落天花,靡要恒安八蚕之茧。亦愿观音引路,势至来迎;千佛一一护持,四天大王双双围绕;往来无滞碍之优(忧),去住有清和之泰。伏持胜善。次用庄严我仆射贵位:伏愿万佛回光,百神障卫;紫受(绶)与紫莲齐芳,金章与金刚不坏。然后天下定,海内清;群凶扫荡而兵戈冥,五谷丰稔而万人乐。摩诃般若,利乐无边;大众虔诚,[一切普诵]。③

---

① 《法藏敦煌西域文献》,第 19 册,第 121—122 页。
② 《法藏敦煌西域文献》,第 19 册,第 223 页。
③ 《法藏敦煌西域文献》,第 19 册,第 129—130 页。

冯培红据其内部所书"归义军节度使臣张仆射"之称及此篇之后所抄唐睿宗到唐僖宗十位皇帝的忌日时间,推断此篇文书写于张淮深时期。并进一步考察,除去唐僖宗亡故的消息传至沙州所需的时间,从僖宗去世到张淮深因政变而死的时间不到两年,因此该文书所载之国忌行香最有可能发生在龙纪元年(889)正月十二日。[1]

相较其他国忌行香的斋文,此篇斋文最大的特点是加入了对天使常侍大夫的祈愿,希望他"寿命遐长",并且能够得到"观音引路……往来无滞碍之优(忧),去住有清和之泰"[2]。说明该斋会同时具有"送路"之意涵。荣新江曾揭出一件藏于日本京都有邻馆的文书,上记载:"旌节:文德元年十月十五日午时入沙州,押节大夫宋光庭、副使朔方押牙康元诚、上下廿人。十月十九日中馆设后,廿日送。"[3]结合前述文书写作时间,可知张淮深被授予旌节之后,于次年正月十二日为恭僖皇后举行了国忌行香,并在其中遥祝常侍大夫归途平安。特意在此盛大的仪式中提到象征着皇权的天使授节事件,实际上是对自身合法性获得的一种宣传。

最后,国忌行香有利于归义军政权宣扬帝王孝心、孝行以达到示范性传播效果,从而树立以"忠孝仁义"为核心的政治统治秩序。

《唐会要》卷二十三《忌日》记载唐文宗废罢设斋行香之仪时称:"但以列圣忌日行香,及兹修崇,示人广孝。"[4]即指国忌行香有传播孝道的作用。又载唐宣宗恢复国忌行香之仪时:"至宣宗即位

---

① 冯培红:《敦煌〈国忌行香文〉及相关问题》,第 242 页。
② 《法藏敦煌西域文献》,第 19 册,第 129 页。
③ 荣新江:《归义军史研究——唐宋时代敦煌历史考索》,第 191 页。
④ (宋)王溥:《唐会要》卷二十三《忌日》,第 451 页。

之初，先以列圣忌辰行香既久，合申冥助，用展孝思。其京城及天下州府诸寺观，国忌行香，一切仍旧。"①"合申冥助，用展孝思"指设斋行香可以使皇帝有助于先圣帝、后之灵，以表达自己的思念，这种具有私人家族性质的仪式却要天下州府同步进行，正因其中蕴含着以帝、后为天下父母的意涵。在中国古代政治理论中，"孝亲"与"忠君"意义紧密相连，在内事父兄以孝悌，在外自然事君以忠诚，忠孝合体维护了礼法纲纪和社会统治秩序。在此意义上，国忌行香可以说是一场全国性的"忠孝"思想学习活动。

　　唐代州县举行国忌行香的情况，记载于《唐六典》卷四《尚书礼部》："凡国忌日，两京定大观、寺各二散斋，诸道士、女道士及僧、尼，皆集于斋所，京文武五品以上与清官七品已上，皆集行香以退。若外州亦各定一观一寺以散斋，州县官行香，应设斋者，盖八十有一州焉。"②因而可知，国忌日当天，京城两个大寺和两个大观分别举行佛道斋会，参与者有道士、女道士及僧、尼，还有文武五品以上与清官七品以上的官员。聂顺新指出无论两京还是诸州府举行国忌行香，似仅有官员而无百姓参与。③

　　据记载，归义军时期的国忌行香则有合城百姓的参与，证明其社会影响力和参与程度较高。P.3545V《诸色篇第七·国忌睿宗大圣皇帝忌六月廿日》：

　　　　是时也，毒暑流金，拂宴林而自满箫（萧）瑟；赫曦飞大，扣禅河而一变天时。合郡顺心，来赴莲华之会；郡官启手，共过

① （宋）王溥：《唐会要》卷二十三《忌日》，第451页。
② （唐）李林甫等撰，陈仲夫点校：《唐六典》卷四《祠部郎中员外郎》，第127页。
③ 聂顺新：《张氏归义军时期敦煌与内地诸州府国忌行香制度的差异及其原因初探》，第94页。

鹦鹉之林;僧尼郁郁,口宣不二金言;士庶诜诜,共受无为之道。①

冯培红考订举办此次国忌行香者为归义军首任节度使张议潮,当今皇帝即大中年间(847—859)在位的唐宣宗。②"僧尼郁郁"即僧尼设斋,"郡官启手"即归义军政权官员行香,"合郡顺心"与"士庶诜诜"即合城百姓不分士庶,均要来参加。国忌行香仪式在树立了以皇帝为核心的孝德榜样的同时,也在归义军治内区域推行了德治的意识形态。

综上可知,在归义军内部,佛教的国忌行香斋会是其政权结好中央,表达忠心的政治策略之一。而对普通百姓而言,国忌行香也被用来宣示地方政权的合法性与正统性,建立了富有"忠孝仁义"的政府形象,并以此培养士庶百姓对唐朝的认同,影响百姓的价值观念,有区域政治教化之功能。

(二)归义军的军事斋仪

唐代的佛教斋会在战争中具有独特的功能特性。P.3129存有光道大师所撰写的38篇斋文,内有涉及军政活动的"贺息兵免祸兼庆灯影文六"③"及为凤翔解重围遥乞平善文十四"④等斋文,展现了佛教斋会的军政职能。

首先,在敦煌,作为佛教信仰的媒介载体,斋会具有为战争祈

---

① 《法藏敦煌西域文献》,第18册,第223页。
② 冯培红:《敦煌〈国忌行香文〉及相关问题》,第239页。
③ 《法藏敦煌西域文献》,第21册,第255页。
④ 《法藏敦煌西域文献》,第21册,第256页。

福的功能,常常被统治者用来作为精神动员的手段。早在吐蕃统治时期,就以佛教的祈愿斋会作为出兵前的誓师大会,见 S.6172《行军转经文》:

> [前略]则我东军国相论掣晴敬为西征将士保愿功德之修建也。伏惟相公天降英灵,地资秀气;岳山作镇,谋略坐筹。每见北虏兴师,频犯边境,抄劫人畜,暴木毛(耗)田苗。使人邑不安,峰(烽)飙数举。我国相悖(勃)然忿起,怒发冲冠。遂择良才,主兵西讨。虽料谋指掌,百无一遗;然必赖福资,保其清吉。是以远启三危之侣,遥祈八藏之文;冀仕(士)马平安,永宁家国。故使虔虔一志,讽诵《金刚》;济济僧尼,宣扬《般若》,想此殊胜,夫何以加?先用庄严护世四王、龙神八部;愿威光盛,福力增;使两阵齐威,北戎伏款。又用庄严行军将相:伏愿才智日新,福同山积;寿命遐远,镇坐台阶。诸将仕(士)等三宝抚护,万善庄严。①

敦煌的僧尼能够通过讽诵《金刚》及宣扬《般若》这两部经文福资国相及西征的将士,祝愿他们人马平安,家国永宁。祝愿的目的能否达到暂且不论,但是这种以佛教斋会形式展开的祈愿活动能够在信仰的层面上为出征将士提供心理上的支持与安慰,使将士们相信佛教能够抚护疆场,从而提高作战的勇气与信心。同时政治统治者需要借斋会传播自己的声名,表现出其体恤将士、慈悲为怀的政治形象。文中写道"虽料谋指掌,百无一遗;然必赖福资,保其清吉",即尽管国相对征战之事考虑周详,但是仍然需要通过斋

---

① 《英藏敦煌文献(汉文佛经以外部分)》,第10卷,第137页。

会的方式来获取福资,从而保证出征的顺利。

　　归义军统治时期,在出征之前,也往往会设斋会祈求平安、获胜。归义军首任节度使张议潮在北征收复伊州之时,曾举行斋会。[①] 见 P.2854《转经画像祈愿文》:

　　　　厥金(今)转金经于宝地,集四众于莲宫,并画弥勒变一躯、毗沙门天王两躯,事无疆之福音者,则我释门教授和上(尚),爰及郡首、都督等奉为尚书北征保无灾难之所为也。唯愿以兹转经功德,画像胜因,先用庄严尚书贵位:伏愿波澄瀚(瀚)海,雾廓燕山,克树功名,保无灾难。然后兵雄陇上,勇气平原,士马无伤,旋还本郡。摩诃般若,利乐无边,大众虔诚,一切普诵。[②]

　　文中体现出张议潮对毗沙门天王的信仰。毗沙门天王是佛教四天王之一,在唐代,能够护卫信奉佛教的军队。[③] 唐代军事理论家李筌所著《太白阴经》卷七载毗沙门天王助于阗破吐蕃之围的故事,此后"军出而祭之",并且"至今府、州、县多立天王庙焉"。[④] 在唐宋时期的造像和图画中,毗沙门作武士形象,头戴盔,身贯甲,双手托塔,足踏天女或魔鬼,敦煌出土文献中有此类画像(图 4-6)。唐人不空译《北方毗沙门天王随军护法仪轨》云:"我护持佛法,欲

① 李忱主编,马茜副主编:《甘肃民族研究论丛》,兰州:甘肃人民出版社,2002 年,第 456 页。
② 《法藏敦煌西域文献》,第 19 册,第 214 页。
③ 黄阳兴:《咒语·图像·法术》,深圳:海天出版社,2015 年,第 333 页。
④ (唐)李筌著,刘乐贤整理:《神机制敌太白阴经》卷七《祭文类》,海口:海南国际新闻出版中心,1995 年,第 74 页。

摄缚恶人或起不善心。我昼夜守护国王、大臣及百官僚……左手令执口齿，右手托腰上，令执三鞘稍，其神足下作一药叉女，住趺坐，并作青黑色。"①毗沙门天王护国助战的神话在唐代流行甚广，因此唐玄宗诏令："天下军垒皆立毗沙门天王祠。"②在不断受到外族侵扰的归义军统治时期，毗沙门信仰是其政权的精神支持。

图 4-6　P. 4518 毗沙门天王白描图像(国际敦煌项目 IDP 数据库)

---

① 《大正藏》，第 21 册，第 224—225 页。
② 《大正藏》，第 75 册，第 190 页。

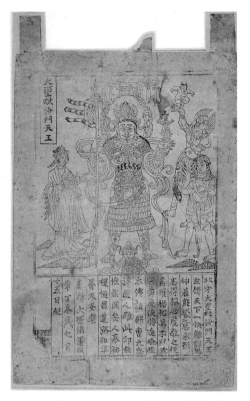

图 4-7 S. painting245 版画毗沙门天王造像(大英博物馆馆藏敦煌图版)

除战争时期外,归义军政权每月初一、十五定期举行天王斋,[①]亦是一种与军政相关的重要仪式。P. 2854《天王文》云:

> 某乙闻:须迷卢半(畔),有殊胜宫,所居天王,厥名护世。威容挺特,神用颇量,愿广悲深,镇居此界。或掌擎宝塔,表慈育于含灵;或足践夜叉,示威严而静妖孽。故得万机虔仰,谙

① 郑阿财:《敦煌写本〈龙兴寺毗沙门天王灵验记〉研究》,《港台敦煌学文库》,兰州:甘肃人民出版社,2016 年,第 166 页。

四海而奉香餐;辅相归心,献金帛而祈胜福。我都督、剌使(史),一承纶旨,竭意增修,每月两时,躬临奠祭。①

"一承纶旨"指祭天王是承国家诏敕进行的官方政治活动。唐天宝元年(742)制曰:"帝因敕诸道节度,所在州府于城西北隅,各置天王形象部从供养,至于佛寺亦敕别院安置,迄今朔日州府上香华食馔,动歌舞,谓之乐天王也所号毗沙门者。"②这道敕令从国家层面上奠定了天王信仰的政治基础。五代时期,曹元忠请匠人雕刻"毗沙门天王像"版画,上有近百字的像下题记,祈愿"国安人泰、社稷恒昌、道路和平"(图4-7)。沙武田指出"该类版画仍保留有用于悬挂的三条带子,表明是作为礼拜供养使用"③。北宋时,曹延禄同于阗公主在莫高窟北区修建天王堂,以扬励天王对本州的护佑之风。④ 可见,归义军统治者仰赖毗沙门天王信仰来安邦定疆,反映出敦煌百姓期盼太平的心声。

其次,佛教斋会具有护佑军事胜利、境内平安的作用,成了归义军当权者战争失利的借口与安抚人心的工具。P.3405中保留着一篇金山国时期的斋文,名为《兵贼侵扰》,其文如下:

大雄流教,正在周文;白马驮经,法兰亲至。安坛场于洛阳

---

① 《法藏敦煌西域文献》,第19册,第125页。
② (宋)赞宁撰,富世平校注:《大宋僧史略校注》,北京:中华书局,2015年,第223页。
③ 沙武田:《敦煌画稿研究》,北京:民族出版社,2006年,第225页。
④ 张先堂:《唐宋时期敦煌天王堂寺、天王堂考》,载韩金科主编《98法门寺唐文化国际学术讨论会论文集》,西安:陕西人民出版社,2000年,第190—196页。

阙下,以道论功,契发神踪,六通无比。所以周兴八百,兵戈不违,盗贼不起于邻封,狂寇泯踪于塞北。今者苍生福浅,致有伤残,飞累岁之狼烟,频遭寇□。我皇理化,意在安人,望乐业于畿中,静鸳鸥于碛表。万法之本,莫善于伽蓝;去贼殄戈,就投于三宝。今乃傍开宝殿,罗列幡幢,启请圣僧,降于朕域,神通不舍于边贮,威力去戎而不挠。使龙沙无晏闻之忧,西汉泯除于煌火。①

此文夸大了佛教对战争的影响,称佛教能使"周兴八百,兵戈不违,盗贼不起于邻封,狂寇泯踪于塞北",而张承奉为了"理化安人",已经"傍开宝殿,罗列幡幢,启请圣僧,降于朕域",希望能"使龙沙无晏开之忧,西汉泯除于煌火"。这体现出张承奉对战争的回天乏术,故而寄希望于佛教的消极心理。从另一方面来看,也是张承奉为了安稳人心,巩固统治,将罪责转移到佛教上的一种舆论控制行为。

正因为这种将斋会祈愿与战争胜利之间进行因果联系的思想,使归义军统治者在政治上对斋会行为进行了严格的管控和监督。P. 3101《大中五年(851)七月一日尼智灯苑状上》记载:

尼智灯苑状上:前件尼虽沾僧士,体合增福于光,一则盈益军国,二乃自己福田,转诵之间,亦合无诉。今缘鸣尼病疾,恐减应管福田,寺减通名数,格令罚责严难,恐司所由亏,□□□□□□□。尚慈光普照,接病患之徒,特乞笔毫恩垂矜恤。请乞处分。牒,件状如前,谨牒。②

①《法藏敦煌西域文献》,第 24 册,第 120 页。
②《法藏敦煌西域文献》,第 21 册,第 311 页。

尼智灯苑诵读佛经是为了盈益军国，为征战河西收复诸州的军事行动祈福。① 尼智病后怕自己的病状"减应管福田"，而受到"格令罚责严难"，说明在张议潮时期，就对僧尼的战争祈福斋会进行严格监督，不得因僧尼个人的某些情况耽误了军事祈福的效力，因此此状后有离烦判："身在床枕，制不由人，转经福田，盖是王课，今若患疾，理合优矜，付寺法律，疴缠不虚，勿得构检，仍任公凭。"②

综上，晚唐五代的归义军政权在特定的军事行动中，常常使用佛教斋会作为战争的动员大会，鼓舞士气，并且祈求战争的胜利。在日常生活中，佛教的毗沙门信仰因具有护佑国安人泰、社稷恒昌、道路和平的功能，在敦煌流行甚广，为归义军政权每月举行的祭天王仪式提供了思想依据。佛教斋会护佑平安之功可以说是一把双刃剑，既使其得到政治权力的青睐，加速佛教中国化的进程，也使其成为政治利益的牺牲品，逐渐沦为政治的附庸。

(三)归义军的禳除斋仪

古代中国农业社会由于科学技术不发达，又受制于环境的影响，如何利用各种巫术性质的活动来避免、制止灾害的发生，受到各阶层统治者的密切关注。特别是中国古代流行天人感应学说，认为天象与人事相互影响，在"灾异天谴""修德禳灾"的政治思想下，人们往往不敢主动反抗灾异事件，而更多地选择以"设祭祈禳"的方式进行处理。唐代僧人则常常通过自己神通广大的法术参与禳灾活动以弘扬佛法。他们能够诵经祈雨、祈晴、兴风止雨、使蝗

---

① 　冯培红：《敦煌的归义军时代》，第107—108页。
② 　《法藏敦煌西域文献》，第21册，第311页。

虫离境,这些神异的效果在官方的推崇与使用下,成了唐代民众最普遍的认知。

1. 禳天灾斋仪

水灾、旱灾、蝗灾是中国古代的三大天灾,不过敦煌地处内陆,四周被沙漠环绕,气候干燥而少雨,发生水灾的可能性并不大,敦煌主要的灾害是旱灾和蝗灾。

第一,禳旱斋仪。归义军时期,僧人能够禳旱祈雨的思想来自前代。开皇六年(586)亢旱,隋文帝请昙延法师"于大兴殿登御座南面授法。帝及朝宰五品以上,咸席地北面而受八戒,戒授才讫,日正中时,天有片云,须臾遍布,便降甘雨,远迩咸感"①。这次求雨事件,初唐时被绘于敦煌莫高窟 323 窟的南壁壁画上,广为流传(图 4-8)。可见,相信借助佛教斋会可以消除自然及社会灾难的思想观念在敦煌当地人中十分普遍。

图 4-8 敦煌莫高窟第 323 窟 昙延法师求雨(《中国敦煌壁画全集》第 5 册图 134)

① (唐)道宣撰,郭绍林点校:《续高僧传》,北京:中华书局,2014 年,第 277 页。

　　归义军政权则通过举办斋会请僧人念经禳旱祈雨。敦煌文书P.3405《国有灾厉合城转经》所载金山国时期禳旱斋文：

> 　　天垂灾沴，乃水旱相仍，疾疫流行，皆众生之共业。昨以城隍厉疾，百姓不安，不逢□水之医，何以济兹凋瘵？是以我皇轸虑，大阐法门，绕宝刹而香气氛氲，列胜幡而宝幢辉曜，想龙天而骤会，栁塞虚空；天主梵王震威光而必至，二部大众经声洞晓于阖城，五部真言去邪魔之疾疠，使灾风永卷，不害我生民，瘴气漂除，息千门氛浸，然后人安乐业，帝祚唯祯，以二曜而齐辉，并三光而洁朗。①

　　引文中"二部大众经声洞晓于阖城，五部真言去邪魔之疾疠"，二部大众指僧尼二部，所持诵五部真言即密宗曼荼罗法中的莲花部、金刚部、佛部、宝部、羯摩部。② 官斋中诵经禳旱的存在，从政治层面肯定了佛经具有神秘力量，持咒念经可以禳灾祈雨。

　　上述引文中还透露出归义军时期的龙王信仰，归义军在多种佛教法会中均向佛教护法龙王祈愿，希望龙王护佑，禳旱祈雨。如P.3269《燃灯文》载："使龙王雨主，九夏痏无伤禾。"③该文书中有河西节度使司徒及国母天公主等称谓，可以判定写于曹元深时期。

　　此外，龙在佛教中属于"天龙八部"护法神之一，在敦煌则被称为"龙天八部"，在天众、龙众、夜叉、乾达婆、阿修罗、迦楼罗、紧那罗、摩呼罗迦中更加凸显了龙众的地位，反映出敦煌对龙王的崇

① 《法藏敦煌西域文献》，第24册，第119页。
② 黄阳兴：《咒语·图像·法术》，第221—222页。
③ 《法藏敦煌西域文献》，第22册，第332页。

拜。党燕妮指出:"龙王护法既可保风调雨顺、五谷丰登;又可作为护法神护卫敦煌,灭除战乱、净讼、疫病、饥馑、死亡等灾害,使国泰民安,故受到敦煌民众的虔诚信仰。"①因此归义军政权也常在多种斋会中向以龙王为主的龙天八部祈祷。例如曹元德统治时期的发愿文 S.5957《结坛祈祷发愿文》:"先用庄严梵释四王、龙天八部:伏愿威光转盛,护社稷;灾沴不侵;福力弥增,济[拔]黎萌,报(保)丰岁实。"②敦煌莫高窟第 158 窟西壁绘有龙天八部的相关图像(图 4-9)。

图 4-9　敦煌莫高窟第 158 窟　龙天八部(《敦煌石窟艺术:莫高窟第一五八窟》图 85)

第二,禳蝗斋仪。相比能够通过风师、雨伯等官方祭祀祈求降雨的禳旱,禳蝗与佛教更为亲近。《酉阳杂俎》载:"荆州有帛师号

---

① 党燕妮:《晚唐五代敦煌地区的海龙王信仰》,郑炳林主编《敦煌归义军史专题研究三编》,第 280—281 页。
② 《英藏敦煌文献(汉文佛经以外部分)》,第 9 卷,第 234 页。

法通,言蝗虫腹下有梵字,或自天下来者,乃忉利天。梵天来者,西域验其字,作本天坛法禳之。"①沙知据此认为:"送蝗虫乃西域习俗,与佛教有关。"②敦煌归义军曾为祈禳蝗虫而设斋会,主要文书有 P.3781《河西节度使尚书造窟功德祈愿文》、S.4652《祈祷灵蝗莫食嘉谷文》、S.5957《结坛祈祷发愿文》、P.3405《水旱蝗虫事》、P.2058V《散斋文》、S.4625V《燃灯文》、S.1137《天兵文》等。其中,"天兵"是古代对蝗虫的一种称谓,这和当时人们认为蝗灾发生的原因与人心失德、上天惩戒有关。P.4640V《归义军己未至辛酉年(899—901)布纸破用历》记载了归义军府支出祭祀用纸的记录:"二日,壤(禳)送蝗虫钱财粗纸一帖。"③可以说,佛教的禳蝗灾斋会是归义军时期常见的一种宗教仪式,并且此种仪式没有具体的礼仪要求,无论是开窟、结坛抑或是散食都可以发愿祈祷,行事方便。例如张承奉金山国时期的 P.3405《水旱蝗虫事》中即记载了结坛和诵经共同进行以禳除蝗灾:

> 德能禳灾,功用必遂;福可去邪,其应必至。所以霜蝗起陆,因人心而感之;知过必改,天有酬酢(祚)。今者我皇理国,子育黎元。既霜风早降,致伤西作之苗;螟蝗夏飞,必殒东成之实。哀投上帝,恳祈天曹,置坛场于野次,列金像于田畴。延僧开般若之真诠,慕法师声扬于大教。钟磬之音遍野,经声梵赞连天。四王必垂愍于生人,五帝宁伤于怯

---

① (唐)段成式撰,曹中孚校点:《酉阳杂俎》,上海:上海古籍出版社,2012 年,第 105 页。

② 沙知:《壤送蝗虫》,《敦煌学大辞典》,上海:上海辞书出版社,1998 年,第 451 页。

③ 唐耕耦、陆宏基编:《敦煌社会经济文献真迹释录》第 3 辑,第 263 页。

（法）界。我皇稽颡,诚谓至切于人民;手执金炉,愿息霜蝗之难。①

引文中所称"延僧开般若之真诠,慕法师声扬于大教。钟磬之音遍野,经声梵赞连天",即请法师阐扬经教,伴以钟磬,从而禳除蝗灾。可能正是依照《敕修百丈清规》中"由是谨发诚心,启建遣蝗道场,每日命僧讽诵经咒"②的规定所建立的"遣蝗道场"。禳蝗斋会"置坛场于野次,列金像于田畴",希望在田野之中形成佛法护佑的场域,对抗蝗灾。马德指出:"这在生产力比较低下、科学不发达、人们的认识还没有提高的古代中国社会,是一种对付自然灾害的普遍方法。"③

归义军节度使还通过祈求佛教中的摩醯首罗天,来驱除蝗灾。敦煌文书 P.2058V《散斋文》中记载了归义军节度使对摩醯首罗天的斋会发愿:

> 厥今虔恭奉圣,结胜坛于八荒。转昌(唱)金言,连朝夜如(而)不绝。炉焚宝[香]、供备天厨,请佛延(筵)僧,设斋散食者,有谁施作? 时则有我河西节度使令公先奉为龙天八部,静四塞而卫护敦煌;梵释四王,雍(拥)日当时而荡除妖孽。亦为蝗飞绕境,不犯草木之苗。谓大自在天神澄散庶恼,摩醯首罗天主(王)伏以蝗军。④

---

① 《法藏敦煌西域文献》,第 24 册,第 120 页。
② 蓝吉富主编:《禅宗全书》,北京:北京图书馆出版社,2004 年,第八十一册,第 16 页。
③ 马德、王祥伟:《中古敦煌佛教社会化论略》,第 234 页。
④ 《法藏敦煌西域文献》,第 3 册,第 371 页。

摩醯首罗天,原为印度婆罗门教三大主神之一的湿婆神,被认为是宇宙的创造者,后被佛教吸收,成为佛教重要的护法神,被列为天部,名"大自天",即大自在天。① 敦煌文书中有时简写作"首罗",如 S.5957《结坛祈祷发愿文》:"上方首罗大将,扫蝗军不犯疆场。"②其形象见于莫高窟第 285 窟西壁,三头六臂,手托日月,持铃、捉矢、握弓(图 4-10)。③《不空绢索咒心经》中提到大自在天可以驱蝗,"世尊若所在之处有此咒心。其地即有大自在等十二亿诸天而来拥护",认为"诵此不空绢索咒心七遍。彼人现身得二十种殊胜利益",其中就包含"十者所种苗稼。不为恶风、暴雨、霜雹、虫蝗之所损害"④。

图 4-10　莫高窟第 285 窟　摩醯首罗天(《中国敦煌壁画全集》第 2 册图 99)

---

① 张元林:《观念与图像的交融——莫高窟 285 窟摩醯首罗天图像研究》,《敦煌学辑刊》,2007 年第 4 期,第 252 页。
② 《英藏敦煌文献》,第 9 卷,第 234 页。
③ 宁强:《敦煌石窟寺研究》,兰州:甘肃人民美术出版社,2012 年,第 259—260 页。
④ 《大正藏》,第 20 册,第 406—407 页。

另外，9、10 世纪的敦煌文书中还有一位重要的禳蝗神祇——独煞神，王惠民认为即千手千眼观音，是据北图新 1349 号北面对观音的解释："观音菩萨。引《般若经疏》。引三十六国之时，大战，人死填河满，水即逆上。水变成血，如河如流。圣作千手千眼入阵之事，即独煞神是也。"[1] P.3554V《悟真谨上河西道节度公德政及祥瑞五更转兼十二时共一十七首并序》中也称"观音独煞，助济人民，佛晃神光，呈祥表瑞"[2]，可相佐证。而 P.3405《正月十五日窟上供养》一文正是写于张承奉金山国时期，其中有对独煞神禳蝗之功能的描写："观音妙旨，荐我皇之征狩；独煞将军，化天兵于有道。"[3]似证明张承奉也通过向独煞将军祈祷望其统帅"天兵"蝗虫以安抚灾情。

2. 禳疫疠斋仪

"疫"在《说文解字》中的解释为："民皆疾也，从疒，役省声。"[4]"疠"字，《左传》哀公二年载，子西言阖庐："天有灾疠，亲巡其孤寡，而共其乏困。"杜预注："疠，疾疫也。"[5]可见，疫疠指具有流行性、扩散性的疾病。

第一，归义军政权一般会在岁末年初之际举行四门结坛斋仪，以示送故纳新、禳疫殄疹。代表性的文书有 P.3765《四门转经文》、P.3149《新岁年旬上首于四城角结坛文》、P.2642《岁末坛会斋文》、S.4654《岁末结坛斋文》、P.2058(15)《岁末结坛斋文》等。四门结

---

① 王惠民：《独煞神与独煞神堂考》，《敦煌研究》，1995 年第 1 期，第 130 页。

② 《法藏敦煌西域文献》，第 25 册，第 236 页。

③ 《法藏敦煌西域文献》，第 24 册，第 119 页。

④ (汉)许慎撰，班吉庆等点校：《说文解字校订本》，南京：凤凰出版社，2004年，第 213 页。

⑤ (清)阮元校刻：《十三经注疏·春秋左传正义》，第 2155 页。

坛由当地最高长官归义军节度使主持,是官方的祈祭活动。① 关于
"四门",有学者认为是沙州的内城,即子城的东、南、西、北四座城
门。② 还有学者认为此四门是指坛城四门。③ 仪式过程为在四门悬
挂仪像(据米德昉研究为四天王像④),置净坛于八表,在中央建主
尊坛场,然后焚香、燃灯、散食、转经。同时容许佛教弟子礼忏,设
坛期间需念诵佛事斋文,为国家昌隆、归义军维城作固、百姓富足
而祈请福佑。

　　四门结坛中所转经部多数情况下为《金光明经》,可能是借重
该经在镇护国家政权方面的特殊功用。⑤ 例如 P. 2058(15)《岁末
结坛斋文》中:"今置净坛于八表,敷佛像于四门,中尖(间)建随求
之场,缁众转金光明之部。"⑥该文写于曹议金时。⑦《金光明经》能
使闻者得到护世四天王及诸天神的护卫,使得国土的诸苦灭除,因
此被视为护国之经。此经符合新年建福的斋意。

　　另外,四门结坛中有"散食"的仪程。散食一般是为了救度身
处鬼趣为害生人或者是横死之鬼。这意味着在正月所举行的四门
结坛其实是为了禳除人鬼。S. 3914《结坛发愿文》中对这些人鬼的

① 谭蝉雪:《敦煌民俗——丝路明珠传风情》,第 44 页。
② 参见赵贞:《归义军史事考论》,第 90 页;谭蝉雪:《敦煌岁时文化导论》,台
　　北:新文丰出版社,1998 年,第 13 页。
③ 段鹏:《九一十世纪敦煌社会宗教生活研究——以斋会文本为中心的考
　　察》,第 123 页。
④ 米德昉:《敦煌曹氏归义军时期石窟四角天王图像研究》,《敦煌学辑刊》,
　　2012 年第 2 期,第 91 页。
⑤ 陈怀宇:《景风梵声——中古宗教之诸相》,北京:宗教文化出版社,2012
　　年,第 125 页。
⑥ 周绍良主编《全唐文新编》第 4 部第 5 册,第 11580 页。
⑦ 余欣:《神道人心——唐宋之际敦煌民生宗教社会史研究》,第 72 页。

类型做出了说明:"遂使随蕃落井,伤煞孤魂;失土离乡,奔波绝户。或是从军北战,殁殒沙场;或谓讨掠南征、身埋弃世,奉公东使、逢贼云亡;或是远遣西游、他州遗骨,断亲绝嗣、不葬幽灵,客鬼巡门、越乡移界;或是山丘野泽、洛(落)水火烧,牧放牛羊、狼残虎咬;或是贫寒冻熬、缺食移乏衣,春夏秋冬、居巢住穴;或谓(为)犯龙蛇,触海兽,□风神。"①可以看出,结坛主要克制这些没有往生的鬼,令其转生天路,从而保佑敦煌圣境平安。

第二,归义军政权在正月会为保护城隍而建安伞旋城斋会,其目的是殄除旧岁疫疠。相关的文献记载最早见于吐蕃统治时期,如 S.2146 中的三篇《置伞文》、P.3770《悟真文集》等。沿袭至归义军统治时期,成了一种常规性的岁时活动,见 S.4617《置伞文》、S.4544《置伞文》、P.2854《竖幢伞文》、P.2704《长兴年间曹议金回向疏》、P.2679《安伞旋城文》等。内容是通过竖置白伞幢来禳灾祛祸,保民护国。② 其仪式时间明确为"三春首月,四序初分"(S.5942《安伞文》),仪式环节包括安白伞、置胜幢和游行等活动,白伞盖源自佛教的《大白伞盖陀罗尼经》,能够防止"王贼军怖水火毒、武器天恶怨及病。霹雳时非亡死等,贪欲□等烦恼等。地动国王罚刑等,十不善及十不绝。闪电空飞恐怖等,□绝自性犯罪等。虎狼□□大怖中,恶趣果报恐怖中。时以一切冠盖索,我下弱□□救我。天灾□等灾聚等,大悲心□铁钩以。威力取及恶鬼等,子如随依持执索。风胆□等大病中,大伞白佛母□高赞以恭

---

① 《英藏敦煌文献(汉文佛经以外部分)》,第 5 卷,第 200 页。
② 李翎、马德:《敦煌白伞盖信仰及相关问题》,《敦煌学辑刊》,2013 年第 3 期,第 79 页。

寄顺,时一切中□护我"①。除了参与举办,归义军还会为安伞旋城发布安民告示,如 P. 2598V《使榜》中提示防止无知小儿对仪式进行破坏扰乱。②

第三,归义军政权在每个季节会设置"罢四季道场",主要目的是消除灾异。谭蝉雪指出敦煌的罢四季道场是佛教融合中国传统古俗——傩礼的产物。③ 傩礼是在季节变换时举行的禳灾仪式,主要是为了顺天而行,使阴阳顺序,从而消除疫疬的发生。敦煌的罢四季道场斋文中也体现出类似思想,如 S. 5957《四门转经文》中记载:"是时也,三春首朔,四序初分。阳和递改以环周,阴气交驰于霞际,残雪共白云相礼,含胎与柳色争新……先用庄严梵释四王、龙天八部:伏愿威光炽盛,福力弥增,兴运慈悲,救人护国,遂使年消九横,月殄三灾……然后阴阳顺序,日月贞明,五稼丰登,万人安乐。"④

罢四季道场的举办,至少在吐蕃占领敦煌时期就有记载。写于吐蕃时期的 S. 2146《罢四季文》记载了季春结束之时开道场诵经之事,并要求敦煌"每岁修崇,恒为常式"⑤。到了归义军时期,仍行而不辍。如 S. 5957《结坛发愿文》:"每岁春秋,弘施两会……是时也,节当九夏,设香馔于金田……三灾电灭,尽九横于边隅,励(疠)疫□□……"⑥S. 4537《患文》:"时则有我节度使太保,乃见城中疾

<hr/>

① 西夏文书《大白伞盖陀罗尼经》,史金波《西夏文〈大白伞盖陀罗尼经〉及发愿文考释》中有相关释录。参见杜建录主编:《西夏学》第 12 辑,兰州:甘肃出版社,2016 年,第 3—4 页。
② 《法藏敦煌西域文献》,第 16 册,第 187 页。
③ 谭蝉雪:《敦煌民俗——丝路明珠传风情》,第 78 页。
④ 《英藏敦煌文献(汉文佛经以外部分)》,第 9 卷,第 239—240 页。
⑤ 《英藏敦煌文献(汉文佛经以外部分)》,第 4 卷,第 32 页。
⑥ 黄征、吴伟编校:《敦煌愿文集》,第 586—587 页。

病，已历三春，伏恐死损不休，引入九夏，所以先陈至垦，希佛力以荡烦诃；仰仗福门，借神方救疗病苦之所建也。"①P. 2255V《行城文》："然今行城却难者，嘱（属）以三冬起序，春色敷荣。恐设役励（疫疠）以侵人寰，拔（妖）分（氛）之害物。"②可见归义军也在季节变换之时举行斋会顺天禳灾。

第四，归义军节度使在疫病侵害的特殊时间也会举办临时性的禳除斋会。例如S. 3914《结坛发愿文》是曹氏时期因"近睹灾侵入界，妖祸邻人，恐害民（人）民"，而"人无楚切，不染分介之灾；牛马六畜驼羊，疫毒时消时散"③，所以置道场于金山，为"内外城隍，□昌宁谥（谧）之福会"。证明敦煌在出现类似于"天行时疫"的流行性疾病时，归义军节度使会带领"阖城士庶、女弟童男、牧野村人"，举办法会，加以禳除。

归义军节度使也会借斋会为百姓祈福的同时为自己的家人发愿，"私"的愿望反而通过斋会的扩大达到"公"的效果。P. 3085《河西节度使太傅祈愿文》中除了为百姓发愿，"先奉为龙天八部，护陬界而怙清；梵释四王，静檄抢而安社稷，疠消疾散。万人咸（感）康泰之欢。障灭福崇，百姓赖安家之业"④，还希望"当今帝主，永带（戴）天冠；十道争驰，八方顺化"。最后又提出为府内娘子发愿"娘子金躯抱疾，列（裂）五内之不安；药饵无方，痛六情而未息之福会也"⑤，凸显出归义军节度使家人们的崇高地位。

综上，归义军利用多种佛教斋会的形式禳除灾难。首先，在中

---

① 《英藏敦煌文献（汉文佛经以外部分）》，第6卷，第132页。
② 《法藏敦煌西域文献》，第10册，第140页。
③ 《英藏敦煌文献（汉文佛经以外部分）》，第5卷，第200页。
④ 《法藏敦煌西域文献》，第21册，第266页。
⑤ 《法藏敦煌西域文献》，第21册，第266页。

国古代政治哲学中,是一种顺天而行、趋吉避凶的政治策略。归义军作为唐宋时期偏出一隅的地方政府,在官方规定下能够采取的禳除之术仅有傩礼,这显然不能满足区域治理的需求。而敦煌的佛教信仰为归义军提供了其他处理灾难问题的途径。佛教与政治权力二者在相互利用下结合得更加紧密,产生了多种应用于不同灾难的禳除斋会,除面对突然的灾害外,还产生了定期举行的、有固定表征的信仰形式。其次,这些佛教斋会能够以宗教信仰的形式给予百姓精神支持与心理慰藉,是归义军政权在灾难来临之时,增强百姓战胜自然灾害信心的政治手段。最后,如此众多的斋会也成了归义军政权的政治形象"发布会"。斋会中的发愿文中有呪愿、庄严当今皇帝以显示归义军输忠尽诚、福资国家的内容,有歌颂归义军统治者节度使及其家人德政之功的叹德,有强调斋会是归义军节度使为护卫敦煌、镇安神境而大扇玄风、散施献供之作的斋意。在此意义上,归义军利用斋会对灾难事件进行公共处理,使地方民众产生了对政权的认同和支持。

(四)归义军的庆赞斋仪

在敦煌文书中,"庆赞"与"庆扬"二词经常出现在斋文中。"庆"谓庆贺,"赞""扬"同义,皆指颂扬、赞叹。从狭义上来看,其内容往往与某一功德的建成相关,即某功德完成后,专门敷设法会进行庆贺颂扬。① 例如 S. 1441《愿文范本》中就有《庆杨(扬)文弟(第)一》,内容包括建佛堂、幡等。② 从广义上来看,凡是内容中含

---

① 张小艳:《敦煌社会经济文献词语论考》,上海:上海人民出版社,2013 年,第 64 页。
② 《英藏敦煌文献(汉文佛经以外部分)》,第 3 卷,第 31—32 页。

有关于庆贺与赞扬的斋会,均可以称作庆赞斋仪。例如 P.2940《斋
琬文一卷并序》中有《庆皇献》和《赛祈赞》,涵盖了鼎祚遐隆、嘉祥
荐祉、四夷奉命、五谷丰登、平安、生日、脱难等从帝王至百姓生活
中需要庆赞、祝贺的情况。

第一,归义军政权在接受中央嘉奖时,会举办庆赞斋会。P.
2058《竖幢文》:"厥今冬临秋末,黄叶竟凋。佛像庆设香延,列播花
歌钟隘路……有谁施作? 时有我河西节度使令公先奉为龙天八
部,愿降临护莲府苍生……天公主、夫人保贞祥而吉庆;郎君小娘
子岳石齐坚;宅内宗枝共迎宠渥之嘉会也。"①此文写于曹议金称归
义军节度使令公时期,即公元 928—935 年。② 性质应为水路法
会。③ 文中指出此次法会是曹议金家族为共同迎接皇帝宠渥而设
的庆赞斋会。

那么此次斋会是为迎接皇帝的什么宠渥而设? 928—935 年间
曹议金一共向中央进奉四次,见表 4-2:

表 4-2　敦煌归义军节度使曹议金于 928—935 年间进奉情况

时间	事件
长兴元年(930)	九月,沙州曹议金进马四百匹、玉一团。④ 次年正月,后唐以沙州节度使曹议金兼中书令。⑤
长兴三年(932)	正月,沙州进马七十五匹、玉三十六团。⑥

① 《法藏敦煌西域文献》,第 3 册,第 371 页。
② 荣新江:《归义军史研究——唐宋时代敦煌历史考索》,第 107 页。
③ 谢生保、谢静:《敦煌文献与水路法会》,《敦煌研究》,2006 年第 2 期,第 48 页。
④ (宋)王钦若等:《册府元龟》卷九七二《外臣部·朝贡五》,第 11422 页。
⑤ (宋)薛居正等:《旧五代史》卷四二《明宗纪第八》,第 575 页。
⑥ (宋)王钦若等:《册府元龟》卷九七二《外臣部·朝贡五》,第 11423 页。

续表

时间	事件
应顺元年（934）	正月，瓜州入贡牙将唐进、沙州入贡梁行通回鹘朝贡安摩诃等辞，各赐锦袍、银带物有差。① 七月，检校刑部尚书瓜州刺史慕容归盈转检校尚书左仆射，时瓜、沙附回鹘来朝贡，令使归故有斯命。②
清泰二年（935）	七月，沙州刺史曹议金、凉州留后李文谦各献马三十匹、瓜州刺史慕容归盈献马五十匹。③ 同年二月十日曹议金已卒，④故此人马可能是曹议金死前派出的。

　　引文中称斋会时间为"冬临秋末，黄叶竟凋"之时，应该在九月下旬到十月上旬举办，除去正月进奉的时间，比较有可能的是长兴元年（930）九月及应顺元年（934）七月，两次进奉之后，均迎来了来自中央的政治升迁，即曹议金兼中书令及慕容归盈转检校尚书左仆射。慕容归盈是归义军瓜沙曹氏（914—1036）初期的一个重要人物，他是曹氏姻亲，于张承奉西汉金山国垮台、曹氏重建归义军后出任瓜州刺史，前后治理瓜州二十余年，是曹氏统治时期唯一一位以异姓位居州刺史高位者。⑤ 慕容归盈作为曹议金家族内部人员，正是曹氏家族权力的重要政治支持力量。因此无论是曹议金还是慕容归盈接受升迁都可以举办"宅内宗枝共迎宠渥之嘉会"。此外，所用器物幡竿的高度"青松万丈"、幡头"龙头灌铁"、幡面"丹绘嘉纹"，可见此次斋会隆重而盛大，正是为自身获得恩典的事件作宣传。

---

① （宋）王钦若等：《册府元龟》卷九七六《外臣部·褒异三》，第 11469 页。

② （宋）王钦若等：《册府元龟》卷九六五《外臣部·册封三》，第 11355 页。

③ （宋）王钦若等：《册府元龟》卷九七二《外臣部．朝贡五》，第 11423 页。

④ 荣新江：《归义军史研究——唐宋时代敦煌历史考索》，第 20 页。

⑤ 郭锋：《慕容归盈与瓜沙曹氏》，《敦煌学辑刊》，1989 年第 1 期，第 90 页。

　　第二，归义军政权在建成寺窟之时，会举办庆赞法会。值得注意的是，这些寺窟的建成与政治局势之间有着密切关系，都是归义军节度使借助斋会的庆赞功能向百姓展示自身权力的高光时刻。比较有代表性的两次建窟，一是张议潮束身归阙前夕所举办的庆寺法会，一是张淮深建成 94 窟所时举办的造窟法会。

　　张议潮曾在自己即将离开沙州之时重修张氏古刹，举行庆赞斋会。P. 3770《张族庆寺文》记载："人具迩瞻，胜愿成享，今晨庆赞。是日也，□霜耀彩，应九乳而朝凝，玉露浮光，集三危而夜结。绍穆请供，盛陈福事之果。"①结合同样记载了此事的 P. 3804《咸通七年愿文》，杨宝玉、吴丽娱对两篇文书进行了详细地考察之后指出，这两件文书撰写于咸通七年八月，是张议潮入京前夕召开的家族盛会。② 根据 P. 3804 愿文末尾记"今修建似终，稍有残功未毕，虽则不侵［下阙］"③，可知佛寺并未完工，但是在朝廷催促甚急的情况下，张议潮不得不提前召开斋会，以作告成之礼。在愿文中张淮深作为仅次于张议潮的归义军领导人出现，同时遍赞僧俗两界政治要员。两位先生据此指出这"实际上表明了张议潮走后即将发生的权力变化，但张议潮欲在离开沙州之前以盛大法会风光耀威以显示自己才是归义军的主宰，并获得僧俗社会支持的姿态是明显的。愿文中遍赞僧俗两界，也可说明此次法会的官方色彩和政治意义是很大的"④。可以看到，张议潮充分地利用了佛教斋会的

---

① 《法藏敦煌西域文献》，第 27 册，第 359 页。
② 杨宝玉、吴丽娱：《P. 3804 咸通七年愿文与张议潮入京前夕的庆寺法会》，《南京师范大学学报（社会科学版）》，2007 年第 4 期，第 71 页。
③ 《法藏敦煌西域文献》，第 28 册，第 105 页。
④ 杨宝玉、吴丽娱：《P. 3804 咸通七年愿文与张议潮入京前夕的庆寺法会》，第 71 页。

庆赞功能,在庆贺佛寺落成的同时,一方面盛赞自己的家族,借斋会之名完成家族内部的政治交接;另一方面则利用斋会拉拢政界要员及安定人心,表现出自己对归义军政权统治权力的主宰。

张淮深也曾在修建莫高窟 94 窟之后,举办斋会予以庆赞。由 S. 6161、S. 6973、P. 2762 及 S. 3329 缀合而成的《张淮深碑》中记载:"龛内塑释迦牟尼像并事(侍)从一铺……榆杨庆设,斋会无遮。剃度僧尼,传灯鹿苑。七珍布施,果获三坚。"①所指即张淮深开凿 94 窟后举办无遮大会。此事件还记载于 P.3720《张淮深造窟功德碑》中,内有"五稔三迁,增封万户"②之语。荣新江以为即张淮深自咸通八年(867)至咸通十三年(872)间由御史中丞迁散骑常侍兼御史大夫,再迁户部尚书之事。③ 又 P.3126 颜之推《还冤记》载:"中和二年四月八日下手镌碑,五月十二日毕手,索中丞以下三女夫,作设于西牙(衙)碑毕之会。尚书其日大悦,兼赏设僧统已下四人,皆沾鞍马缣细,故记于纸。"④荣新江指出镌碑过程即指《张淮深造窟功德碑》完成,其时间不晚于中和二年(882)。⑤ 根据以上推断,该斋会举办的时间应为 872—882 年间,是张议潮在京去世之后,张淮深作为归义军最高统帅在政治上较为得意的时期。特别是这段时间还经历了"乾符之政",即在乾符年间(874—879)张淮深重新收复了河西走廊,因此贺世哲又认为:"94 窟或许就是张淮深为庆贺他乾符政绩而开的功德窟。"⑥可见,该庆赞法会不只为宣扬功

---

① 郑炳林:《敦煌碑铭赞辑释》,第 273 页。
② 郑炳林:《敦煌碑铭赞辑释》,第 267 页。
③ 荣新江:《归义军史研究——唐宋时代敦煌历史考索》,第 80 页。
④ 《法藏敦煌西域文献》,第 21 册,第 343 页。
⑤ 荣新江:《归义军史研究——唐宋时代敦煌历史考索》,第 85 页。
⑥ 贺世哲:《从供养人题记看莫高窟部分洞窟的营建年代》,第 213 页。

德,更为重要的是宣传自己的权力。P.3720《张淮深造窟功德碑》中载:"庆窟设斋,数千人供。庆僧荐福,已报国恩。散丝绸与工人,用酬劳苦。"①可见这次水陆斋会的参与人数多达上千人,同时有度僧、布施的仪式。凯瑟琳·贝尔指出,在斋节庆典仪式上,主人散发物品,发表讲话,这是公开展示财富和地位声望的一种方式,以尽可能吸引更多人参加,见证主人的权力、声望和财富;客人通过接受礼物和给予礼物表达对主人财富地位声望的认可和支持。② 张淮深通过水陆法会度僧、赏赐,可以看作是展示其政治上的权力和经济上的富裕,是对统辖区域有着至高无上影响力的仪式。

第三,归义军政权在有祥瑞出现之时,会在斋会中予以庆赞。以斋会的形式庆赞祥瑞的出现,在归义军时期恐为常例。P.2940《斋琬文一卷并序》中收录了一件《嘉祥荐祉》的范本,内有"莫不祥苻(符)万古,福应一人,永契璇仪,长阶宝历。某等忝齐圆(元)首,仰载(戴)皇猷,击壤驰惧,何酬圣泽。敢陈清供,式庆嘉祥"③之语,可见斋会确有庆祝祥瑞之意,不过主要还是为了歌颂执政者的政绩。因为在中国古代,祥瑞的出现是上天对执政者执政得体的嘉奖。

归义军时期有通过斋会祈求上天降下祥瑞的发愿文书。敦煌文书 S.2687《舍施发愿文》载:

> 弟子河[西]归义军节度瓜沙等州管[内]营田观察处置押蕃落等使特进检校太傅谯郡开国候食邑一千户曹元忠,浔阳

---

① 郑炳林:《敦煌碑铭赞辑释》,第 267 页。
② Catherine Bell, *Ritual: Perspectives and Dimensions*, Oxford: Oxford University Press. 1997:120-121.
③ 《法藏敦煌西域文献》,第 20 册,第 178 页。

郡夫人翟氏,先奉为国安人泰,万方伏款于台庭;社稷恒昌,四
远来宾于王化;狼烟息焰,千门快乐而延祥;塞虏无喧,万户获
逢于喜庆。府主宠禄,赠五岳而长隆;寿比王乔,等五星而永
曜,合宅姻眷,俱沐祯祥;内外枝罗,俱沾福佑,己躬康吉,贤圣
护持;法界有情,皆成妙果,敬造万(五)色锦绣经巾一条,施入
宕泉窟,永充共(供)养。于时大汉天福十三年丁未岁十一月
壬子朔十九日庚午毕功记。①

这篇发愿文中有"五星""祯祥""五色"等语,在符瑞思想中,常
以五行配五色、五色配五方、五方配五德、五德配五星。② 所指正是
归义军统治者曹元忠希望自身的政事能够获得上天的嘉奖,诞下
符瑞,从而使民众俱沐祯祥。

归义军时期还以斋会的形式对已经出现的祥瑞进行歌颂。敦
煌文书 P. 2838V 中有三篇《转经文》,后两篇中记载了金山国的祥
瑞,现引关键段落如下:

> 伏惟我金山圣文神武天子,抚运龙飞,乘乾御宇;上赠青
> 光赤符之瑞,下披流虹绕电之祯,按图而广运睿谟,理化而殊
> 方款塞。
>
> 伏惟我令公,赠天明命,握符而理金浑,运属璇枢,启天心
> 而承霸业。是以圣人诞世,必候时而赠图;睿哲降祥,亦盘桓
> 而独秀。况上标文星,深藏武德;乘时御宇,岂不休哉!③

---

① 《英藏敦煌文献(汉文佛经以外部分)》,第 4 卷,第 190 页。
② 鲍娇:《敦煌符瑞研究——以符瑞与归义军政权嬗变为中心》,兰州大学博
士学位论文,2015 年,第 166 页。
③ 《法藏敦煌西域文献》,第 19 册,第 65 页。

　　首先，文中"运属璇枢，启天心而承霸业"是对张承奉出生的描写，显示出其与众不同之处，赋予其神话色彩，以便树立权威。璇、枢，北斗星中二星之名。《史记·五帝本纪》注云："（黄帝）母曰附宝，之祁野，见大电绕北斗枢星，感而怀孕。"[①]结合引文"流虹绕电"，流虹，指虹。《史记·五帝本纪》："妻曰握登，见大虹意感而生舜于姚墟，故姓姚。"[②]可知璇枢异象、雷电与彩虹都是张承奉为了渲染自身受命于天而作的舆论宣传。

　　其次，青光赤符之瑞。青光指青色云气，汉光武帝刘秀居住之地就有"郁郁葱葱"之气。《后汉书》记载："望气者苏伯阿，为王莽使至南阳，遥望见春陵郭，唶曰：'气佳哉！郁郁葱葱然。'……初，道士西门君惠、李守等亦云刘秀当为天子。其王者受命，信有符乎？不然，何以能乘时龙而御天哉！"[③]赤符则指刘秀受命之赤伏符。[④] 余欣认为《转经文》援引此例以比拟张承奉当握符命即金山国天子之位。[⑤] 此祥瑞说明金山国的建立是按照上天的旨意，名正言顺。

　　此外，关于祥瑞斋会的记载，还有曹氏归义军时期的 S.4625《燃灯文》，其中载"凤集祥于此府……祥鸟昏集……瑞鹊朝蓁（臻）"[⑥]。瑞鹊成巢、祥鸟昏集以及凤凰的出现，都是表示政治清明

---

①　（汉）司马迁：《史记》卷一《五帝本纪》，第 2 页。

②　（汉）司马迁：《史记》卷一《五帝本纪》，第 32 页。

③　（南朝宋）范晔等撰，（唐）李贤等注：《后汉书》卷一《光武帝纪第一下》，第 86 页。

④　（南朝宋）范晔等撰，（唐）李贤等注：《后汉书》卷一《光武帝纪第一上》，第 21—22 页。

⑤　余欣：《符瑞与地方政权的合法性构建：归义军时期敦煌瑞应考》，第 348 页。

⑥　黄征、吴伟：《敦煌愿文集》，第 529 页。

的符瑞,这些符瑞表明统治者有德才、政治清明,统治顺应天命。[①]

　　综上,敦煌归义军政权在执政过程中,除了利用佛教斋会中的庆赞功能,显耀自身所作佛教功德之外,同时还展示了皇帝的嘉奖、祥瑞的出现以及僧俗界官员的支持,宣传了自身的合法性来源、家族的权势地位及拉拢了佛教势力作为政治的支持性力量。佛教斋会是归义军统治者赢得民心,获得民众支持的重要政治宣传手段。

---

① 　周倩倩:《归义军时期的符瑞》,兰州大学硕士学位论文,2016 年,第 34 页。

第五章

敦煌归义军与地方民俗的传播仪式

　　作为中国古代文化的一个重要组成部分,礼仪制度发源于对天地及鬼神、祖先的祭拜。这种对神秘力量的敬畏与想象中关系的远近,在儒家思想体系中成为尊卑有别、长幼有序的秩序表达,进而在中国古代政治体系中发挥了维护社会秩序的功能。因此,除泛指祭祀仪节外,礼也涵盖引申出"常道""法典"等意,用以指人与人之间应当具有的关系、态度与行为,亦即人伦规范。[①] 如《左传》云:"礼,经国家、定社稷、序民人、利后嗣者也。"[②]可见,礼也是社会中人们行为的准则,即民俗文化中的礼俗。

　　礼俗一方面与礼制有千丝万缕的联系,如"礼、俗不可分为两事,制而用之谓之礼,习而安之谓之俗。若礼自礼,俗自俗,不可谓

---

① 朱溢:《事邦国之神祇:唐至北宋吉礼变迁研究》,上海:上海古籍出版社,2014年,第1页。

② (清)阮元校刻:《十三经注疏·春秋左传正义》,第1736页。

之礼俗"①。可见礼制行于上,而风俗成于下也。一些礼俗,如傩礼、赛神等,具有官方控制的特性,亦属于政治仪式。另一方面礼俗也极为贴近百姓的生活,如《易精蕴大义》云:"观君臣、父子、兄弟、夫妇、朋友之文,则道之以礼乐,风之以诗书,彰以车服,辨以采章,以化天下,而成礼俗也。"②相较礼制而言,礼俗能够因民之便而导化之,更具有政治传播的特性。因此本章拟对归义军及与其政权高度相关的政治人员所控制的民俗仪式进行研究,挖掘出其背后的政治要素和政治传播价值。

一、敦煌傩礼的政治内涵及其仪式传播

傩是古代先民利用巫术达成逐疫目的的一种仪式,发源于夏商,成熟于西周春秋。从形式上来看,分为官方傩及民间傩。③ 敦煌傩礼是唐宋时期由敦煌地方政府归义军主导的禳除礼仪,因其隶属于唐、宋国家礼典规范下的州、县礼仪,故本节实际讨论时将其列入官方傩礼的范畴之内。

关于敦煌傩礼,周绍良、黄征、谭蝉雪、艾丽白、李正宇、姜伯勤、高国藩、任伟等人对敦煌傩礼的时代分期、仪式继承与新变、唱

---

① (宋)王应麟著,(清)阎若璩、何焯、全祖望注,栾保群、田松青校点:《困学纪闻》,上海:上海古籍出版社,2015年,第125页。
② (元)解蒙:《易精蕴大义》卷四,文渊阁四库全书第25册,上海:上海古籍出版社,2003年,第606页。
③ 关于傩礼还有一种分类方法,即从地点来看,分为索室驱疫及葬礼赶鬼。但是现在有学者认为葬礼赶鬼并不属于傩礼的范畴,它只是方相氏的另一个职责内涵。敦煌傩礼傩词《儿郎伟》中也未见及圹的内容,因此行文不涉及此类情况的研究。参见章军华:《傩礼乐歌研究》,上海:上海大学出版社,2016年,第54页。

词的定名及形式等方面做出了深入研究,加深了我们对敦煌傩礼的认识。^① 此外还有专门研究傩仪的学者,也将敦煌傩礼作为唐宋傩礼的西北新生面加以研究讨论。^② 在以上学者的研究中,往往称敦煌傩礼中有大量对归义军政权"言过其实的赞扬,并列举由于他们那杰出的道德而造成的功德、政治和军事上的成功、大丰收、本地区的和平与繁荣……,文书一般都以向最高当局祝愿身体健康和长寿而结束"^③。至于这种现象产生的原因,学界甚少讨论。敦煌傩礼实则蕴含重要的政治内涵,其背后折射出深刻的政治动因和政治传播意义,笔者不揣浅陋,试作探讨。

(一)"天人交感"的政治发生起源

傩的产生,几乎与中国的文明进程相同步。学界普遍认为其发展经历了"禓"(夏)、"寇"(商)、"难"(周)、"傩"(周之后)的这样

---

① 参见周绍良:《敦煌文学"儿郎伟"并跋》,《出土文献研究》,北京:文物出版社,1985 年,第 175—183 页;黄征:《敦煌文学〈儿郎伟〉辑录校注》,《新疆文物》,1990 年第 3 期,第 102—116 页;谭蝉雪:《岁末驱傩》,第 23—29 页;[法]艾丽白:《敦煌写本中的"儿郎伟"》《敦煌写本中的"大傩"仪礼》,收于《法国学者敦煌学论文选萃》,北京:中华书局,1993 年,第 238—248 页,第 257—271 页;李正宇:《敦煌傩散论》,《敦煌研究》,1993 年第 2 期,第 111—122 页;姜伯勤:《沙州傩礼考》,载氏著《敦煌艺术宗教与礼乐文明》,北京:中国社会科学出版社,1996 年,第 459—474 页;高国藩:《敦煌俗文化学》,上海:上海三联书店,1999 年,第 214—229 页;任伟:《敦煌傩文化研究》,兰州大学 2017 年博士学位论文。
② 参见曲六乙、钱茀:《东方傩文化概论》,太原:山西教育出版社,2006 年,第 301—305 页;章军华:《傩礼乐歌研究》,第 171—174 页。
③ [法]艾丽白:《敦煌写本中的"儿郎伟"》,第 240 页。

一个过程。① 《世本》曰："微作裼五祀。"②微为上甲微,是夏朝商族
领袖。③ 据章军华研究,"裼"是早期太阳崇拜影响下"救日活动"的
衍生,而商族文明又以日为图腾,因此"裼"实际是国家层面的祖先
祭祀活动。④ 其中所隐含的是与在天祖先灵魂的连接观念,因当时
之"天"是"产生一切灾难而且非加以安抚不可的力量",必须通过
"裼"禳除作祟之天,是后期傩中天人感应思想的发源。⑤

　　商"寇"延续了祖先崇拜的精神内核,以甲骨卜筮作为其发源
动因,王通过"巫"勾通天人。曲六乙及钱茀经过分析记载了"寇"
与"方相"的商代卜辞得出"寇"是一种先经卜官用甲骨占卜,得到
是否有祸的结果之后,再决定定期(也有临时的)开展的宫廷仪
式。⑥ 以巫史替商王卜问结果,虽然显示出商王是顺照天意行动,
树立了其政治权威性,但巫史对卜筮结果的自由解读,则形成了对
商王权力的制衡。

　　周"难"摒除了商"寇"民神杂糅的可能,不再借用甲骨为媒介,
更多凸显了时王通过血脉与天沟通的过程,是时王神性合法性来
源的展示。《周礼·春官·占梦》记载了季冬堂赠傩礼的形式:"占
梦,掌其岁时,观天地之会,辨阴阳之气,以日月星辰占六梦之吉
凶……季冬,聘王梦。献吉梦于王,王拜而受之,乃舍萌于四方,以

---

①　参见曲六乙、钱茀:《东方傩文化概论》,第 233—236 页;章军华:《傩礼乐
　　歌研究》,第 20—87 页;刘振华:《中国早期戏剧巫傩形态研究》,东北师范
　　大学 2015 年博士学位论文,第 59 页;等等。

②　(汉)宋衷注,(清)茆泮林辑:《世本·附考证》,上海:商务印书馆,1937 年,
　　第 82—83 页。

③　曲六乙、钱茀:《东方傩文化概论》,第 233 页。

④　章军华:《傩礼乐歌研究》,第 23 页。

⑤　章军华:《傩礼乐歌研究》,第 19 页。

⑥　曲六乙、钱茀:《东方傩文化概论》,第 247—248 页。

赠恶梦,遂令始难驱疫。"①整个仪式过程是逝去的先王以"宾帝"的方法,通过梦境传达天的意志给时王,然后时王通过占梦获得具有吉凶两重含义的政治征象,祥者以拜,不祥以驱。

不可忽视的是,商"寇"和周"难"尽管有固定的占卜时间,但是只有在占卜结果为恶的时候才进行驱逐,因此具有随机性②和被动性,是为政治生活所服务的一种初级形态。

春秋战国时期,傩成为了岁时举行的规范性礼仪,实际上是为了制造"象天而行"的天人感应模式。《礼记·月令》记载:季春三月"命国傩……以毕春气"③、仲秋八月"天子乃傩……以达秋气"④、季冬十二月"命有司……以送寒气"⑤。所谓"天何言哉?四时行焉,百物生焉,天何言哉!"⑥又"天以一气化万物,五帝各行其德,余气留滞,则伤后时,谓之不和,而灾疫兴焉"⑦。可见,在中国古代政治思想中,天以气化而成四时百物为政治象征,为使"天道"与"人道"正常对应,傩通过"礼"的形式来模拟宇宙之道,在岁时结束之时顺天驱赶余气,从而产生良好的天人感应效果。又其突出了天

---

① (清)阮元校刻:《十三经注疏·周礼注疏》,第807—808页。

② 这种随机性在魏晋时期废除宫廷傩仪的理由中也阐释过,魏晋时期认为傩仪实为"厉殃",何晏议:"《月令》'季春磔禳……大傩,非所以祀皇天也'。"王肃云:"厉殃,汉之淫祀耳。日月有常位,五帝有常典,师旷自是乐祖,无事于厉殃。"二人明确指出傩礼的性质并不是祀天,并且无事是不需要实行傩礼的,傩礼本就是针对特殊事件进行的。参见(元)马端临:《文献通考》卷八十八《祈禳》,北京:中华书局,1986年,第805页。

③ (清)阮元校刻:《十三经注疏·礼记正义》,第1364页。

④ (清)阮元校刻:《十三经注疏·礼记正义》,第1374页。

⑤ (清)阮元校刻:《十三经注疏·礼记正义》,第1383页。

⑥ (清)阮元校刻:《十三经注疏·论语注疏》,第2526页。

⑦ (宋)李昉等:《太平御览》卷五三〇《礼仪部九》,第2405页。

子"布功散德制礼"①的思想。对比发现,此时天人交感的中介由"梦"转化成"德",加之天能够"命"傩主导阴阳之气的权威性,来源于"天道无亲,唯德是授",均反映出傩礼作为天子德行的外化形式,是君主有计划意识、主动自发顺应天道从而稳定人间政治秩序的体现。

汉代于"先腊一日,大傩",②其含义包含了两个层面:一为顺天和气,腊岁阳气生发,《汉书》称:"腊明日,人众卒岁,一会饮食,发阳气,故曰初岁。"③而所驱之物"鬼"则是"阴气贼害"④所生,"故岁终事毕驱逐疫鬼"⑤,是为调和阴阳,求时令之正。二为混合了"腊祭"祈年祀祖⑥的内涵,反映出利用祭祀从而影响未来祸福吉凶的思想,强调了人事对天的能动作用。加之前傩中"赠梦""毕春气、达秋气、送冬气"等处理方式在此时也转变为"捎、斫、斩、囚、脑、溺鬼"⑦,所证明的都是政治权力处理不祥征象主动权的加强。王充在《论衡》也称傩礼:"夫逐疫之法,亦礼之失也。行尧舜之德,天下太平,百灾消灭,虽不逐疫,疫鬼不往。行桀纣之行,海内扰乱,百祸并起,虽日逐疫,疫鬼犹来。"⑧传达出重人君轻天神的时代思想。

---

① 方向东:《大戴礼记汇校集解》,北京:中华书局,2008年,第1158页。
② (晋)司马彪撰,(梁)刘昭注补:《后汉书·志第五·礼仪中》,北京:中华书局,1965年,第3127页。
③ (汉)班固撰,(唐)颜师古注:《汉书》卷二十六《天文志》,第1299页。
④ (汉)许慎:《说文解字》,上海:上海古籍出版社,2007年,第449页。
⑤ (汉)王充:《论衡》卷二十五《解除篇》,上海:上海人民出版社,1974年,第386页。
⑥ 《礼记·月令》:"是月也,天子乃祈来年于天宗,大割,祠于公社及门闾,腊先祖五祀。"参见(清)阮元校刻:《十三经注疏·礼记正义》,第1382页。
⑦ (汉)张衡著,张震泽校注:《张衡诗文辑校注》,上海:上海古籍出版社,2009年,第148页。
⑧ (汉)王充:《论衡》卷二十五《解除篇》,第386页。

魏晋南北朝承袭汉傩，隋则遵照《礼记·月令》记载进行三时之傩，唐承周制。其政治意义核心，如上所言，均可以用"天人感应"予以概括。但其内涵在显示政权合法性来源的同时，伴随时间的推移而不断深化了人主对于天的能动意识，特别是后期傩礼作为执政者德行的外化象征，强化了对人主政治权威性的塑造。此思想发展到唐代，便使傩礼中出现了颂政之举，乔琳《大傩赋》中记载：

> 夫四气平分，三光交映。登台视祲，必书于云物，象魏悬章，式陈于时令。是以一人垂拱，万方同庆者也……国人称之曰：今日月既明，乾元以亨；福穰穰兮共苍生，恩湛湛兮莫与京。恩既湛兮傩人出，春王正兮粤翌日；愿吾君兮千万寿，保巍巍兮唐之室。[1]

文中"国人称之"即指百姓颂政，而"一人垂拱，万方同庆"则既指百姓也指自然征象对于德政的呼应，反映出从"人感天"到"天应人"的关系变化。

正因如此，敦煌归义军时期的傩礼中出现了"我尚书天降之子，如今正是小（少）年"[2]（P.3270《儿郎伟》）、"德化潜被……百神降祉（祉），至道兴行，妖气自弭"[3]（P.3468《进夜胡词》）等颂政之语。[4]

---

[1] （宋）李昉等：《文苑英华》，北京：中华书局，1966年，第107页。

[2] 《法藏敦煌西域文献》，第24册，第333页。

[3] 《法藏敦煌西域文献》，第24册，第284页。

[4] 《儿郎伟》及《进夜胡词》是敦煌每年十二月驱傩是所唱的歌谣。参见高国藩：《敦煌民俗学》，上海：上海文艺出版社，1989年，第494页。及氏著《敦煌古俗与民俗流变——中国民俗探微》，南京：河海大学出版社，1992年，第346页。

这些傩词书写体现出深刻的政治含义，正是彼时天人关系政治认识的映射与传达，有利于敦煌归义军利用傩礼创造权力天授的政治神圣性。

(二)"禳除灾异"的政治行为表征

如上所言，傩礼作为政权对上天不祥征象进行禳除的仪式活动，其核心主题是为了展示政权在天人关系中的主动性地位。从另一角度来看，傩礼的情境设置、行为动作及其他所有伴随的符号体系同样是为了创制出符合米歇尔·福柯所谓"话语秩序"[①]的政治价值表达。

第一，傩仪的过程安排体现出以政权为禳除主导核心的特征。傩礼的开端常始于王"命"或"令"，来体现行政权力的威仪。如西汉刘安《淮南子》："令国傩……命宰祝……天子乃傩……命有司大傩。"[②]西汉《礼纬》也记载："以正岁十二月命祀官持傩，以索室中而驱疫鬼。"[③]唐杜佑《通典》："鼓吹令帅傩者各集于宫门外。内侍诣皇帝所御殿前奏：'侲子备，请逐疫。'讫，出命内寺伯六人……"[④]据《大唐开元礼》《政和五礼新仪》记载，唐宋时期的敦煌傩礼同样以

---

① 话语秩序最早由米歇尔·福柯(Michel Foucault)提出，它指的是与特定的社会领域相关联的文类和话语的型构。参见[新西兰]艾伦·贝尔、[澳大利亚]彼得·加勒特编，徐桂权译，展江校：《媒介话语的进路》，北京：中国人民大学出版社，2016年，第115页。

② (汉)刘安著，(汉)许慎注，陈广忠校点：《淮南子》第五卷《时则训》，上海：上海古籍出版社，2016年，第88、119、128页。

③ (宋)高承撰，(明)李果订：《事物纪原》，第439页。

④ (唐)杜佑：《通典》卷一百三十三《大傩(诸州县傩附)》，第3408页。

地方最高行政长官的行政命令为开端。①

　　傩礼的进行顺序也往往以重要政治区域为中心点向外逐除，行进的位置安排具有权力关系的表达，同样凸显了政权的主导力量。比如西周时期冬堂赠的地点已设在"明堂"，王"舍萌于四方"则是将噩梦转移到四方的诸侯身上。② 又如敦煌傩礼开始的地点在"州府"③，对比唐代中央傩礼"师侲子入于宫中……傩者即出，乃磔雄鸡于宫门及城之四门以祭焉"④，同样富有此意。

　　第二，傩礼中襄除的角色扮演呈现出政权相关关系的隐喻。自周代始，方相氏在多数朝代傩礼中担任襄除角色，其形象"掌蒙熊皮、黄金四目、玄衣朱裳"⑤。学界一方面认为其可能扮演的是祖先神或者王的形象。或称黄帝以熊为图腾，故方相氏蒙熊皮，认为其形象为祖先神。⑥ 或称玄衣朱裳为夏代君王燕乐之服，⑦"黄金"恐只有君王可用，因此蒙熊皮是以入神之法帮助方相氏进入王的

---

① 《大唐开元礼》:"未辨色，所司白刺史，请引傩者入(其县令则所司白县令)……"参见(唐)徐坚等:《大唐开元礼》卷九十《诸州县傩》，第 423 页;(宋)郑居中等:《政和五礼新仪》卷一六三《州县傩仪》，文渊阁四库全书第 647 册，第 720 页。

② 章军华:《傩礼乐歌研究》，第 51 页。

③ 《大唐开元礼》:"前一日之夕，所司帅领宿于州府门外……"参见(唐)徐坚等:《大唐开元礼》卷九十《诸州县傩》，第 423 页;(宋)郑居中等:《政和五礼新仪》卷一六三《州县傩仪》，文渊阁四库全书第 647 册，第 720 页。

④ (唐)李林甫等撰，陈仲夫点校:《唐六典》卷十四《太常寺》，第 413—414 页。

⑤ (清)阮元校刻:《十三经注疏·周礼注疏》，第 851 页。

⑥ 参见顾朴光:《方相氏面具考》，《贵州民族学院学报(社会科学版)》，1990年第 3 期，第 55 页;胡建国:《巫傩与巫术》，海口:海南出版社，1993 年，第 79 页;胡新生:《周代傩礼考述》，《史学月刊》，1996 年第 4 期，第 9 页;等等。

⑦ 《读书纪数略》云:"周九服……天子四服……玄衣朱裳:燕居之服。"参见(清)宫梦仁:《读书纪数略》卷五十一《物部》，文渊阁四库全书本第 1033册，上海:上海古籍出版社，第 732 页。

灵魂。① 综合而言,方相氏所呈现的角色都涉及政权中最具有神性的王者身份,其禳除的行为象征着执政者对"天"的能动意识。另一方面,对其身份的猜测则呈现出政治支配的特征。无论是《云笈七签》中所记载黄帝"令次妃嫫母监护于道,以时祭之,因以嫫母为方相氏"②,还是《历代神仙通鉴》中黄帝"召募长勇人方相氏,执戟防卫"③的传说,均凸显了政治操控的意涵。

此外,在历代宫廷傩礼中,还有更多具政治支配特征的驱傩主角。南朝宋大傩,实为"太后体不安",故"遣卫士,大傩逐疫"。④ 晚唐宫廷傩礼的主角"金吾将军"⑤,其名见颜师古《汉书》注:"金吾,鸟名也,主辟不祥。天子出行,职主先导,以御非常,故执此鸟之象,因以名官。"⑥敦煌归义军时期,傩礼中也出现了大量因"王者有德"才出现的瑞应作为驱傩主角,如白泽⑦、九尾狐⑧等神兽。还有钟馗作为"感恩发誓,与我王除天下虚耗妖孽"的人鬼代表,体现出

---

① 章军华:《傩礼乐歌研究》,第 33 页。
② (宋)张君房辑:《云笈七签》卷一百《轩辕本纪》,济南:齐鲁书社,1988 年,第 548 页。
③ (清)徐道:《历代神仙通鉴》卷二,上海:上海江东书局,1912—1948 年,第 15 页。
④ (宋)范晔撰,(唐)李贤等注:《后汉书》卷十上《邓皇后纪》,第 424 页。
⑤ 王建在《宫词》中写到:"金吾除夜进傩名,画裤朱衣四队行。"(宋)陈元靓:《岁时广记》卷四十《大内傩》,上海:商务印书馆,1939 年,第 435 页。
⑥ (汉)班固撰,(唐)颜师古注:《汉书》,第 733 页。
⑦ 《开元占经》卷一一六引孙柔之《瑞应图》曰:"黄帝巡于东海,白泽出能言语,达知万物之精,以戒于民,为除灾害,贤君德及幽遐则出。"参见(唐)瞿昙悉达:《开元占经》,北京:九州出版社,2012 年,第 1100 页。
⑧ 《白虎通》云:"德至鸟兽则九尾狐见。"参见(清)吴乘权等辑,施意周点校:《纲鉴易知录》,北京:中华书局,1960 年,第 1040 页。

王权跨越神鬼二界之能。① 可见，执政者能够产生对天、地、人的支配性影响，反之，瑞应与人鬼的效忠又加强了政治权力的神奇性和合法性。

第三，傩礼中所驱之"疫"具有政治符号象征含义。如前述，早期傩礼中所禳除的"不祥征象"，正是上天对帝王政治的谴责和警告。到了后期"疫"也包含政治敌人的意思。如北魏之时，"岁除大傩之礼，遂耀兵示武。更为制，令步兵陈于南，骑士陈于北……各令骑将六人去来挑战，步兵更进退以相拒击，南败北捷，以为盛观。自后踵以为常"②。操礼人员化身南北二军，仪式过程象征"南败北捷"的政治结果。以象征形式驱除敌对势力，在敦煌傩礼中亦存，傩词中常将周边少数民族政权称为"戎丑、猃狁、外狄、南蛮、恶贼"等，相对应的是归义军统治者为之驱逐。如 P.2058V《儿郎伟》："四邻戎丑纵横，三五年间作贼。令公亲自权兵，一讨七州压伏。"③

综上，无论是在傩礼的过程安排、禳除主角的角色扮演和驱除之疫中都体现了以政治为核心的叙事形态，既反映出政权对灾异的回应与掌控，塑造了其合法性和神异性，又展示了政权在禳除行为中的中心地位，完成了"人间秩序"与"自然秩序"的双向确立。敦煌傩礼中的颂政内容正是为了满足此种话语秩序表达而产生的另一文化表征。

---

① P.3552《儿郎伟》："钟馗白泽，统领居仙。怪禽异兽，九尾通天。总向我皇境内，呈祥并在新年。"参见黄征：《敦煌文学〈儿郎伟〉辑录校注（P.3552、P.2569）》，《新疆文物》，1990年第3期，第103页。
② （北齐）魏收：《魏书》卷一八〇《礼志》，第2810页。
③ 《法藏敦煌西域文献》，第3册，第370页。

(三)"及于庶人"的政治传播功能

先秦傩礼非常严肃,因此孔子才在参加时"朝服立于阼阶"①。汉代之后,皇帝和百官从参与驱傩转变为观演驱傩,意味着傩礼开始从汉代的严肃规范性朝南北朝时的娱人表演性转化。唐代中央"阅傩"②及诸州县傩,使得百姓更多地接触到宫傩,而宫傩也吸收了民间艺术的营养,成为官民同乐的文化表演。③延及宋代,大傩的形式为"士庶之家,围炉团座,达旦不寐,谓之守岁"④,成为百姓岁末的跨年盛会。敦煌傩礼也带有显著的戏剧因素,李正宇形容是穿街过巷的歌舞表演,接近现代的街头剧、活报剧,⑤可称为古代的"大众传播媒介",因此具有良好的政治传播功能。

敦煌傩礼被归义军政权用于重新构建大众历史记忆。记忆意指人脑反映过去经验的一种心理形式,历史记忆建构作为一种群体的社会行为,意指具有特定文化内聚性和同一性的群体对过去的重拾与再现。⑥归义军通过操控傩礼传播内容对事件进行不同选择的描述,从而重构政治化的记忆内容。如 P.3552《儿郎伟》中记载:"昨使曹光献捷,表中细述根源。三使连镳象魏,兰山不动烽

---

① (清)阮元校刻:《十三经注疏·论语注疏》,第 2497 页。

② (唐)段安节:《乐府杂录》,上海:商务印书馆,1936 年,第 11 页。

③ 钱荪:《从庙会到阅傩——傩戏大面积出现的基础》,《戏曲研究》,1998 年第 2 期,第 155 页。

④ (宋)孟元老:《东京梦华录》,上海:商务印书馆,1936 年,第 206 页。

⑤ 李正宇:《敦煌傩散论》,第 121 页。

⑥ 张梦媛:《对待历史的非历史态度批判》,载《中国近现代史基本问题与教学》,北京:中国社会出版社,2017 年,第 36 页。

烟。人马保之平善，月初已到殿前。圣人非常欢喜，不及降节西边。"①此篇傩词写于唐昭宗景福二年（893），该年发生了归义军首任节度使张议潮第十四女张氏发动政变杀死现任归义军节度使索勋，扶立其侄张承奉为节度留后的事件。② 为何要将遣使的政治举措和中央的态度表达通过傩礼传递给大众，恐怕正是由于作为上一任具有中央正式任命的归义军节度使索勋因权力争夺而命丧黄泉后，中央的态度对张承奉上台后如何稳定政局以及百姓的看法有着关键的影响。故此归义军执政者不仅使用"献捷"一词改换了"政变"的历史记忆，还将"圣人非常欢喜"的中央意见传递出来，具有明显的政治导向。

敦煌傩礼被归义军政权用于权威信息发布。前述 P. 3552《儿郎伟》中又有"正是南杨（阳）号国，封邑并在新年。自是神人呪（祝）愿，非干下俚（里）之言"③。其中特别强调"南阳号国"，与前任归义军节度使张淮深自诩为张孝嵩后人有关。④ 在敦煌文献 S. 788《沙州志》、S. 5448《敦煌录》、P. 3721《瓜沙古年系事》及《太平广记》中都记载了南阳郡公张孝嵩为民斩龙消除童男女祭享，获得皇帝断赐龙舌，号为龙舌张氏的故事。故事结尾"永为勋荫"⑤（P. 3721）、"子孙承袭在沙州为刺史（《太平广记》）"⑥的内容为曾为屡次请旌节不得的张淮深提供过历史上的合法性来源。到了张承奉时期，

---

① 《法藏敦煌西域文献》，第 16 册，2001 年，第 31 页。
② 冯培红：《敦煌的归义军时代》，第 177—178 页。
③ 《法藏敦煌西域文献》，第 16 册，第 31 页。
④ 高启安：《信仰与生活——唐宋间敦煌社会诸相探》，第 188—203 页。
⑤ 《法藏敦煌西域文献》，第 27 册，2002 年，第 120 页。
⑥ （宋）李昉等：《太平广记》卷四二〇，北京：中华书局，1961 年，第 3423—3424 页。

为了证明自身执政是对之前张氏政权的延续,也顺理成章地继承"南阳郡公"之爵位,故此特从官方发声,称"非干下俚之言",断绝他人对张氏攀附南阳的议论。

敦煌傩礼被归义军政权用于社会舆论引导。P.3702《儿郎伟》载:"昨闻甘州告捷,平善过送邠宁。朔方安下总了,沙州善使祇迎。比至正月十五,毬场必见喜声。"①此篇傩词被用于中和四年(884)的驱傩仪式。②文中称归义军战事告捷,并言已遣使向中央汇报,进而预先设计了一个将要发生的事件:"毬场必见喜声。"毬场在敦煌是迎接天使的重要场所,③用以暗示该战役的结果是"得到中央王朝的嘉奖",显然提升了战争的正当性及归义军自身的权威性。此举正是以一种文学化的语言制造出一件"假事件"④来进行传播,可见傩词并不仅仅是"颂赞",而是归义军主动策划的舆论传播,其根本目的是为政治宣传服务,且具有强烈的舆论控制意识。

敦煌傩礼被归义军政权用于塑造自身的政治形象。政治形象是指政治主体在政治活动中给社会公众留下的整体印象和综合评价。⑤敦煌傩礼中有大量傩词描述了归义军统治下康乐幸福的百姓生活

---

① 《法藏敦煌西域文献》,第 27 册,第 1 页。

② 邓文宽:《张淮深平定甘州回鹘史事钩沉》,第 94 页。

③ 杨立凡:《敦煌归义军接待天使仪礼初探》,《敦煌研究》,2020 年第 3 期,第 103 页。

④ 20 世纪 60 年代美国历史学家丹尼尔·布尔斯廷提出"假事件"的定义:"经过设计而刻意制造出来的新闻。"提出该事件不是自发的,而是由于某些人的设计或者促成才出现的,是有利于宣传工具而安排的。参见 Daniel J Boorstin, *The Image :a Guide to Pseudo-events in America*, New York: Harper & Row, Publishers Inc. ,1961。

⑤ 张晓峰、赵鸿燕:《政治传播研究:理论、载体、形态、符号》,北京:中国传媒大学出版社,2011 年,第 226 页。

状态和平稳安宁的内外政治局势，以为其英明统治增色，塑造团结、负责的政治形象。如"条贯三军守法，奸吏屏迹无喧"①（P. 2569V）、"四方晏然清帖，猃狁不能犯边"②（P. 2569V）、"家家□□总满，户户至□食储"③（S. 6181）。这些德政同时得到上天的回应："瑞说（雪）应时长下，湿润境内畴田。"④（P. 3270）颂扬之词涉及了政府执政能力、外交水平、军事准备、百姓收入等多个政治维度。

综上，敦煌傩礼中含有丰富的政治思想内涵，其"颂政"行为的发生，首先因其承袭了中国古代傩礼"天人交感"的政治哲学思想，并且在历史变迁中，完成了从"人顺天"到"天应人"的关系转变，不断突出了政权的能动地位，是归义军政权论证合法性和权威性的政治手段。其次协同仪式中的其他表现要素，共同诠释了禳除行为中政权的主导性特征，是用以显示执政者德行与力量的政治表演，凸显了归义军在"自然秩序"和"人间秩序"中的核心地位。再次在傩礼不断民俗化的过程中，成了具有官方控制色彩的"大众传播媒介"，是归义军进行历史记忆重构、社会舆论引导、权威信息发布及政治形象塑造的政治宣传工具。

二、敦煌邈真赞的文化源流及社会伦理价值

邈真赞，又称"写真赞""图真赞""邈影赞"等，其中"写、邈、图"均指制作方式，而"真、影"与"赞"则指人物的画像与人物赞颂的结

---

① 《法藏敦煌西域文献》，第 16 册，第 32 页。
② 《法藏敦煌西域文献》，第 16 册，第 32 页。
③ 黄征、吴伟编校：《敦煌愿文集》，第 965 页。
④ 《法藏敦煌西域文献》，第 22 册，2002 年，第 333 页。

合。敦煌保存的大量邈真赞，为我们深入认识这种曾经流行一时的文体及其社会文化形式提供了宝贵的材料。关于敦煌邈真赞的研究，学界从文本整理、佛教美术、社会文化、史事考辨、文学与文体等方面进行了探讨，[①]使得问题得到了很大程度上的廓清，但对其使用功能及社会意义方面的关注还不足。本节试图将敦煌邈真赞的研究从以往偏重史料的分析中解放出来，放到文本社会化制造与仪式传播的视野中，探讨其背后的伦理价值，发掘出归义军的政治统治思想如何通过丧祭仪式，将道德规范转化为社会礼俗，将意识形态转化为公众认同，对民众的道德观念、伦理秩序和价值判断施加影响的一个侧面。

（一）敦煌邈真像的仪式源流

儒家思想指导下的丧祭仪式，神主往往用木，丧祭仪式中出现的"像"，源于古代的"尸礼"。"尸礼"指在祭祀中以活人来代替祖先神灵受祭的方式，《公羊传·宣公八年》何休注："天子以卿为尸，诸侯以大夫为尸，卿大夫以下以孙为尸。"[②]"尸"的使用象征着宗法社会中分明的等级制度，且礼不下庶人。《日知录·像设》曰："宋玉《招魂》始有'像设君室'之文。尸礼废而像事兴，盖在战国之时矣。"[③]

---

① 相关研究参见陈焱、范英杰：《百年敦煌碑铭赞研究综述》，郝春文主编《2018 敦煌学国际联络委员会通讯》，上海：上海古籍出版社，2018 年，第 84—116 页；陈焱：《近四十年来敦煌碑铭赞语言文学研究综述》，《甘肃广播电视大学学报》，2019 年第 1 期，第 5—9 页；李小荣：《敦煌佛教邈真赞研究的回顾与展望》，《石河子大学学报（哲学社会科学版）》，2020 年第 5 期，第 80—88 页。
② （清）阮元校刻：《十三经注疏·春秋公羊传注疏》，第 2280 页。
③ （清）顾炎武：《日知录》，上海：上海古籍出版社，2006 年，第 849 页。

顾炎武认为"像"出现在战国时期,是"尸"的历史代换,自"尸礼"废除之日,人们就以画像或塑像祭拜祖先。刘信芳在考证《天子建州》①所记周代之"尸"到战国之"像"的礼制转型时说道:"依楚简所记礼制,士祭先祖,设二像,倘若设三像,则属'士象大夫之位',于礼僭越。"②这句话表明,"像"在祖先的祭祀仪式中亦有明确的社会等级要求。

汉代"像"在祭祀中的使用具有主流意识形态的驱动。《汉书》记载:"(金)日磾母教诲两子,甚有法度。上闻而嘉之。病死。诏图画于甘泉宫,署曰:休屠王阏氏。日磾每见画常拜,乡之涕泣,然后乃去。"③金日磾母因"教子"获得皇帝诏令图画,有对女性价值引导的作用。《初学记》中载木人因感于丁兰的孝心而垂泪,故"郡县嘉其至孝,通于神明,图其形象于云台也"④。故事透露出神秘色彩,恐怕也与官方强化忠孝观念的思想有关。汉代官方使用"像"作为政治表彰手段的记录很多,实际用于丧祭仪式的记录稀见,但不能就此推断汉代没有图像祭祀的可能。据《宋书》记载景耀六年(263),刘禅、习隆和向允在讨论为诸葛亮立庙的问题时谈到:"自汉兴以来,小德小善,而图形立庙者多矣。"⑤可见汉代还是有使用"像"祭祀的人群,不过需要具备"德、善"的条件,应该不是主流。

魏晋南北朝以后,佛教的传入为中国提供了新的崇拜形式。

---

① 参见马承源主编:《上海博物馆藏战国楚竹书(六)》,上海:上海古籍出版社,2007年,第333—334页。

② 刘信芳:《〈招魂〉"像设君室"与楚简帛之"象"》,《云梦学刊》,2011年第1期,第45—46页。

③ (汉)班固撰,(唐)颜师古注:《汉书》卷六十八《霍光金日磾传》,第2960页。

④ (唐)徐坚:《初学记》卷十七《孝四》,北京:中华书局,1962年,第422页。

⑤ (南朝梁)沈约:《宋书》卷十七《礼志四》,第486—487页。

佛教又称"像教",在谈到佛教传入时,一般会提及汉明帝"夜梦金人","令画工图佛像"①的故事,佛像即是佛教传播的第一媒介。在偶像崇拜的带动下,也为绘画造像艺术带来了新的技法,使"凡是有佛教的地方,精巧的造像工艺就发达"②,必然会对俗世生活产生启发与示范效应。比如雷闻指出隋文帝在生前将自己的造像颁赐于全国佛寺,或许是对佛陀灭度之前造像故事的模仿,反映出佛教对祭祀观念的改变。③ 此举直接影响到唐代当朝皇帝将自己的塑像供奉于寺院,使得皇帝的神圣性增强和皇帝崇拜更加深入人心。生前写就能够使"像"更加贴近真人,这与儒家祭祀中"事死如生"的观念相吻合,敦煌邈真像也有许多是生前绘制,或与此风气有关。

　　佛教又与中国本土的丧葬文化相互影响,一方面僧人的葬塔、庙中广泛使用"像"以示纪念,佛寺中发展出真堂、影堂(真堂又称影堂,④以下并称影堂),其间供奉祖师画像(又称写真、顶相)来象征特定的宗派派别,类似于孔教的家庙。⑤ 敦煌莫高窟存有描绘高僧形象的影窟,⑥僧人邈真赞也有一些称写于影堂之中,正是此制度的衍生。另一方面,为亡者"追福"的理念和传统儒家祭祀文化

---

① (北齐)魏收:《魏书》卷一一四《释老志》,第 3026 页。

② (明)多罗那它著,张建木译:《印度佛教史》,成都:四川民族出版社,1988年,第 270 页。

③ 雷闻:《郊庙之外》,第 117—118 页。

④ 郑炳林:《敦煌写本邈真赞所见真堂及其相关问题研究——关于莫高窟供养人画像研究之一》,《敦煌研究》,2006 年第 6 期,第 70 页。

⑤ T·格里菲斯·福科,罗伯特、H·沙夫著,夏志前译:《论中世纪中国禅师的肖像的仪式功能》,载马建钊主编《多维视界中的宗教》,广州:广东人民出版社,2010 年,第 333—334 页。

⑥ 张景峰:《敦煌莫高窟的影窟及影像——由新发现的第 476 窟谈起》,《敦煌学辑刊》,2006 年第 3 期,第 109 页。

相结合,推动了"像"在祭祀中的使用和发展。比如北魏光州刺史崔挺死后,光州故吏为其"共铸八尺铜像于城东广因寺,起八关斋,追奉冥福"①。可知,佛教在传统丧祭仪式之外开辟了另一种非制度化的祭祀途径。

唐代,这种非制度化的丧祭形式在皇室的推行下风靡起来。唐王室为纪念先帝、太后或祈福建立了许多功德寺,内部供养祖先的肖像。如龙田寺②、敬爱寺③等。而后功德寺又成了一种身份象征,据《佛祖统纪》记载:"敕贵妃、公主家始建功德院。"④"诏辅相大臣始建功德院。"⑤由于家庙制度立庙、传续的艰难,这种与寺院相结合的祭祀形式成了家庙的替代品,流行于权贵大族之间。比如唐代刘汾于文德元年(888)舍田创建禅寺,召僧"五人入寺住持,勤于开耕,守奉祖宗春秋二祭"⑥。元代《重修景祥徐氏祠堂记》描绘了这种现象:"家有庙,祭有田,古制也。近世巨室舍田创寺,主檀越祠,制虽非古,然报本始,昭不忘,一也……于是重绘先影……"⑦证明"近世"即唐宋以来大家族往往通过舍田创寺的方式,奉祀祖先。上文所述在宗教范畴使用的影堂,也在此时与俗家丧祭仪式合一,见后梁《广化寺檀越郑氏舍田碑记》中郑氏向寺庙舍田供奉

---

① (北齐)魏收:《魏书》卷五十七《崔挺传》,第 1266 页。
② 唐太宗李世民为父唐高祖舍宫建寺,为李渊祈福,里面供奉了"太武及主上等身夹纻像六躯"。参见《大藏经》,第 52 册,第 514 页。
③ 据《历代名画记》记载,唐中宗为追念父母所里洛阳敬爱寺中有武则天写真。参见(唐)张彦远:《历代名画记》,北京:中华书局,1985 年,第 139 页。
④ 《大正藏》,第 49 册,第 373 页。
⑤ 《大正藏》,第 49 册,第 378 页。
⑥ (清)董诰等:《全唐文》卷七九三《大放庵记》,第 8315 页。
⑦ 郑振满、[美]丁荷生编:《福建宗教碑铭汇编·兴化府分册》,福州:福建人民出版社,1995 年,第 71 页。

先祖并"立碑于大雄殿侧及影堂之内"[①]。敦煌邈真赞中有三篇俗家写真"题于真堂"[②],反映出了佛教对丧祭之俗的影响。

　　家庙制度的衰微和禁止王公以下私立寺庙[③]的官方要求,使得影堂逐渐脱离寺院独立。例如大和四年(830),河南节度使段文昌"别营居第,以置祖祢影堂"[④]。转向辟于居室的影堂,孕育着北宋祠堂理念的诞生。在司马光所撰《书仪》中,影堂已经正式成为一种世俗的祭祖场所。关于其使用阶层,程颐称:"庶人祭于寝,今之正厅是也。凡礼,以义起之可也。如富家及士置一影堂亦可。"[⑤]程颐所说富裕的非士人及以上可以建立影堂,表明在商品经济发达的宋代,富人作为新的社会群体正在通过祭祖这一行为重新定位自身的社会阶层,而影堂的建立则成为其身份地位的象征之物。邈真像在丧仪中主要应用于"影舆"(清代《吴友如画宝》中有影舆的图像,其形制如图 5-1。[⑥] 在莫高窟第 156 窟也有相关的担舆图像,见图 5-2),在《宋史》中规定为诸臣丧葬规格一品礼[⑦],同样显示出使用者的社会地位。

　　综上,邈真像在敦煌地区盛行的原因,一方面具有中国传统祭祀礼仪的文化渊源,其使用有较强的社会阶层象征意味。另一方

---

① 郑振满、［美］丁荷生编:《福建宗教碑铭汇编·兴化府分册》,第 7 页。

② 参见 P.4660《张兴信邈真赞》《王景翼邈真赞并序》《张禄邈真赞》。录文见郑炳林、郑怡楠:《敦煌碑铭赞辑释(增订本)》,第 422—467 页。

③ 先天二年(713)五月十四日唐玄宗诏曰:"敕王公以下不得辄奏请将庄宅置寺观。"可知当时私建寺院风气尤甚。参见(宋)王溥:《唐会要》卷五十《杂记》,第 878 页。

④ (宋)王钦若等:《册府元龟》卷九四六《总录部·奢侈》,第 11143 页。

⑤ (宋)程颢、程颐:《二程集》第一册,上海:中华书局,1931 年,第 286 页。

⑥ 陆锡兴:《影神、影像及影舆》,《中国典籍与文化》,1998 年第 2 期,第 53 页。

⑦ (元)脱脱等:《宋史》卷一二四《诸臣丧葬等仪》,第 2910 页。

面，佛教传入之后，"像教"与中国祭祀祖先的文化传统相结合，推动了佛教祖师信仰的普及与深化，产生了影堂这种祭祀形式。统治者则积极利用佛教作为新的意识形态塑造手段，从"皇帝即佛"的宗教偶像崇拜扩展到了利用功德寺供奉祖先肖像，使得皇帝的孝心、孝行有示范性的传播效果。同时，家庙制度的衰落和政治上层祭祀祖考需求的不满足，上行下效之下世家大族开始舍田创寺或者于宅邸建立影堂作为家庙制度的补充，佛教的影堂祭拜在此和俗家的丧祭之俗合二为一。另外，影堂、影舆的使用有身份、经济上的要求，邈真像的制作要求又高，"须无一毫差方可，若多一茎须，便是别人"①，均说明"邈真像赞需要付出较高的代价，请名士作赞更非易事，所以一般黎庶之辈是无能为力的，这属于官吏富豪的专利"②。敦煌邈真像的拥有者不是官员就是大族，说明邈真像彼时正是权力与阶层的象征，是敦煌僧、俗上层人士借以扩大声誉、体现地位的手段之一。

图 5-1　《吴友如画宝》影舆（《吴友如画宝》第 4 册图 26）

---

① （宋）程颢、程颐：《二程集》第一册，第 286 页。
② 谭蝉雪：《敦煌民俗——丝绸之路传风情》，第 359 页。

图 5-2　敦煌莫高窟第 156 窟　担舆(《中国敦煌壁画全集》第 8 册图 17)

(二)敦煌邈真赞的文体变迁

关于邈真赞的来源,学界主要认为源自古代的像赞,多以《楚辞章句·天问篇》中屈原"因书其壁,呵而问之"[①]为最早例证。西汉末汉成帝命扬雄为赵充国图画而颂,揭开了东汉时期将像赞作为一种政治表彰制度的序幕。只有确有勋绩,才能获得被图像及作赞的资格。[②]各个地方政府也纷纷效仿,在郡府办公场所给历届执政者画像作赞。[③]东汉末期,这一现象已经有世俗化、个人化倾

---

① (汉)王逸注,(宋)洪兴祖补注:《楚辞章句补注》,长春:吉林人民出版社,1999 年,第 83 页。

② 桓范言赞像云:"世考之导,实有勋迹,惠利加于百姓,遗爱留于民庶。宜请于国,当录于史官,载于竹帛,上章君将之德,下宣臣吏之忠。若言不足纪,事不足述,虚而为盈,亡而为有,此圣人所疾,庶几之所耻也。"参见(清)严可均辑:《全三国文》,北京:商务印书馆,1999 年,第 389 页。

③ 《后汉书》注引应劭《汉官》曰:"尹,正也,郡府听事壁诸尹画赞,肇自建武,讫于阳嘉,注其清浊进退,所谓不隐过,不虚誉,甚得述事之实。"画赞中历任长官的事迹是为了戒励后人。参见(南朝宋)范晔撰,(唐)李贤等注:《后汉书》志十九《郡国一》,第 3389 页。

向。东汉桓帝时期的武梁祠内有为古圣贤图画赞文①(如图 5-3 所刻为古帝王榜题,每一榜题由两部分组成,第一部分是帝王的姓名或号,以及他的主要德行和贡献;第二部分由押韵的二至四句组成,每句四字。这些特征表明此榜题形式是东汉时期颇为流行的"赞"体文学②)。还有赵岐生前于墓室墙壁自为画像及季札、子产、晏婴、叔向四人之像,皆为赞颂。③ 充分说明当时像赞已经由早期官方督导的表彰方式变成了对自我精神的标榜行为。

图 5-3　武梁祠历代帝王画像石拓本及复原图(《武梁祠:中国古代画像艺术的思想性》第 269 页)

---

① (宋)赵明诚撰,金文明校正:《金石录校正》,桂林:广西师范大学出版社,2005 年,第 331 页。
② 巫鸿:《武梁祠:中国古代画像艺术的思想性》,北京:生活·读书·新知三联书店,2006 年,第 263 页。
③ (南朝宋)范晔撰,(唐)李贤等注:《后汉书》卷六四《吴延史卢赵列传五十四》,第 2124 页。

　　对比汉代像赞与邈真赞的文体特征与使用功能，二者有很大的差别。首先，从文体特征上来看，汉代的像赞前没有"传记"文字作为赞体的内容依据，例如武梁祠内虞舜像赞为：帝舜名重华，耕于历山，外养三年。①故刘勰在《文心雕龙·颂赞》中称"篇体促而不广"，且叙说时"义兼美恶"。邈真赞常序、赞结合，序中以时间为顺序"记功颂德"，其书写内容极似碑铭中的序言，描写内容包括亡者的身世、状貌、品德、功业等，是对亡者的称颂与赞美，不含称恶的部分。其次，从使用功能上来看，邈真赞是在丧祭仪式中使用的实用文体，在去世前后请他人书写，"遗留祀礼"（P.3718《张良真邈真赞》），供子孙日后祭奠，其他人"往来瞻谒"（P.4660《曹僧政邈真赞》），以"其名可播"（P.4660《翟神庆邈真赞》）至"铭记千春"（P.4660《康通信邈真赞》）。汉代像赞的使用功能则与祭祀宗祖无涉：一是帮助统治者树立典范，维护统治秩序；二是写作者的个人情致和志向表达。

　　考虑到在丧祭仪式中的应用特性，赞前有序的文体形式最早见于汉代。蔡邕有《议郎胡夫人哀赞》一文，称："作哀赞书之于碑。"②是写于墓碑之上的哀赞之文。体例前有大段的序言叙述亡者德行，后"作哀赞"。正因如此，王应麟指出："蔡邕文今存九十篇，而铭墓居其半，曰碑，曰铭，曰神诰，曰哀赞，其实一也。"③肯定了哀赞与碑铭的实同名异。汉代的碑铭"夫属碑之体，资乎史才。其序则传，其文则铭"④。可见在汉代时，史传、赞文、碑铭之间的文

---

① 高文：《汉碑集释》，开封：河南大学出版社，1985年，第112页。
② （汉）蔡邕著，邓安生编：《蔡邕集编年校注》，石家庄：河北教育出版社，2002年，第385—386页。
③ （宋）王应麟：《困学纪闻》，第1492—1493页。
④ （南朝梁）刘勰：《文心雕龙》，上海：商务印书馆，1938年，第17页。

体形式已经互相发生了影响,不过并未与像结合在一起,记录寥寥,没有大规模使用。

魏晋南北朝时期,像赞之前也开始出现序言。据高华平研究,这与佛教呗赞的影响有关:"佛经中的赞本为呗赞,它们在形式上为重复咏颂'契经'(散文)的偈颂(诗歌),故被称为'应颂'或'重颂'","因此,中土的文士如果要学习吸收佛经的文体形式,即使是创作最原始的图赞,也不再是单纯的图像加赞语的形式,而是多在赞前加上一段序。"①因此,在佛教传入之后,像赞前加上了一段或几段说明写作起源的内容作为序言,例如曹植的《画赞序》、夏侯湛的《东方朔画赞》、支遁的《释迦文佛像赞(并序)》等。

真正将像赞在丧祭仪式中扩大化使用的是魏晋南北朝时期的僧人群体。《晋敦煌于道邃》记载:"于交趾遇疾而终,春秋三十有一矣,郄超图写其形,支遁著铭赞。"②可见在僧人去世之后,会为其画像、写赞。支遁还为竺法护、于法兰等人撰写过像赞。僧人像赞的形式是不是序、赞结合,在释宝唱的《比丘尼传》与释慧皎的《高僧传》中有相关记录。如《善集寺慧绪尼四十八》:"是永元元年十一月二十日卒,时年六十九,周舍为立序赞。"③《晋剡沃洲山支遁》:"春秋五十有三,即窆于坞中,……郄超为之序传,袁宏为之铭赞,周昙宝为之作诔。"④可知此时像赞前极可能伴有传记作序,对后期邈真赞的文体形式产生影响。

---

① 高华平:《赞体的演变及其所受佛经影响探讨》,《文史哲》,2008 年第 4 期,第 120 页。

② (南朝梁)释慧皎撰,汤用彤校注,汤一玄整理:《高僧传》,第 170 页。

③ (南朝梁)释宝唱撰,王孺童校注:《比丘尼传校注》,北京:中华书局,2006年,第 150 页。

④ (南朝梁)释慧皎撰,汤用彤校注,汤一玄整理:《高僧传》,第 163 页。

　　僧人逝后的像赞有着宗教方面的实际功能，一方面，像赞在佛教内部标榜着戒规律仪之僧范，《高僧传》中有云："弘赞毗尼，则禁行清洁。"①另一方面，像赞象征着死者精神之留存，体现出祭祀的用途。《高僧传》曰："是以祭神如神在，则神道交矣。敬佛像如佛身，则法身应矣。"②意味着佛教传入后与中国本土祖先崇拜相互影响，凸显出"像"与"神"之间的对应关系。影堂类似家庙，而像赞则代表亡者。在佛教争夺宗派谱系的过程中，"精神血脉"的建设成为重点，赞文成为描摹圣僧精神的最好手段。《宏智禅师广录》载："出六代祖师画像，以赞见讬。"③正史中保留了许多皇帝为高僧诏赐像赞的记录，如唐代的窥基法师④、宋代的慧持法师⑤等都曾被赐像赞，使得像赞蒙上了官方的色彩，增强了中央政权树立权威的立场，体现出强烈的政教特征。

　　正因赞文代表着圣僧之精神，宋时，像赞成为寺院僧人和访客追捧的对象，《宏智禅师广录》记录了列于"禅人并化主写真求赞"⑥下的几百则赞文，这些赞文在像与其神圣性之间建立了有效联系，从而使像更加活灵活现，显示出开悟祖师虽不在却有如仍在的意义。

　　综上所述，敦煌邈真赞源自古代像赞文化的流传和发展，其在

---

①　（南朝梁）释慧皎撰，汤用彤校注，汤一玄整理：《高僧传》，第 525 页。
②　（南朝梁）释慧皎撰，汤用彤校注，汤一玄整理：《高僧传》，第 496 页。
③　《大正藏》，第 48 册，第 101 页。
④　《唐京兆大慈恩寺窥基传》载："凡今天下佛寺图形，号曰百本疏主真，高宗大帝制赞。"参见（宋）赞宁撰，范祥雍点校：《宋高僧传》，上海：上海古籍出版社，2017 年，第 59 页。
⑤　《佛祖统纪》卷五十二载："徽宗，嘉州奏：古树有定僧，诏舆至禁中曰：'我远法师弟慧持也。'上令图形制赞。"参见（宋）志磐撰，释道法校注：《佛祖统纪校注》，上海：上海古籍出版社，2012 年，第 1215 页。
⑥　《大正藏》，第 48 册，第 81—121 页。

丧祭仪式中的大量使用,可以追溯到六朝时期与佛教圣僧相关的丧祭活动。序、赞结合的文体形式,在历史的发生、变迁过程中,受到了史传、碑铭、唄赞等文体的影响。邈真赞之惠存亡者精神的体现,在唐代中后期,既用于佛教高僧的供奉,也逐渐应用于俗家丧祭仪式,成为祖先崇拜的核心意义表达,为其谱系流传和权力塑造提供了仪式化的舞台。

(三)敦煌邈真赞的社会伦理价值

通过上述研究可知,像与赞的使用,源于统治阶层"成教化、助人伦"的政治考量,在佛教与传统丧祭文化的交互下,开始广泛地应用于僧、俗丧祭仪式之中,成了宗派、宗族用以证明自身权力合法性和社会地位的途径。从其功能上来说,分为公、私两个层面。私是指邈真赞主要供门人、宗亲、子孙祭奠、瞻仰使用,[①]因此邈真赞有加强宗法观念、维护等级秩序、传递孝文化等方面的功能。而设于寺庙、石窟的影堂,因可供他人观瞻,使邈真赞的精神内涵从私人领域转入了公共领域。此外,邈真赞还应用于丧礼和斋会之中。丧仪进行时,邈真赞安置于交通要道,如 P. 4660《禅和尚赞》云:"于此路首,貌形容仪。丹青既毕,要段(假)文晖。"[②]再用影舆载回影堂,李小荣认为该过程和佛教的行像仪轨有较大关联,[③]在共睹瞻仰之中,产生公共传播的效力。用于斋会的邈真赞,见 S. 4624《逆修某七斋祈愿文》记载:"请真容而稽颡。"[④]斋会不仅面向亲族,如 S. 2717《百日斋

---

① 段小强:《敦煌文书所反映的古代丧礼》,《敦煌学辑刊》,1996 年第 2 期,第 45 页。
② 郑炳林:《敦煌碑铭赞辑释》,第 204 页。
③ 李小荣:《敦煌佛教邈真赞研究的回顾与展望》,第 86 页。
④ 黄征、吴伟:《敦煌愿文集》,第 124 页。

文》："衙在(佐)则齐叹助悲哀,府主则偏情分恋惜。"①是归义军衙府中的一位押衙为父所作,到场的还有朋友、同事。因此,敦煌邈真赞在亲缘、业缘、地缘中均有着社会伦理价值的传播功能。

1. 宗族荣光及精神偶像的塑造

丧祭仪式作为古代家礼制度的组成部分,主要维护的是宗族的利益与秩序。内含的宗法等级制度构成了支配社会等级结构的合法性观念,进而成为治理社会的意识形态。因此,邈真赞的内容需要符合"宗"的利益的政治、文化形象塑造,是帮助其提高内在凝聚力、扩大社会影响力、实现社会统治的基础。

首先,出于凸显门第名望的渴望与宗族正统性的表达,邈真赞文中大量出现"虚引他邦,冒为己邑"的现象。一种权力只有被相信是正统的,才能获得被认同的属性和能力,而表明正统性的重要前提是表达出权力继承的支脉来源。因此邈真赞开端通常都会追本溯源,认祖归宗。通过攀附中原的正统宗族大姓,从而提高宗族的社会地位和政治威望。例如 P.3718《李绍宗(润晟)邈真赞并序》中:"陇西鼎原,任职已临于莲府。"②特别将郡望来源"陇西鼎原"点出,根据孙修身的考证:"敦煌李姓是出自汉将李陵之后,与唐宗室无涉,此处应为对李唐皇室的攀附。"③

其次,强调族群居官的历史荣光,是反刍过去,重构宗族历史的一种手段,有利于攫取相应的文化资源,获得主导地方事务的合法性,提升该族的社会影响力。如 P.3718《张明集写真赞并序》:

---

① 周绍良主编:《全唐文新编》第 4 部第 5 册,第 11700 页。
② 郑炳林:《敦煌碑铭赞辑释》,第 466 页。
③ 孙修身:《伯 3781〈李府君邈真赞〉有关问题考》,《敦煌研究》,1991 年第 1 期,第 73 页。

"郎君讳明集,字富子,即今河西节度曹太保亲外甥也,都头知内亲从张中丞长子矣。"①在这一意义上,宗族成了政治、文化的生产组织,将宗族的信仰与表率延伸为整个社会风气的主导,血缘身份与权力认同合为一体。

最后,树立精神偶像,发挥模范作用。马克斯·韦伯在研究社会权力结构和权威分析时提出"卡里斯玛"类型的偶像,既用来指具有神圣感召力量的领袖人物的非凡精神魅力或体格特征,也用来指一切与日常生活相对立的超自然神圣特征,如高尚的血统或者世系。邈真赞所塑造的即是中国式的卡里斯玛,一方面,亡者的精神禀赋与其宗族出身交相呼应,例如 P.3718《府君忧道邈真赞并序》:"鼎族传芳,勋庸宿著。神貌望之而异众,韶龀聪俊以超先。"②另一方面,又显示出其天纵多能的一面,P.3882《府君元清邈真赞并序》:"况公生之别俊,诞质英灵;机谋出自天然,志操禀从神授。三端杰众,六艺标彦。"③令人敬畏、使人依从的卡里斯玛特质,是引导地方社会认同大族执掌政权的意识体现。

2. 对中央及归义军政权的认同和拥戴

第一,以忠孝节义为主题的宣扬。张议潮在起事成功之初,即遣使入京献款纳忠,其建节"归义"和仗节归唐之举均表达出了归义军拥戴中央的政治理念,邈真赞中也透露出其"忠君爱国""节义仁孝"的道德规范。不仅是官员,对僧侣尼众的个人德行也可作如此品评。④

---

① 郑炳林:《敦煌碑铭赞辑释》,第 414 页。
② 郑炳林:《敦煌碑铭赞辑释》,第 444 页。
③ 郑炳林:《敦煌碑铭赞辑释》,第 532 页。
④ 屈直敏:《从〈励忠节钞〉看归义军的道德秩序重建》,《敦煌学辑刊》,2005年第 3 期,第 76—89 页。

如 P.4638《曹良才邈真赞并序》:"秉心洁己,清名久播于人伦;端直守忠,奉上贞心而廉慎。"①P.3718《范海印和尚写真赞并序》赞云:"清如冰璧,贞比松坚;俗望济北,释内精妍。奉公守节,每进忠言。"②这些都是对国家主流话语的回应,从而获得国家更多的关注与支持,是地方势力表达国家认同的一种特殊形式。再结合《励忠节钞》以及《百行章》这类道德伦理教育读本在敦煌地区的广泛流传,以及归义军在官员奖拔中对"忠""孝"道德伦理标准的重视,都传达出归义军政权以中央政权为核心的理念。

第二,对历任官职及功勋业绩的描述。例如 P.3718《薛善通邈真赞并序》载:"伏自曹王秉政,收复甘、肃二州。公乃战效勇于沙场,纳忠勤于柳境。初任节度押衙,守常乐县令。主辖当人,安边定塞。畏繁喧于洗耳,怯光荣于许由。辞位持家,谯公再邈于御史。"③对仕宦履历的罗列赞美,体现出对地方政府的政治认同,对中央政府的政治向心力。而对功勋业绩的记录,与"祖有功,宗有德"以福泽后人的祭祀思想有关。功德勋劳是古代中国对功臣配享祭祀的一大要求,宗族的祭祀,原是"追养继孝"的结果,却随着时间的推移成了"尊人君,贵功德,广孝道"的社会政治宣传,表现出"国"与"家"的同源同构,"忠"与"孝"的自然一致。值得注意的是,僧人邈真赞同样强调荣耀、礼遇、地位等事迹的描述,折射出对尊贵人生的向往。

3.儒家思想之社会秩序构建

儒家学说作为中国古代丧祭仪式的主导思想,强调天、地、人

---

① 郑炳林:《敦煌碑铭赞辑释》,第 255 页。
② 郑炳林:《敦煌碑铭赞辑释》,第 418 页。
③ 郑炳林:《敦煌碑铭赞辑释》,第 464 页。

三位一体的思维模式。首先，"人间秩序"的树立，强调"君君、臣臣、父父、子子"，即每个人各正其位，明确自己在社会中的担当与位置，确立现实社会中的人伦秩序，是国家政治秩序之基础。邈真赞体现出不同的社会群体中不同的道德要求。对于官员要求"谦廉恭俭"，"义勇勤坚"，如 P.3718《曹盈达写真赞并序》："刚柔备体，忠孝不舍于晨昏。素性清高，恭勤每存于邻傥。"[1]对于僧人，要求守戒修禅时"志如金石"，阐扬禅业时"愍勤善诱"。对于社会中不同的女性身份——佛教尼和俗家女性，却有着相似的道德要求。作为尼，虽然已经脱离俗尘，但还是要求遵守"妇道"（P.3556《张戒珠邈真赞并序》），注意行仪贞洁，性格谦和（P.3556《曹法律尼厶乙邈真赞并序》），以及高操教化、永扇慈风的工作态度。对于俗家女性，更重视"三从四德"的文化传统。如 P.4986/P.4660《京兆杜氏邈真赞》："天资四德，神假三从；巫山玉貌，洛浦仙（姿）容。"[2]可以看出，儒家思想中将女性作为男性和家族的附庸，同时影响到了提倡"众生平等"的佛教，强化个人在社会中的不同定位，有利于维护社会稳定。

其次，是与人间秩序相对应的"自然秩序"的体现。《周易·系辞上》所说："天生神物，圣人则之。天地变化，圣人效之。天垂象，见吉凶，圣人象之。"[3]天道与人道相互呼应，圣人可以通过自然现象来了解天的谴告与奖赏，奠定了圣人信仰的先验性特征和神圣渊源。因此，在传统的天人感应语境中，迎合百姓的心理与认知，通过与自然秩序的连接，塑造出政治清明的局势，完成圣人信仰的

---

① 郑炳林：《敦煌碑铭赞辑释》，第 429 页。

② 郑炳林：《敦煌碑铭赞辑释》，第 104 页。

③ （清）阮元校刻：《十三经注疏》，第 70 页。

道德教化,是一种中国传统政治权威的建立过程。如 P. 4638《曹良才邈真赞并序》:"盖闻河岳降灵,必应杰时之俊,星辰诞质,爰资护塞之助。是以极边神府,千载降出于一贤;英杰奇仁,五百挺生于此世。"①P. 4660《都毗尼藏主阴律伯真仪赞》:"清廉众许,令誉独彰。园垂甘露,灵瑞呈祥。"②

　　如上所言,邈真赞中蕴含着丰富的社会伦理价值,在追溯宗族背景、描述仕宦履历、倡导儒家秩序的过程中,既表现出了对亡者的缅怀与纪念,也塑造了以名门大族、高僧大德为主的政治权威,完成了"宗"的谱系构建和精神偶像的树立,构成了以象征符号交换政治权力的合法途径。从地方政权的角度来看,邈真赞更是一种以树立精神、宣传政治为目的的语言艺术,通过丧祭仪式这种基层社会的信息传播方式,使当地民众自觉或不自觉地认同邈真赞背后的社会伦理价值取向,以归义军权力认同为主的政治同一性,才被真正地构造起来。

---

① 郑炳林:《敦煌碑铭赞辑释》,第 255 页。
② 郑炳林:《敦煌碑铭赞辑释》,第 219 页。

结　语

　　本书对敦煌归义军所采用的多种政治仪式类型进行了较为全面的分析,既包含了唐宋礼典中对地方政府的礼制规定,又包含了未记载于礼制之中的多种仪式类型;不仅关心其具体的实践运作流程,更注重考察其传播的整体功能。可以说,归义军的政治仪式并不等同于中央礼典本身的规定,在此基础上既有遵循又有新变;归义军的政治仪式也不是脱离民众的官方行为,而是与百姓生活空间紧密相连的具有大众传播性质的媒介过程。

　　本书共分为五章,第一章主要讨论了唐宋礼制所规定的州县祭祀仪式在归义军执政期间的实行效果。第二章和第三章则着重对归义军与中央、其他藩镇及周边少数民族政权的交往仪式作出探讨,实际是对归义军的政治关系网络构成进行梳理。最后两章以归义军对佛教仪式和民俗仪式的利用为核心,偏向对民众政治思想的影响研究。

　　第一章,敦煌归义军的官方祭祀仪式。在公元 8—10 世纪,敦煌地区均能够依照中央礼典的规定来实施祭祀仪式。祭社稷、风伯、雨师、雷神与释奠礼作为唐宋儒家文化体系的主要内容,在具体的实行中,成为地方政权合法性的意义来源,是政治权威的象征,它印证了归义军政权以中央政权作为政治靠山、以中原儒家礼仪文化为文化统帅的主导思想,这与归义军的藩镇性质和希望得到中央政权庇护的心理有关。

不过,敦煌的祭祀仪式在具体行事过程中多少与中央祀典有背离之处。如祭社稷的时间并未完全遵循《大唐开元礼》的规定;释奠礼中祭祀的对象也只有先圣孔子和先师颜回,并未按中央规定"十哲享祭";风伯、雨师的神坛方位与中央规定不同,反而采用的是汉制。以上这些都说明尽管中央对于州县的祭祀仪式作了礼制上的规定,但是在实行过程中,地方政府仍拥有较强的自主性,也提供了了解中央礼制实行情况的另一侧面。

而官方祭祀中所承载的礼制内涵,是可供归义军政府利用以整合意识形态的重要手段。藉田、社稷仪式中所包含的劝课农桑、举发农时的政治示范性效应;祭风伯、雨师、雷神中对于天人感应、君权神授观念的传承与强化;释奠仪式中对于儒家文化政治权威的塑造和主流价值导向,都有利于归义军政权对百姓的价值观念和精神秩序进行引导和规范。特别是立足于州县的祭祀,不再是中央那种高高在上、遥不可及的官方仪式,它可以寄托民众个人的感情和愿望,其自身也因此获得更为广泛的民间基础。

第二章,敦煌归义军与中央政权的互动仪式。归义军虽然在政治上处于割据状态,但是在动荡的时局中,仍然需要以中央作为政治靠山方能安定存在。因此,进奉仪式对维持归义军与中央的关系至关重要。归义军所派遣的使者作为沟通的桥梁,对其身份、能力均有较高要求,在进奉过程中需要完成押送物表、打通权要、奏对天庭及领取赐物等仪式环节,其除了完成中央规定的四节进奉、易代进奉等任务并明确对中央的臣属地位之外,还获取了许多经济及非经济的价值。特别是政治合法性的授予,是位处西陲且内部时常动荡的归义军节度使迫切的政治需求。归义军执行的多边进奉的灵活策略,使得其在复杂的政治局势下获得了多方的政治支持。

同样,接待中央来使的仪式也是归义军维护与中央之间关系的重要问题。敦煌文书 P.3773V《凡节度使新受旌节仪》反映了天使西来授予归义军节度使旌节的过程。通过仪仗的组成及排列、衣着装饰、注意事项等三个方面,大致呈现了仪式的面貌。通过与莫高窟 156 窟《张议潮统军出行图》相对比,明确了迎接天使之仪与节度使出行仪式的不同。进而从迎接天使、天使驻留沙州仪程及送别之仪的时间发展顺序,梳理了敦煌归义军接待天使的仪式过程,证明该仪式不仅是上表忠心的途径,也是向地方百姓展示政治权力合法性的表演。

第三章,敦煌归义军与周边政权的交往仪式。归义军府衙中设置了一些对外接待的部门,这些机构在外交仪式中有其相应的功能和作用。此外,归义军安排外交使节的食宿地点,既是对归义军接待仪式的补充,其规格差异也一定程度上反映出归义军当时的外交关系与政治秩序。在外交仪式中,归义军既用礼遇丰富的仪式活动,如"迎顿""下檐"等来展示自身政权的繁荣富强,又以"礼佛""赛神"等宗教活动来满足外来使者的精神需求。可见,外交仪式正是归义军政治伦理秩序的礼制化反映,并且是笼络周边政权人心的有效手段。

归义军与其他藩镇的交往仪式以起居、贺谢之仪和赠物、回礼之仪为主。这两种仪式类型集中体现在敦煌的书仪之中,这与唐代社会的官僚化和后期政治结构由中央集权向藩镇体制的过渡,礼仪的主体和重心转向了以藩镇为中心的官场酬应仪式有关。通过研究发现,起居、贺谢之仪只是出于特定政治需求的交往名目,而内容则视自身的政治需求而定。进而,二者的融合也体现出形式其实更多是政治目的的附庸,是归义军政权可供借鉴及利用以维护其政治关系的一种表达。同样,赠物与回礼之仪也是以礼物作为自身政治交往的一种策略,是归义军与其他藩镇关系的外在表征。

第四章,敦煌归义军与地方佛教的应用仪式。佛教僧团作为归义军政权的重要支持力量之一,受制于归义军的管理,迎合归义军的需求,为其政权服务。这种服务既包括将自己的寺、窟作为政权政治外交、节日庆典等礼仪的承接场所,也通过各种佛教斋会为皇帝、归义军、百姓祈福发愿,是归义军政治权力的展示方式。

一方面,归义军执政者营建佛教寺院与石窟的活动,是其政治庆贺、追念先祖、显耀族属与文化来源、生产政治意义、为百姓祈福发愿的政治仪式。这些寺、窟也在归义军接待使者和举办节日仪式的过程中扮演着重要的角色,赋有政治仪式空间的功能,其间所蕴含的政治价值在仪式过程中传递给了使者和民众。

另一方面,归义军执政者对佛教的多种斋会仪式进行政治主导,如以国忌行香仪宣传政治合法性及以"忠孝仁义"为核心的政治统治策略;以祈愿斋仪进行的战争动员和战争安抚;以禳除斋仪作为对传统军礼功能相似的补充,以满足区域治理的需求;以庆赞斋仪对归义军的政治功绩作出显耀等,最终获得地方民众的认同和支持。

第五章,敦煌归义军与地方民俗的传播仪式。敦煌傩礼是唐宋礼制体系下由地方政权归义军所主导的禳除礼仪,其傩词《儿郎伟》中含有大量对执政者的称颂之词。究其原因,首先,傩礼产生之初就蕴含着"天人交感"的中国古代政治哲学,并且在后来历史的发展中,完成了从"人顺天"到"天应人"的关系转变,不断凸显出政治的主要地位,是"颂政"发生的理论背景。其次,通过对傩礼仪式进行过程中的开端、主角、逐除对象等的研究，发现其中具有政治主导性的象征含义，是用以显示执政者德行与权威的展示表演，为"颂政"提供了行为准则。最后，傩礼在不断民俗化的过程中，成为官方控制的"主流价值媒体"，是归义军政权进行历史记忆构建、社会舆论引导和形象塑造的政治宣传工具。

敦煌邈真赞则是人物像赞这种具有较久历史发展渊源及政教文化特征的传统在晚唐五代的集中表现。中古时期，佛教文化与传统丧祭文化相互影响，产生了以"影堂"为代表的非制度化的丧祭形式，推动了邈真赞在僧俗丧祭仪式中的应用。敦煌邈真赞对宗族观念、社会秩序、伦理价值的提倡与强调，构成了官员、大族以象征符号交换政治权力的合法途径，有利于归义军政权的社会教化与人心凝聚。

正史中关于地方州县的政治仪式记载有的寥寥数笔，有的付之阙如，既不能代表当时的实际情况，也非完全面貌，敦煌文献则填补了这一空缺。归义军政权通过多种政治仪式类型的构建，维护了自身统治的合法性和正当性，使得其在错综复杂、波谲云诡的政治局势中得以长期生存。本书一方面是对唐宋礼仪制度的一次具体的、微观的补充，另一方面也是以仪式作为研究视角对归义军政治史进行透视的全新尝试。更为重要的是本书试图连接仪式与中国古代政治传播的研究路径，从而形成对礼仪与政治关系的进一步思考。

参考文献

古籍

[1] (汉)司马迁:《史记》,北京:中华书局,1963 年。

[2] (汉)班固撰,(唐)颜师古注:《汉书》,北京:中华书局,1964 年。

[3] (南朝宋)范晔撰,(唐)李贤等注:《后汉书》,北京:中华书局,1973 年。

[4] (唐)房玄龄等:《晋书》,北京:中华书局,1974 年。

[5] (南朝梁)沈约:《宋书》,北京:中华书局,1974 年。

[6] (南朝梁)萧子显:《南齐书》,北京:中华书局,1972 年。

[7] (唐)姚思廉:《梁书》,北京:中华书局,1973 年。

[8] (唐)姚思廉:《陈书》,北京:中华书局,1972 年。

[9] (唐)李延寿:《南史》,北京:中华书局,1975 年。

[10] (唐)李延寿:《北史》,北京:中华书局,1974 年。

[11] (北齐)魏收:《魏书》,北京:中华书局,1974 年。

[12] (唐)李百药:《北齐书》,北京:中华书局,1974 年。

[13] (唐)令狐德棻等:《周书》,北京:中华书局,1971 年。

[14] (唐)魏征、令狐德棻:《隋书》,北京:中华书局,1973 年。

[15] (后晋)刘昫等:《旧唐书》,北京:中华书局,1975 年。

[16] (宋)欧阳修、宋祁:《新唐书》,北京:中华书局,1975 年。

［17］(宋)薛居正等:《旧五代史》,北京:中华书局,1976 年。

［18］(宋)欧阳修撰,(宋)徐无党注:《新五代史》(修订本),北京:中华书局,2016 年。

［19］(宋)王溥:《五代会要》,北京:中华书局,1998 年。

［20］(宋)司马光:《资治通鉴》,北京:中华书局,1982 年。

［21］(宋)李焘:《续资治通鉴长编》,北京:中华书局,1979 年。

［22］(元)脱脱等:《宋史》,北京:中华书局,1977 年。

［23］(唐)李林甫等撰,陈仲夫点校:《唐六典》,北京:中华书局,2017 年。

［24］(宋)王溥:《唐会要》,北京:中华书局,1960 年。

［25］(唐)杜佑:《通典》,北京:中华书局,2020 年。

［26］(唐)徐坚等:《大唐开元礼》,北京:民族出版社,2000 年。

［27］(清)董诰等:《全唐文》,北京:中华书局,1983 年。

［28］(宋)王钦若等:《册府元龟》,北京:中华书局,1960 年。

［29］(宋)李昉等:《太平御览》,北京:中华书局,1960 年。

［30］(宋)陈元靓:《岁时广记》,上海:商务印书馆,1939 年。

［31］(元)马端临:《文献通考》,杭州:浙江古籍出版社,1988 年。

［32］(清)阮元校刻:《十三经注疏》,北京:中华书局,1980 年。

［33］(汉)班固等:《白虎通义》,上海:商务印书馆,1936 年。

［34］(宋)欧阳修等撰,王云五主编:《太常因革礼》,上海:商务印书馆,1936 年。

［35］(唐)王泾:《大唐郊祀录》,北京:民族出版社,2000 年。

［36］(清)徐松:《宋会要辑稿》,北京:中华书局,1957 年。

［37］(南朝梁)释慧皎撰,汤用彤校注,汤一玄整理:《高僧传》,北京:中华书局,1992 年。

［38］(唐)道宣撰,郭绍林点校:《续高僧传》,北京:中华书局,2014 年。

文献整理释录

[39]《英藏敦煌文献(汉文佛经以外部分)》(共 14 册),成都:四川人民出版社,1990—1995 年。

[40]《法国国家图书馆藏敦煌西域文献》(共 34 册),上海:上海古籍出版社,1995—2005 年。

[41]《俄藏敦煌文献》(共 17 册),上海:上海古籍出版社,1992—2001 年。

[42]《天津市艺术博物馆藏敦煌文献》(共 6 册),上海:上海古籍出版社,1996 年。

[43]《上海图书馆藏敦煌吐鲁番文献》(共 4 册),上海:上海古籍出版社,1999 年。

[44]《上海博物馆藏敦煌吐鲁番文献》,上海:上海古籍出版社,1993 年。

[45]《中国国家图书馆藏敦煌遗书》(共 5 册),南京:江苏古籍出版社,1999 年。

[46]《北京大学图书馆藏敦煌文献》(共 2 册),上海:上海古籍出版社,1995 年。

[47]《俄罗斯科学院东方研究所圣彼得堡分所藏黑水城文献汉文部分》(共 17 册),上海:上海古籍出版社,1996 年。

[48]《甘肃藏敦煌文献》(共 6 册),兰州:甘肃人民出版社,1999 年。

[49]《浙藏敦煌文献》,杭州:浙江教育出版社,2000 年。

[50]《国家图书馆馆藏敦煌遗书》,北京:国家图书馆出版社,2005 年。

[51]《甘肃藏敦煌藏文文献》,上海:上海古籍出版社,2019 年。

[52] 黄永武主编:《敦煌宝藏》,台北:新文丰出版社,1981—1986 年。

[53] 郝春文主编:《英藏敦煌社会历史文献释录》(共 15 册),北京:社会科学文献出版社,2003—2018 年。

[54] 唐耕耦、陆宏基编:《敦煌社会经济文献真迹释录》第 1 辑,北京:书目文献出版社,1986 年。

[55] 唐耕耦、陆宏基编:《敦煌社会经济文献真迹释录》第 2—5 辑,北京:全国图书馆文献缩微复制中心,1990 年。

[56] 敦煌研究院编:《敦煌莫高窟供养人题记》,北京:文物出版社,1986 年。

专著

[57] 葛兆光:《中国思想史》,上海:复旦大学出版社,2001 年。

[58] 杨庆堃著,范丽珠等译:《中国社会中的宗教:宗教的现代社会功能及其历史因素之研究》,上海:上海人民出版社,2007 年。

[59] [德]马克斯·韦伯著,康乐、简惠美译:《中国的宗教:儒教与道教》,桂林:广西师范大学出版社,2010 年。

[60] [日]西嶋定生:《中国古代帝国的形成与结构》,北京:中华书局,2004 年。

[61] [日]池田温:《中国古代籍帐研究》,东京:东京大学东洋文化研究所,1979 年。

[62] 甘怀真:《皇权、礼仪与经典诠释:中国古代政治史研究》,台北:喜马拉雅研究发展基金会,2003 年。

[63] 李向平:《信仰、革命与权力秩序——中国宗教社会学研究》,上海:上海人民出版社,2006 年。

[64] 雷闻:《郊庙之外》,北京:生活·读书·新知三联书店,2009 年。

[65] 张文昌:《制礼以教天下——唐宋礼书与国家社会》,台北:台湾大学出版中心,2012 年。

[66] 朱溢:《事邦国之神祇——唐至北宋吉礼变迁研究》,上海:上海古籍出版社,2014 年。

[67] 高明士:《中国中古礼律综论——法文化的定型》,北京:商务

印书馆,2017 年。

[68] 张晓峰、赵鸿燕:《政治传播研究:理论、载体、形态、符号》,北京:中国传媒大学出版社,2011 年。

[69] [英]詹·乔·弗雷泽著,徐育新等译:《金枝》,北京:中国民间文艺出版社,1987 年。

[70] [英]维克多·特纳著,赵玉燕、欧阳敏、徐洪峰译:《象征之林——恩登布人仪式散论》,北京:商务印书馆,2012 年。

[71] [英]爱德华·泰勒著,连树声译:《人类学——人及其文化研究》,上海:上海文艺出版社,1993 年。

[72] [英]J.G.弗雷泽:《金枝:巫术与宗教之研究》,北京:商务印书馆,2013 年。

[73] [法]阿诺尔德·范热内普著,张举文译:《过渡礼仪》,北京:商务印书馆,2010 年。

[74] [法]爱弥尔·涂尔干著,渠敬东、汲喆译:《宗教生活的基本形式》,北京:商务印书馆,2016 年。

[75] [美]特纳著,刘珩、石毅译:《戏剧、场景及隐喻:人类社会的象征性行为》,北京:民族出版社,2007 年。

[76] [美]兰德尔·柯林斯著,林聚任、王鹏、宋丽君译:《互动仪式链》,北京:商务印书馆,2017 年。

[77] [美]詹姆斯·W.凯瑞著,丁未译:《作为文化的传播》,北京:华夏出版社,2005 年。

[78] [美]保罗·唐纳顿著,纳日碧力戈译:《社会如何记忆》,上海:上海人民出版社,2000 年。

[79] [美]克利福德·格尔茨著,韩莉译:《文化的解释》,南京:译林出版社,1999 年。

[80] 马敏:《政治象征》,北京:中央编译出版社,2012 年。

[81] 王海洲:《政治仪式:权力生产和再生产的政治文化分析》,南京:江苏人民出版社,2016 年。

[82] 季羡林主编:《敦煌学大辞典》,上海:上海辞书出版社,1998 年。

[83] 郑炳林、郑怡楠:《敦煌碑铭赞辑释》(增订本),上海:上海古籍出版社,2019 年。

[84] 郑炳林主编:《敦煌归义军史专题研究》,兰州:兰州大学出版社,1997 年。

[85] 郑炳林主编:《敦煌归义军史专题研究续编》,兰州:兰州大学出版社,2003 年。

[86] 郑炳林主编:《敦煌归义军史专题研究三编》,兰州:甘肃文化出版社,2005 年。

[87] 郑炳林主编:《敦煌归义军史专题研究四编》,西安:三秦出版社,2009 年。

[88] 兰州大学历史系敦煌学研究室、兰州大学图书馆合编:《敦煌学论文选》,兰州:甘肃人民出版社,1983 年。

[89] 姜伯勤等:《敦煌邈真赞校录并研究》,台北:新文丰出版社,1994 年。

[90] 姜伯勤:《敦煌艺术宗教与礼乐文明》,北京:中国社会科学出版社,1996 年。

[91] 姜伯勤:《中国祆教艺术史研究》,北京:生活·读书·新知三联书店,2004 年。

[92] 吴丽娱:《唐礼摭遗——中古书仪研究》,北京:商务印书馆,2002 年。

[93] 吴丽娱:《敦煌书仪与礼法》,兰州:甘肃教育出版社,2013 年。

[94] 吴丽娱:《礼俗之间——敦煌书仪散论》,杭州:浙江大学出版社,2015 年。

[95] 吴丽娱:《终极之典——中古丧葬制度研究》,北京:中华书局, 2012 年。

[96] 赵和平辑校:《敦煌表状笺启书仪辑校》,南京:江苏古籍出版社,1997 年。

[97] 赵和平著,林聪明主编:《敦煌写本书仪研究》,台北:新文丰出版社,1993 年。

[98] 张小艳:《敦煌书仪语言研究》,北京:商务印书馆,2007 年。

[99] 张小艳:《敦煌社会经济文献词语论考》,上海:上海人民出版社,2013 年。

[100] 黄征、吴伟:《敦煌愿文集》,长沙:岳麓书社,1995 年。

[101] 黄征:《敦煌俗字典》,上海:上海教育出版社,2005 年。

[102] 荣新江:《归义军史研究——唐宋时代敦煌历史考索》,上海: 上海古籍出版社,1996 年。

[103] 荣新江:《敦煌学新论》,兰州:甘肃教育出版社,2002 年。

[104] 荣新江:《华戎交汇——敦煌民族与中西交通》,兰州:甘肃教育出版社,2008 年。

[105] 荣新江、朱丽双:《于阗与敦煌》,兰州:甘肃教育出版社,2013 年。

[106] 荣新江:《辨伪与存真——敦煌学论集》,上海:上海古籍出版社,2010 年。

[107] 杨秀清:《敦煌西汉金山国史》,兰州:甘肃人民出版社,1999 年。

[108] 冯培红:《敦煌的归义军时代》,兰州:甘肃教育出版社,2013 年。

[109] 赵贞:《归义军史事考论》,北京:北京师范大学出版社,2010 年。

[110] 刘进宝:《敦煌学通论》,兰州:甘肃教育出版社,2019 年。

[111] 杨宝玉、吴丽娱:《归义军政权与中央关系研究》,北京:中国社会科学院出版社,2015 年。

[112] 余欣:《神道人心——唐宋之际敦煌民生宗教社会史研究》,

北京：中华书局，2006 年。

[113] 余欣：《中古异相：写本时代的学术、信仰与社会》，上海：上海古籍出版社，2017 年。

[114] 谭蝉雪：《敦煌民俗——丝路明珠传风情》，兰州：甘肃教育出版社，2006 年。

[115] 陈祚龙：《敦煌学海探珠》，台北：台湾商务印书馆，1979 年。

[116] 卢向前：《敦煌吐鲁番文书论稿》，南昌：江西人民出版社，1992 年。

[117] 马德：《敦煌莫高窟史研究》，兰州：甘肃教育出版社，1996 年。

[118] 马德、王祥伟：《中古敦煌佛教社会化论略》，北京：中国社会科学出版社，2010 年。

[119] 郝春文：《唐后期五代宋初敦煌僧尼的社会生活》，北京：中国社会科学出版社，1998 年。

[120] 郝春文：《郝春文敦煌学论集》，上海：上海古籍出版社，2010 年。

[121] 郝春文、陈大为：《敦煌的佛教与社会》，兰州：甘肃教育出版社，2013 年。

[122] 刘安志：《新资料与中古文史论稿》，上海：上海古籍出版社，2014 年

[123] 李正宇：《古本敦煌乡土志八种笺证》，台北：新文丰出版社，1998 年。

[124] 王使臻、王使璋、王惠月：《敦煌所出唐宋书牍整理与研究》，成都：西南交通大学出版社，2016 年。

[125] 高启安：《旨酒羔羊——敦煌的饮食文化》，兰州：甘肃教育出版社，2007 年。

[126] 高启安：《信仰与生活——唐宋间敦煌社会诸相探》，兰州：甘肃教育出版社，2014 年。

[127] 高启安：《唐五代敦煌饮食文化研究》，北京：民族出版社，2004 年。

[128] 米德昉：《敦煌莫高窟第 100 窟研究》，兰州：甘肃教育出版社，2016 年。

[129] 郭沫若：《卜辞通纂》，东京：文求堂书店，1933 年。

[130] 郭沫若：《青铜时代》，上海：群益出版社，1935 年。

[131] 李立：《文化嬗变与汉代自然神话演变》，汕头：汕头大学出版社，2000 年。

[132] 牛天伟、金爱秀：《汉代神灵图像考述》，开封：河南大学出版社，2017 年。

[133] 陆锡兴主编：《中国古代器物大辞典》，石家庄：河北教育出版社，2001 年。

[134] 杜朝晖：《敦煌文献名物研究》，北京：中华书局，2011 年。

[135] 王启涛：《吐鲁番出土文献词典》，成都：巴蜀书社，2012 年。

[136] 张国刚：《唐代藩镇研究》，北京：人民大学出版社，2010 年。

[137] 孙继民：《敦煌吐鲁番所出唐代军事文书初探》，北京：中国社会科学出版社，2000 年。

[138] 王惠民：《敦煌佛教与石窟营建》，兰州：甘肃教育出版社，2013 年。

[139] 吴震：《吴震敦煌吐鲁番文书研究论集》，上海：上海古籍出版社，2009 年。

[140] 沈从文：《中国古代服饰研究》，上海：上海书店出版社，2011 年。

[141] 王贞平：《唐代宾礼研究》，上海：中西书局，2017 年。

[142] 郝二旭：《唐五代敦煌农业专题研究》，兰州：甘肃文化出版社，2017 年。

[143] 杨富学：《敦煌民族史探幽》，兰州：甘肃文化出版社，2016 年。

[144] 陈大为：《唐后期五代宋初敦煌僧寺研究》，上海：上海古籍出版社，2014 年。

[145] 沙武田：《归义军时期敦煌石窟考古研究》，兰州：甘肃教育出版社，2017 年。

[146] 沙武田：《敦煌画稿研究》，北京：民族出版社，2006 年。

[147] 黄天骥、康保成主编：《中国古代戏剧形态研究》，郑州：河南人民出版社，2009 年。

[148] 廖奔：《戏曲文物发覆》，厦门：厦门大学出版社，2003 年。

[149] 伏俊琏：《敦煌文学总论》，上海：上海古籍出版社，2019 年。

[150] 湛如：《敦煌佛教律仪制度研究》，北京：中华书局，2011 年。

[151] 王三庆：《敦煌佛教斋愿文本研究》，台北：新文丰出版社，2009 年。

[152] 李忱主编，马茜副主编：《甘肃民族研究论丛》，兰州：甘肃人民出版社，2002 年。

[153] 黄阳兴：《咒语·图像·法术》，深圳：海天出版社，2015 年。

[154] 宁强：《敦煌石窟寺研究》，兰州：甘肃人民美术出版社，2012 年。

[155] 陈怀宇：《景风梵声：中古宗教之诸相》，北京：宗教文化出版社，2012 年。

[156] 高国藩：《敦煌俗文化学》，上海：上海三联书店，1999 年。

[157] 高国藩：《敦煌古俗与民俗流变》，南京：河海大学出版社，1989 年。

[158] 曲六乙、钱茀：《东方傩文化概论》，太原：山西教育出版社，2006 年。

[159] 章军华：《傩礼乐歌研究》，上海：上海大学出版社，2016 年。

[160] 姚伟钧：《神秘的占梦》，南宁：广西人民出版社，1991 年。

[161] 胡建国：《巫傩与巫术》，海口：海南出版社，1993 年。

散见论文

[162] 吴跃本、张光辉:《政治仪式:概念、载体与功能》,《改革与开放》,2017 年第 13 期。

[163] 曾楠、闫晓倩:《国家认同构建的象征性资源探究:以政治仪式为视角》,《青海民族研究》,2020 年第 3 期。

[164] 郝春文:《敦煌文献与历史研究的回顾和展望》,《历史研究》,1998 年第 1 期。

[165] 郝春文:《敦煌写本斋文及其样式的分类与定名》,《北京师范学院学报》,1990 年第 3 期。

[166] 郝春文:《隋唐五代宋初佛社与寺院的关系》,《敦煌学辑刊》,1990 年第 1 期。

[167] 贺世哲:《再谈曹元深功德窟》,《敦煌研究》,1994 年第 3 期。

[168] 施萍婷:《本所藏〈酒帐〉研究》,《敦煌研究》,1983 年第 1 期。

[169] 郑炳林:《敦煌写本邈真赞所见真堂及其相关问题研究——关于莫高窟供养人画像研究之一》,《敦煌研究》,2006 年第 6 期。

[170] 郑炳林:《〈索勋纪德碑〉研究》,《敦煌学辑刊》,1994 年第 2 期。

[171] 郑炳林:《张淮深改建北大像和开凿 94 窟年代再探》,《敦煌研究》,1994 年第 3 期。

[172] 郑炳林:《〈沙州伊州地志〉所反映的几个问题》,《敦煌学辑刊》,1986 年第 2 期。

[173] 郑炳林:《伯 2641 号背莫高窟再修功德记撰写人探微》,《敦煌学辑刊》,1991 年第 2 期。

[174] 郑炳林:《敦煌碑铭赞三篇证误与考释》,《敦煌学辑刊》,1992 年第 1 期。

[175] 郑炳林:《唐五代敦煌手工业研究》,《敦煌学辑刊》,1996 年第 1 期。

[176] 郑炳林:《都教授张金炫和尚生平事迹考》,《敦煌学辑刊》,1997 年第 1 期。

[177] 郑炳林:《晚唐五代敦煌商业贸易市场研究》,《敦煌学辑刊》,2004 年第 1 期。

[178] 郑炳林:《晚唐五代归义军政权与佛教教团关系研究》,《敦煌学辑刊》,2005 年第 1 期。

[179] 郑炳林、魏迎春:《晚唐五代敦煌佛教教团的戒律和清规》,《敦煌学辑刊》,2004 年第 2 期。

[180] 郑炳林、屈直敏:《归义军时期敦煌佛教教团的道德观念初探》,《敦煌学辑刊》,2006 年第 2 期。

[181] 郑炳林、冯培红:《唐五代归义军政权对外关系中的使头一职》,《敦煌学辑刊》,1995 年第 1 期。

[182] 郑炳林、高伟:《唐五代敦煌酿酒业初探》,《西北史地》,1994 年第 1 期。

[183] 郑怡楠、郑炳林:《敦煌写本〈曹议金重修开元寺功德记〉考释》,《敦煌学辑刊》,2017 年第 2 期。

[184] 郑炳林、杜海:《曹议金节度使位继承权之争——以"国太夫人"、"尚书"称号为中心》,《敦煌学辑刊》,2014 年第 4 期。

[185] 郑怡楠:《敦煌归义军节度使曹延恭造窟功德记考释》,《敦煌学辑刊》,2013 年第 3 期。

[186] 郑怡楠:《敦煌写本〈河西节度使大王造大寺功德记〉考释》,《敦煌学辑刊》,2013 年第 4 期。

[187] 郑怡楠:《敦煌写本 P. 3556《张庆德邈真赞并序》考释》,《敦煌学辑刊》,2021 年第 2 期。

[188] 聂顺新:《佛教官寺与中晚唐半独立藩镇的政治合法性构建——以田氏魏博和张氏归义军为中心的考察》,《西北民族论丛》,2018 年第 1 期。

[189] 聂顺新:《河北正定广惠寺唐代玉石佛座铭文考释——兼议唐代国忌行香和佛教官寺制度》,《陕西师范大学学报(哲学社会科学版)》,2015 年第 2 期。

[190] 聂顺新:《张氏归义军时期敦煌与内地诸州府国忌行香制度的差异及其原因初探》,《敦煌研究》,2015 年第 6 期。

[191] 暨远志:《张议潮出行图研究——兼论唐代节度使旌节制度》,《敦煌研究》,1991 年第 3 期。

[192] 谭蝉雪:《岁末驱傩》,《西北民族研究》,1990 年第 2 期。

[193] 李丽:《张议潮"束身归阙"之原因考:敦煌张氏归义军内部矛盾之我见》,《社科纵横》,2000 年第 3 期。

[194] 黄征清:《敦煌文书 S.5747〈张承奉祭风伯文〉性质再探》,《敦煌研究》,2013 年第 2 期。

[195] 宁可:《汉代的社》,《文史》第九辑,北京:中华书局,1963 年。

[196] 李宗俊:《〈沙州都督府图经〉撰修年代新探》,《敦煌学辑刊》,2004 年第 1 期。

[197] 荣新江、史睿:《俄藏敦煌写本〈唐令〉残卷(Дx.03558)考释》,《法律文化研究》,2019 年第 2 期。

[198] 荣新江:《曹议金征甘州回鹘史事表微》,《敦煌研究》,1991 年第 2 期。

[199] 荣新江:《归义军及其与周边民族的关系初探》,《敦煌学辑刊》,1986 年第 2 期。

[200] 荣新江:《沙州张淮深与唐中央朝廷之关系》,《敦煌学辑刊》,1990 年第 2 期。

[201] 荣新江、史睿:《俄藏敦煌写本〈唐令〉残卷(Дх.3558)考释》,《敦煌学辑刊》,1999 年第 1 期。

[202] 李并成:《〈沙州城土境〉之地理调查与考释》,《敦煌学辑刊》, 1990 年第 2 期。

[203] 赵晓星:《敦煌陷蕃、"归化"、"蕃和"和"丙寅年"时间考——有关敦煌陷蕃前后时间的几个问题》,《江西社会科学》,2004 年第 12 期。

[204] 彭文峰:《唐代河朔藩镇进奉浅论》,《唐山师范学院学报》, 2005 年第 3 期。

[205] 邓慧君:《唐德宗统治时期进奉探析》,《青海师专学报》,1995 年第 4 期。

[206] 赵和平:《杜友晋〈吉凶书仪〉及〈书仪镜〉成书年代考》,《敦煌学辑刊》,1990 年第 2 期。

[207] 杨宝玉、吴丽娱:《归义军朝贡使张保山生平考察与相关历史问题》,《中国史研究》,2007 年第 4 期。

[208] 杨宝玉、吴丽娱:《归义军入奏活动中的贡品进奉与礼物馈赠》,载黄正建主编《隋唐辽宋金元史论丛》,上海:上海古籍出版社,2013 年。

[209] 杨宝玉、吴丽娱:《法藏敦煌文书 P.2539V 校注与研究》,《敦煌吐鲁番研究》,2019 年第 1 期。

[210] 杨宝玉、吴丽娱:《P.3804 咸通七年愿文与张议潮入京前夕的庆寺法会》,《南京师范大学学报(社会科学版)》,2007 年第 4 期。

[211] 杨宝玉、吴丽娱:《P.2992V 书状与清泰元年及长兴元年归义军政权的朝贡活动》,《敦煌学辑刊》,2007 年第 1 期。

[212] 杨宝玉:《清泰元年曹氏归义军入奏活动考索》,《敦煌学辑

刊》,2011 年第 3 期。

[213] 吴丽娱、杨宝玉:《P.3197V〈曹氏归义军时期甘州使人书状〉考释》,《敦煌学辑刊》,2005 年第 3 期。

[214] 吴丽娱:《试论晚唐五代的客将、客司与客省》,《中国史研究》,2002 年第 4 期。

[215] 吴丽娱:《关于唐五代书仪传播的一些思考——以中原书仪的西行及传播为中心》,《敦煌学辑刊》,2018 年第 2 期。

[216] 李正宇:《8—11 世纪敦煌僧人从政从军》,《敦煌学辑刊》,2007 年第 4 期。

[217] 李正宇:《归义军乐营的结构与配置》,《敦煌研究》,2000 年第 3 期。

[218] 李正宇:《沙州归义军乐营及其职事》,载《敦煌吐鲁番研究》第五卷,北京:北京大学出版社,2001 年。

[219] 李正宇:《敦煌傩散论》,《敦煌研究》,1993 年第 2 期。

[220] 李正宇:《敦煌学郎题记辑注》,《敦煌学辑刊》,1987 年第 1 期。

[221] 李正宇:《张议潮起义发生在大中二年三、四月间》,《敦煌学辑刊》,2007 年第 2 期。

[222] 余欣:《符瑞与地方政权的合法性构建:归义军时期敦煌瑞应考》,《中华文史论丛》,2010 年第 4 期。

[223] 暨远志:《张议潮出行图研究——兼论唐代节度使旌节制度》,《敦煌研究》,1991 年第 3 期。

[224] 暨远志:《张议潮出行图研究(续)——论沙州归义军的长行官健制及蕃汉兵制》,《敦煌研究》,1992 年第 4 期。

[225] 朱晓峰:《〈张议潮统军出行图〉仪仗乐队乐器考》,《敦煌研究》,2015 年第 4 期。

［226］陈明：《张议潮出行图中的乐舞》，《敦煌研究》，2003 年第 5 期。

［227］叶娇：《唐代文献所见"袴奴"形制考》，《中国国家博物馆馆刊》，2012 年第 1 期。

［228］魏睿骜：《敦煌文书所见"天使院"考》，《河西学院学报》，2018 年第 6 期。

［229］雷绍锋：《P.3418 背〈唐沙州诸乡欠枝夫人户名目〉研究》，《敦煌研究》，1998 年第 2 期。

［230］张春燕、吴越：《西衙考》，《敦煌学辑刊》，1997 年第 2 期。

［231］杨森：《五代宋时期于阗皇太子在敦煌的太子庄》，《敦煌研究》，2003 年第 4 期。

［232］沙武田：《敦煌写真邈真画稿研究——兼论敦煌画之写真肖像艺术》，《敦煌学辑刊》，2006 年第 1 期。

［233］沙武田、赵晓星：《归义军时期敦煌文献中的太子》，《敦煌研究》，2003 年第 4 期。

［234］沙武田、魏迎春：《曹氏归义军时期敦煌石窟艺术程式化表现小议》，《敦煌学辑刊》，1999 年第 2 期。

［235］盛朝晖：《"细供"考》，《敦煌学辑刊》，1996 年第 2 期。

［236］赵贞：《敦煌所出灵州道文书述略——兼谈朔方韩氏对灵州道的经营》，《敦煌研究》，2003 年第 4 期。

［237］赵贞：《归义军曹氏时期的鸟形押研究》，《敦煌学辑刊》，2008 年第 2 期。

［238］赵贞：《敦煌具注历日中的漏刻标注探研》，《敦煌学辑刊》，2017 年第 3 期。

［239］杜文玉：《五代起居制度的变化及其特点》，《陕西师范大学学报（哲学社会科学版）》，2005 年第 3 期。

[240] 黄盛璋:《〈钢和泰藏卷〉与西北史地研究》,《新疆社会科学》,1984 年第 2 期,第 64 页。

[241] 黄盛璋:《于阗文〈使河西记〉的历史地理研究》,《敦煌学辑刊》,1986 年第 1 期。

[242] 黄盛璋:《于阗文〈使河西记〉的历史地理研究(续)》,《敦煌学辑刊》,1987 年第 1 期。

[243] 李国、沙武田:《莫高窟第 156 窟营建史再探》,《敦煌研究》,2017 年第 5 期。

[244] 郭俊叶:《莫高窟第 454 窟窟主及其甬道重修问题》,《敦煌研究》,2014 年第 1 期。

[245] 王晶波、邹旭、张鹏:《敦煌文献书写符号的普查与分类研究》,《敦煌研究》,2014 年第 5 期。

[246] 陈明:《关于莫高窟 156 窟的几个问题》,《敦煌学辑刊》,2006 年第 3 期。

[247] 罗彤华:《归义军期敦煌寺院的迎送支出》,《汉学研究》,2003 年第 1 期。

[248] 马德:《10 世纪敦煌寺历所记三窟活动》,《敦煌研究》,1998 年第 2 期。

[249] 马德:《乐僔开窟是否即是艺术活动》,《敦煌学辑刊》,1985 年第 1 期。

[250] 马德:《张淮兴敦煌史事探幽》,《敦煌学辑刊》,1994 年第 1 期。

[251] 马德:《敦煌的世族与莫高窟》,《敦煌学辑刊》,1995 年第 2 期。

[252] 马德:《敦煌阴氏与莫高窟阴家窟》,《敦煌学辑刊》,1997 年第 1 期。

[253] 马德:《尚书曹仁贵史事钩沉》,《敦煌学辑刊》,1998 年第
2 期。

[254] 姜伯勤:《敦煌音声人略论》,《敦煌研究》,1988 年第 4 期。

[255] 姜伯勤:《突地考》,《敦煌学辑刊》,1984 年第 1 期。

[256] 张弓:《中古盂兰盆节的民族化衍变》,《历史研究》,1991 年
第 1 期。

[257] 张弓:《敦煌春月节俗探论》,《中国史研究》,1989 年第 3 期。

[258] 张广达:《"叹佛"与"叹斋"——关于敦煌文书中的〈斋琬文〉
的几个问题》,《庆祝邓广铭教授九十华诞论文集》,石家庄:
河北教育出版社,1997 年。

[259] 宋家钰:《佛教斋文源流与敦煌本〈斋文〉书的复原》,《中国史
研究》,1999 年第 2 期。

[260] 张先堂:《唐宋时期敦煌天王堂寺、天王堂考》,载韩金科主编
《98 法门寺唐文化国际学术讨论会论文集》,西安:陕西人民
出版社,2000 年。

[261] 张先堂:《莫高窟供养人画像的发展演变——以佛教史考察
为中心》,《敦煌学辑刊》,2008 年第 4 期。

[262] 谢生保、谢静:《敦煌文献与水路法会》,《敦煌研究》,2006 年
第 2 期。

[263] 周绍良:《敦煌文学"儿郎伟"并跋》,《出土文献研究》,北京:
文物出版社,1985 年。

[264] 黄征:《敦煌文学〈儿郎伟〉辑录校注》,《新疆文物》,1990 年
第 3 期。

[265] [法]艾丽白:《敦煌写本中的"儿郎伟"》,载《法国学者敦煌学
论文选萃》,北京:中华书局,1993 年。

[266] [法]艾丽白:《敦煌写本中的"大傩"仪礼》,载《法国学者敦煌

学论文选萃》,北京:中华书局,1993 年。

[267] 顾朴光:《方相氏面具考》,《贵州民族学院学报(社会科学版)》,1990 年第 3 期。

[268] 胡新生:《周代傩礼考述》,《史学月刊》,1996 年第 4 期。

[269] 喻忠杰:《敦煌傩:作为仪式与戏剧的中介——以敦煌驱傩词为考察中心》,《吐鲁番学研究》,2017 年第 1 期。

[270] 邓文宽:《张淮深平定甘州回鹘史事钩沉》,《北京大学学报(哲学社会科学版)》,1986 年第 5 期。

[271] 劲草:《〈敦煌文学概论〉证误纠谬》,《敦煌学辑刊》,1994 年第 1 期。

[272] 李小荣:《敦煌佛教邈真赞研究的回顾与展望》,《石河子大学学报(哲学社会科学版)》,2020 年第 5 期。

[273] 范英杰、陈焱:《百年敦煌碑铭赞研究论著目录》,载郝春文主编:《2018 敦煌学国际联络委员会通讯》,上海:上海古籍出版社,2018 年。

[274] 陈焱:《近四十年来敦煌碑铭赞语言文学研究综述》,《甘肃广播电视大学学报》,2019 年第 1 期。

[275] 刘玉权:《西夏时期的瓜、沙二州》,《敦煌学辑刊》,1981 年第 1 期。

[276] 段文杰:《张议潮时期的敦煌艺术》,《敦煌学辑刊》,1982 年第 1 期。

[277] 王冀青:《有关金山国史的几个问题》,《敦煌学辑刊》,1982 年第 1 期。

[278] 陈国灿:《吐鲁番出土的〈诸佛要集经〉残卷与敦煌高僧竺法护的译经考略》,《敦煌学辑刊》,1983 年第 1 期。

[279] 陈国灿:《唐朝吐蕃陷落沙州城的时间问题》,《敦煌学辑刊》,

1985 年第 1 期。

[280] 郭锋:《敦煌的"社"及其活动》,《敦煌学辑刊》,1983 年第 1 期。

[281] 郭锋:《慕容归盈与瓜沙曹氏》,《敦煌学辑刊》,1989 年第 1 期。

[282] 高国藩:《敦煌写本〈太公家教〉初探》,《敦煌学辑刊》,1984 年第 1 期。

[283] 易绍武:《敦煌壁画中所见的古代体育》,《敦煌学辑刊》,1985 年第 1 期。

[284] 王素:《高昌至西州寺院三纲制度的演变》,《敦煌学辑刊》,1985 年第 2 期。

[285] 李骞:《唐变文的形成及其与俗讲的关系》,《敦煌学辑刊》,1985 年第 2 期。

[286] 钱伯泉:《有关归义军前期历史的几个问题——〈周效南阳郡娘子张氏墓志铭并序〉研究》,《敦煌学辑刊》,1987 年第 1 期。

[287] 颜廷亮:《〈白雀歌〉新校并序》,《敦煌学辑刊》,1989 年第 2 期。

[288] 卢向前:《金山国立国之我见》,《敦煌学辑刊》,1990 年第 2 期。

[289] 张伯元:《试论敦煌壁画〈龙王礼佛图〉的创作思想》,《敦煌学辑刊》,1990 年第 2 期。

[290] 安忠义:《吐蕃攻陷沙州城之我见》,《敦煌学辑刊》,1992 年第 1 期。

[291] 安忠义:《敦煌文献中的酒器考》,《敦煌学辑刊》,2008 年第 2 期。

[292] 黄正建:《敦煌文书与唐代军队衣装》,《敦煌学辑刊》,1993 年第 1 期。

[293] 晒麟:《张谦逸在吐蕃时期的任职》,《敦煌学辑刊》,1993 年第 1 期。

[294] 晒麟:《〈敕河西节度兵部尚书张公德政之碑〉复原与撰写》,《敦煌学辑刊》,1993 年第 2 期。

[295] 晒麟:《曹仁贵即曹议金》,《敦煌学辑刊》,1993 年第 2 期。

[296] 晒麟:《金山国建国时间问题讨论》,《敦煌学辑刊》,1993 年第 2 期。

[297] 晒麟:《张淮深之死疑案的研究》,《敦煌学辑刊》,1993 年第 2 期。

[298] 齐陈骏、寒沁:《河西都僧统唐悟真作品和见载文献系年》,《敦煌学辑刊》,1993 年第 2 期。

[299] 齐陈骏、冯培红:《晚唐五代宋初归义军对外商业贸易》,《敦煌学辑刊》,1997 年第 1 期。

[300] 楼劲:《汉唐对丝路上一般中外交往的管理》,《敦煌学辑刊》,1994 年第 1 期。

[301] 楼劲:《汉唐的外事体制与丝路古道上的基本外交模式》,《敦煌学辑刊》,1995 年第 1 期。

[302] 冯培红:《唐五代归义军政权中队职问题辨析》,《敦煌学辑刊》,1996 年第 2 期。

[303] 冯培红:《晚唐五代宋初归义军外职军将研究》,《敦煌学辑刊》,1997 年第 1 期。

[304] 冯培红:《唐五代归义军军资库司初探》,《敦煌学辑刊》,1998 年第 1 期。

[305] 冯培红:《客司与归义军的外交活动》,《敦煌学辑刊》,1999 年第 1 期。

[306] 冯培红:《唐五代归义军节院与节院使略考》,《敦煌学辑刊》,

2000 年第 1 期。

[307] 段小强:《敦煌文书所反映的古代丧礼》,《敦煌学辑刊》,1996 年第 2 期。

[308] 田德新:《敦煌寺院中的"都头"》,《敦煌学辑刊》,1996 年第 2 期。

[309] 湛如:《论敦煌斋文与佛教行事》,《敦煌学辑刊》,1997 年第 1 期。

[310] 刘雯:《吐蕃及归义军时期敦煌索氏家族研究》,《敦煌学辑刊》,1997 年第 2 期。

[311] 张亚萍:《晚唐五代归义军牧羊业管理机构——羊司》,《敦煌学辑刊》,1997 年第 2 期。

[312] 张亚萍:《唐五代归义军政府牧马业研究》,《敦煌学辑刊》,1998 年第 2 期。

[313] 陆庆夫:《归义军晚期的回鹘化与沙州回鹘政权》,《敦煌学辑刊》,1998 年第 1 期。

[314] 陆庆夫:《金山国与甘州回鹘关系考论》,《敦煌学辑刊》,1999 年第 1 期。

[315] 杨秀清:《试论金山国的有关政治制度》,《敦煌学辑刊》,1998 年第 2 期。

[316] 李冬梅:《唐五代归义军与周边民族关系综论》,《敦煌学辑刊》,1998 年第 2 期。

[317] 苏金花:《从"方外之宾"到"释吏"——略论汉唐五代僧侣政治地位之变化》,《敦煌学辑刊》,1998 年第 2 期。

[318] 陈静:《"别纸"考释》,《敦煌学辑刊》,1999 年第 1 期。

[319] 王艳明:《瓜沙州大王印考》,《敦煌学辑刊》,2000 年第 2 期。

[320] 刘永明:《试论曹延禄的醮祭活动——道教与民间宗教相结

合的典型》,《敦煌学辑刊》,2002 年第 1 期。

[321] 徐晓丽:《敦煌石窟所见天公主考辨》,《敦煌学辑刊》,2002
年第 2 期。

[322] [日]森安孝夫著,梁晓鹏译:《河西归义军节度使官印及其编
年》,《敦煌学辑刊》,2003 年第 1 期。

[323] 李宗俊:《〈沙州都督府图经〉撰修年代新探》,《敦煌学辑刊》,
2004 年第 1 期。

[324] 刘安志:《关于唐代沙州升为都督府的时间问题》,《敦煌学辑
刊》,2004 年第 2 期。

[325] 解梅:《唐五代敦煌地区赛祆仪式考》,《敦煌学辑刊》,2005
年第 2 期。

[326] 彭建兵:《归义军首任河西都僧统吴洪辩生平事迹述评》,《敦
煌学辑刊》,2005 年第 2 期。

[327] 张善庆:《高僧写真传统钩沉及相关问题研究》,《敦煌学辑
刊》,2006 年第 3 期。

[328] 张景峰:《敦煌莫高窟的影窟及影像——由新发现的第 476
窟谈起》,《敦煌学辑刊》,2006 年第 3 期。

[329] 张元林:《观念与图像的交融——莫高窟 285 窟摩醯首罗天
图像研究》,《敦煌学辑刊》,2007 年第 4 期。

[330] 韩春平:《关于藏经洞为洪辩影堂(影窟)的一点认识》,《敦煌
学辑刊》,2007 年第 4 期。

[331] 才让:《敦煌藏文密宗经典〈白伞盖经〉初探》,《敦煌学辑刊》,
2008 年第 1 期。

[332] 黑维强:《论敦煌、吐鲁番社会经济文献的词汇研究价值》,
《敦煌学辑刊》,2009 年第 4 期。

[333] 黑维强:《敦煌社会经济文献词语选释》,《敦煌学辑刊》,2010

年第 2 期。

［334］李军：《晚唐归义军长史及司马问题再探》，《敦煌学辑刊》，2010 年第 3 期。

［335］丛振：《唐代寒食、清明节中的游艺活动——以敦煌文献为中心》，《敦煌学辑刊》，2011 年第 4 期。

［336］丛振：《敦煌岁时节日中的游艺文化——以上巳、端午、七夕为中心》，《敦煌学辑刊》，2016 年第 1 期。

［337］杨晓宇：《敦煌本邈真赞词语选释》，《敦煌学辑刊》，2012 年第 1 期。

［338］米德昉：《敦煌曹氏归义军时期石窟四角天王图像研究》，《敦煌学辑刊》，2012 年第 2 期。

［339］李翎、马德：《敦煌白伞盖信仰及相关问题》，《敦煌学辑刊》，2013 年第 3 期。

［340］李金梅、郑志刚：《中国古代马球源流新考》，《敦煌学辑刊》，2014 年第 1 期。

［341］杜海：《曹议金权力枝系考》，《敦煌学辑刊》，2014 年第 2 期。

［342］杜海：《敦煌归义军政权与沙州回鹘关系述论》，《敦煌学辑刊》，2015 年第 4 期。

［343］杜海：《敦煌文书中的“国太”夫人考》，《敦煌学辑刊》，2017 年第 3 期。

［344］杜海：《敦煌曹氏归义军时期的“瓜、沙之争”》，《敦煌学辑刊》，2018 年第 2 期。

［345］王使臻：《曹元忠、曹延禄父子两代与于阗政权的联姻》，《敦煌学辑刊》，2015 年第 2 期。

［346］王使臻：《张议潮付张淮深“委曲”书信考》，《敦煌学辑刊》，2016 年第 4 期。

[347] 韩春平:《敦煌金山国郊祀蠡测》,《敦煌学辑刊》,2015 年第 3 期。

[348] 王庆卫:《新出唐代张淮澄墓志所见归义军史事考》,《敦煌学辑刊》,2017 年第 1 期。

[349] 李金娟:《敦煌晚唐时期报恩窟营建的流行——以莫高窟索义辩窟为例》,2017 年第 1 期。

[350] 魏迎春、郑炳林:《敦煌归义军节度副使安景旻考》,《敦煌学辑刊》,2019 年第 1 期。

[351] 戴晓云:《水陆法会的功能在唐五代的嬗变》,《敦煌学辑刊》,2019 年第 2 期。

[352] 何美峰、陆离:《敦煌归义军进奏院考》,《敦煌学辑刊》,2020 年第 4 期。

[353] 段鹏:《莫高窟所见清代敦煌四月八行事探析》,《敦煌学辑刊》,2021 年第 2 期。

[354] 刘信芳:《〈招魂〉"像设君室"与楚简帛之"象"》,《云梦学刊》,2011 年第 1 期。

[355] 高华平:《赞体的演变及其所受佛经影响探讨》,《文史哲》,2008 年第 4 期。

[356] 孙修身:《伯 3781〈李府君邈真赞〉有关问题考》,《敦煌研究》,1991 年第 1 期。

[357] 屈直敏:《〈敦煌类书·励忠节钞〉校注商补》,《敦煌学辑刊》,2003 年第 2 期。

[358] 屈直敏:《〈敦煌类书·励忠节钞〉校注商补(续)》,《敦煌学辑刊》,2004 年第 1 期。

[359] 屈直敏:《敦煌写本类书〈励忠节钞〉引〈史记〉异文考证》,《敦煌学辑刊》,2005 年第 1 期。

[360] 屈直敏:《敦煌写本类书〈励忠节钞〉的成书背景》,《敦煌学辑刊》,2005 年第 2 期。

[361] 屈直敏:《敦煌伎术院考略》,《敦煌学辑刊》,2020 年第 2 期。

[362] 屈直敏:《从〈励忠节钞〉看归义军的道德秩序重建》,《敦煌学辑刊》,2005 年第 3 期。

学位论文

[363] 冯培红:《敦煌归义军职官制度——唐五代藩镇官制个案研究》,兰州大学博士学位论文,2004 年。

[364] 赵鑫晔:《敦煌佛教愿文研究》,南京师范大学博士学位论文,2009 年。

[365] 赵玉平:《唐五代宋初敦煌佛斋礼仪研究》,上海师范大学博士学位论文,2015 年。

[366] 侯冲:《中古佛教仪式研究——以斋供仪式为中心》,上海师范大学博士学位论文,2009 年。

[367] 鲍娇:《敦煌符瑞研究——以符瑞与归义军政权嬗变为中心》,兰州大学博士学位论文,2015 年。

[368] 周倩倩:《归义军时期的符瑞》,兰州大学硕士学位论文,2016 年。

[369] 任伟:《敦煌傩文化研究》,兰州大学博士学位论文,2017 年。

[370] 段鹏:《九—十世纪敦煌社会宗教生活研究——以斋会文本为中心的考察》,兰州大学博士学位论文,2020 年。

英文文献

[371] Howard J. Wechsler, *Offerings of Jade and Silk: Ritual and Symbol in the Legitimation of the T'ang Dynasty*, New Haven: Yale University Press, 1985.

［372］Catherine Bell，*Ritual：Perspectives and Dimensions*，Oxford：Oxford University Press，1997.

［373］Eric W. Rothenbuhler，*Ritual Communication：From Everyday Conversation to Mediated Ceremony*，Sage Publications，1998.